DIRK ROSSMANN

mit Olaf Köhne und Peter Käfferlein

»… dann bin ich auf den Baum geklettert!«

VON AUFSTIEG, MUT UND WANDEL

ARISTON

Bibliografische Information der Deutschen Bibliothek

Die Deutsche Bibliothek verzeichnet diese Publikation in der Deutschen
Nationalbibliografie; detaillierte bibliografische Daten sind im Internet unter
http://dnb.de abrufbar.

Verlagsgruppe Random House FSC® N001967

12. Auflage
© 2018 Ariston Verlag in der Verlagsgruppe Random House GmbH,
Neumarkter Straße 28, 81673 München
Alle Rechte vorbehalten

Redaktion: Regina Carstensen

Umschlaggestaltung: Nele Schütz Design, München
unter Verwendung eines Fotos von Picture Alliance, Frankfurt
Bildredaktion: Bele Engels
Satz: Satzwerk Huber, Germering

Druck und Bindung: GGP Media GmbH, Pößneck
Printed in Germany

ISBN: 978-3-424-20192-5

Für Alice

Wenn unsere eigenen Gefühle im Vordergrund stehen, können wir nicht mitfühlend sein, wenn wir uns nur noch nach anderen Leuten richten, ohne Rücksicht auf unsere eigenen Bedürfnisse, können wir nicht wir selbst sein.

Ruth Cohn, 1912–2010

Inhalt

III. SEIN

Vorwort
Die Welt des Dirk Roßmann

Als die Idee zu diesem Buch entsteht, verspricht Dirk Roßmann bei einem unserer ersten Treffen, er werde uns in den
nächsten Monaten mitnehmen in seine Welt. Denn es sei ein
spannendes Leben, das er führe und geführt habe, und das sollten wir unbedingt kennenlernen – die vielen Facetten eines
Mannes, der zu den großen Unternehmerpersönlichkeiten
Deutschlands zählt.

»Ich bin ein Mann mit Widersprüchen«, sagt er dann bei einer unserer zahlreichen Begegnungen. Und ja, er hat recht.
Sein Leben ist spannend, er ist ein Mann mit Widersprüchen,
und ja, er hält sein Versprechen und nimmt uns mit in seine
Welt, damit wir seinen Kosmos kennenlernen. So treffen wir an
einem Samstagnachmittag Hannover-96-Präsident Martin
Kind bei einem Heimspiel in der HDI-Arena, ebenso wie den
bekannten Kriminologen Prof. Christian Pfeiffer, beide zählen
zu Roßmanns engstem Freundeskreis. Gemeinsam besuchen
wir die Ehrlich Brothers, Chris und Andreas, Deutschlands er-
folgreichste Magier, die von Dirk Roßmann früh gefördert
wurden, heute sind sie befreundet. An einem grauen Herbsttag
begleiten wir Dirk Roßmann nach Landsberg in Sachsen-An-
halt, nördlich von Leipzig gelegen. Hier zeigt er uns das – tech-
nisch spektakuläre – Zentrallager seines Konzerns, und wir
lernen eine Menge über die Logistik seines Unternehmens. Die
knapp 3800 Filialen in Deutschland, Polen, Ungarn, Tschechi-
en, Albanien und der Türkei müssen schließlich mit 17 000 unterschiedlichen Produkten versorgt werden. Der gebürtige
Hannoveraner Dirk Roßmann nimmt uns mit auf eine Zeitrei-
se, führt uns durch seine Heimatstadt, an die Orte seiner Kindheit und Jugend, dorthin, wo alles seinen Anfang nahm. Wo

bereits seine Eltern eine kleine Drogerie betrieben – das Gebäude wurde erst kürzlich abgerissen – und wo er 1972 den ersten Drogeriemarkt Deutschlands eröffnete. Wir besuchen die von Roßmann mitgegründete Deutsche Stiftung Weltbevölkerung und erfahren Wesentliches über deren Arbeit in Afrika. Über die Folgen der Bevölkerungsexplosion und die Notwendigkeit von Familienplanung. Dirk Roßmanns Engagement – nicht nur auf diesem Feld, sondern auch auf vielen anderen – zieht sich wie ein roter Faden durch sein Leben und nimmt viel Zeit ein. »Geld verdienen, um anderen helfen zu können«, so lautet sein Motto. Und bei allen diesen spannenden Begegnungen im Lauf eines Jahres ist es doch ein eher kleines Erlebnis, das uns den Menschen und Unternehmer Dirk Roßmann am ehesten erklärt: Wir befinden uns auf der Rückfahrt von Landsberg. Plötzlich entscheidet Dirk Roßmann, er wolle noch kurz einen Abstecher nach Hettstedt machen, wo erst zwei Monate zuvor eine neue Filiale eröffnet wurde. Die habe er selbst noch nicht gesehen, und das wolle er jetzt nachholen. Gesagt, getan. Wir kommen im Zentrum von Hettstedt an. Ein Städtchen am Südrand des Harzes, mit schöner, sanierter Altstadt. Mitten in der Innenstadt, auf dem Gelände einer früheren Molkerei, steht die neue Rossmann-Filiale. Wohlgemerkt, das Unternehmen Rossmann schreibt sich mit »ss«, der Familienname mit »ß«, was sich für eine Marke – gerade wenn man international arbeitet – nicht anbietet.

Strammen Schrittes betritt Dirk Roßmann nun sein Geschäft in Hettstedt – eines von derzeit 2100 in Deutschland. Tendenz steigend. Und wie immer, wenn der Chef auf seine Mitarbeiter trifft, begrüßt er jede und jeden persönlich – mit Namen und Handschlag. Auch das werden wir in unserem Roßmann-Jahr häufig erleben. Dirk Roßmann geht schnurstracks zu einer der beiden Kassen, wirft einen Blick auf das Namensschild der verblüfften Kassiererin, ergreift ihre Hand und schüttelt sie.

»Guten Tag, liebe Frau Müller, wie geht es Ihnen?«

Verblüfftes Schweigen aufseiten der Kassiererin.

»Ist alles in Ordnung?«

Schweigen. Dann antwortet die junge Frau zaghaft: »Ja, danke, gut geht's …«

»Und, Frau Müller, wissen Sie, wer ich bin?«

Erneutes, diesmal längeres Schweigen.

»Vielleicht einer der Chefs …?«

»Ja, und wie heiße ich?«, fragt dieser verschmitzt lächelnd.

Keine Antwort. Und in dem Moment ruft eine Kundin, die hinten in der Schlange an der Kasse steht, lautstark nach vorn durch den ganzen Laden: »Mensch, Roßmann heißt er! Das ist der Herr Roßmann.«

Alle lachen. Die junge Kassiererin, die übrigens ihren ersten Tag hat, errötet leicht, muss dann aber mitlachen.

Und weiter geht es durch die Gänge der neuen Filiale, jeder einzelne wird abgeschritten, mittlerweile hat sich die Filialleiterin zu uns gesellt. Der Überraschungsbesuch ist gelungen, und er ist natürlich *das* Ereignis des Tages, wenn nicht der Woche, des Monats …

Dirk Roßmann inspiziert die Regale, schaut nach, ob sie auch gut aufgefüllt sind. Fragt die Filialleiterin, wie es ihr gehe, ob alles zu ihrer Zufriedenheit laufe, wie die neue Filiale im Ort ankomme, ob die Kunden zufrieden seien. Dirk Roßmann interessiert sich. Er möchte etwas von den Menschen wissen, die für ihn arbeiten. Und während er mit der Filialleiterin ins Plaudern gerät, sammelt sich langsam ein ganzer Pulk von Mitarbeitern um die beiden herum, bis die ganze Belegschaft beisammen ist. Alle wollen dem Chef einmal die Hand schütteln, und alle wollen – natürlich – ein Selfie mit ihm machen. Bereitwillig stellt sich Dirk Roßmann zur Verfügung.

Nach nur zwanzig Minuten ist die Stippvisite – die Inspektion – beendet. Gemeinsam verlassen wir die Filiale, eilen zum Parkplatz, während die Mitarbeiter ihrem Chef hinterherwinken. Ob sie ihm wohl jemals wieder so nah kommen werden wie an diesem grauen Novembernachmittag? Auf der Rückfahrt sind wir noch beeindruckt von der Herzlichkeit, die wir gerade beobachten konnten. Wir fragen Dirk Roßmann, wie es sich anfühlt, der Chef von mehr als 50 000 Menschen zu sein? Wie schwer wiegt die Verantwortung für solch ein Riesenunternehmen? Wie muss man beschaffen sein, um ein Imperium quasi aus dem Nichts aufzubauen? Und Dirk Roßmann antwortet:

»Ich erzähle Ihnen jetzt einmal eine Geschichte …«

Olaf Köhne und Peter Käfferlein

Teil I
WERDEN

Protest im Baum

Es ist die Geschichte, wie ich einmal aus Protest auf einen Baum geklettert bin und nicht mehr herunterkam. Um das zu verstehen, muss ich weit zurückgehen, in die schlimmste Zeit, die ich erlebt habe, damals bei der Bundeswehr. Wobei ich gar nichts gegen die Institution Bundeswehr generell habe. Sie ist sicherlich wichtig und richtig, nur für mich war sie das alles nicht. Pünktlich zu meinem achtzehnten Geburtstag, am 7. September 1964, erhielt ich meine Einberufung. Im April des Folgejahrs sollte ich einrücken. Der Grundwehrdienst dauerte damals eineinhalb Jahre lang. Mein Vater Bernhard war vor sechs Jahren gestorben, und meine Mutter Hilde litt unter starkem Rheuma, sodass sie unseren kleinen Familienbetrieb, die Drogerie in Hannover, nicht allein führen konnte. Mein Bruder Axel studierte bereits, er konnte nicht einspringen, im Gegenteil, auch er lebte von den kargen Einkünften unseres Ladens. Ebenso wie meine Großeltern. Kurzum, ich war der Ernährer unserer Familie, verantwortlich für einen Fünf-Personen-Haushalt.

Als ich den Einberufungsbescheid in meinen Händen hielt, wusste ich, dass ich mich zur Wehr setzen musste. Aber was genau konnte ich tun? Zuerst machte ich mich schlau, besorgte mir Fachliteratur und las mich ins deutsche Wehrgesetz ein, und dann legte ich Widerspruch gegen meine Einberufung ein. Ich beanspruchte die gesetzlich mögliche Freistellung wegen »hilfsbedürftiger Angehöriger«, so nannte sich das damals. Der Wehrdienst musste zumutbar sein, und wenn besondere Situationen vorlagen, war der Wehrdienstleistende freizustellen. Auf diese Grundlage berief ich mich. Ich wollte kein Kriegsdienstverweigerer sein, zum einen aus Prinzip, zum anderen hätte das ganz neue Probleme aufgeworfen. Nein, ich bestand auf mein Recht. Unser kleines Geschäft machte damals ungefähr

1500 D-Mark Gewinn im Monat, und davon haben, wie gesagt, wir alle gerade mal so leben können.

»Wenn ihr mir monatlich 1500 D-Mark zur Verfügung stellt«, habe ich den Verantwortlichen gesagt, »dann kann ich anstatt meiner Arbeitskraft jemanden einstellen, der den Laden weiterführt, und dann gehe ich auch zur Bundeswehr.« Das wollten die natürlich nicht, und mein Widerspruch wurde abgelehnt. Ich aber blieb eisern. Meine Mutter hatte eine gute Idee. Sie meinte zu mir, ich solle doch den Josef Augstein um Rat fragen. Josef war der Bruder von Rudolf Augstein, dem *Spiegel*-Herausgeber, und von Beruf Rechtsanwalt, damals schon ein sehr bekannter Jurist. Unsere Familien – die Roßmanns und die Augsteins – kannten sich seit Jahrzehnten. Wir waren quasi Nachbarn. Der alte Augstein besaß früher in Hannover ein Foto-Fachgeschäft namens »Photo-Augstein – Spezialität: Hervorragende Vergrößerungen« in der Vahrenwalder Straße, und die Drogerie meiner Großeltern, von der ich noch berichten werde, lag nur einige Straßen weiter. Augsteins kamen immer zu meinen Großeltern in den Laden und haben bei ihnen eingekauft, bis in die Fünfzigerjahre waren sie Stammkunden.

Ich ging also zu Josef Augstein, der sich genau anhörte, was ich zu sagen hatte. Er überlegte eine Weile, ich sehe ihn noch mit Zigarette und Zigarettenspitze im Mund vor mir sitzen, und schaute skeptisch. Das sei eine ziemlich vertrackte Angelegenheit, meinte er. Aber er wolle mir helfen. Er selbst könne nicht als mein Anwalt auftreten, aber er würde mich an einen Kollegen vermitteln, der würde sich der Sache annehmen. Mit meinem neuen Anwalt zog ich vor Gericht. Und verlor. Aber aufgeben, klein beigeben, kam nicht infrage, das entsprach nicht meinem Naturell. Ich fühlte mich im Recht, und ich war im Recht. Schließlich ging es um unsere wirtschaftliche Existenz.

Wir gingen in die Revision. Mein Anwalt teilte mir mit, es würde bis zu eineinhalb Jahren dauern, bis es zu einer Entscheidung käme. Währenddessen aber rückte der Tag meiner Einberufung – 1. April 1965 – näher und näher. Ich war mir sicher, dass ich vor Gericht letztlich gewinnen würde. Deswegen hatte ich auch nicht vor, im April meinen Dienst in der Kaserne anzutreten. Müsste ich doch nicht, solange es kein Urteil gebe, so dachte ich. Falsch gedacht, meinte mein Anwalt, das laufende Verfahren habe keine aufschiebende Wirkung.

»Wenn Sie fernbleiben, gilt das als Zersetzung der deutschen Wehrkraft«, sagte er, »dann sind Sie vorbestraft. Das will ich Ihnen nicht raten. Wenn Sie bei der Armee sind, können Sie weiter prozessieren, aber erst mal müssen Sie da hin.«

Diese »Logik« wollte mir nicht in den Kopf!

»Das heißt also, ich gewinne meinen Prozess, die Revision, nur wird das Urteil erst in anderthalb Jahren gefällt, und in der Zwischenzeit habe ich die Bundeswehr längst hinter mir, obwohl ich gar nicht hätte hingehen müssen. Und unser Geschäft ist pleite?!«

»Ja, schlimmstenfalls ist das so«, antwortete mein Rechtsanwalt.

Mir blieb nichts anderes übrig: Am 1. April trat ich meinen Dienst bei der Bundeswehr an. Und so hörte sich meine Vorstellung an:

»Mein Name ist Dirk Roßmann. Ich bin Bürger der Bundesrepublik Deutschland. Ich prozessiere gegen meine Einberufung und ...«

»Kanonier Roßmann – Schnauze!«, brüllte der Vorgesetzte.

»Mein Name ist Dirk Roßmann. Ich bin Bürger der ...« Weiter kam ich nicht.

»Sie sollen die Schnauze halten. Das kann ja keiner ertragen.«

»Mein Name ist Dirk Roßmann. Ich bin Bürger der Bundesrepublik Deutschland. Ich bin hier nur unter Protest.«

»Was erlauben Sie sich?«

»Mein Name ist Dirk Roßmann. Ich bin Bürger der Bundesrepublik Deutschland ...«

Und so ging das immer weiter. Fünf Monate lang. Ich habe meine Vorgesetzten verrückt gemacht, blieb aber die ganze Zeit über freundlich – und habe sie gerade damit in den Wahnsinn getrieben. Von April, Mai, Juni, Juli, August bis zum 7. September 1965 habe ich Krieg gespielt – mit der Bundeswehr. Meine dreimonatige Grundwehrdienstzeit musste ich – als konsequenter Verweigerer jedweden Befehls – erwartungsgemäß wiederholen. Ich bin mitgegangen, wohin ich mitgehen sollte, aber wenn ich zum Beispiel mein Gewehr zusammensetzen sollte und der Ausbilder befahl:

»Roßmann, das Gewehr!«

Dann sagte ich nur: »Mache ich nicht. Strengen Sie sich nicht so an, ich setze das Gewehr nicht zusammen. Ich kann es nicht und will es auch gar nicht.« Das war meine Standardantwort.

»Wenn Sie so weitermachen, kommen Sie in den Bau«, drohte man mir.

»Ja, und? Komm ich halt in den Bau.«

Wenn nachts eine Alarmübung abgehalten wurde, blieb ich einfach in meinem Bett liegen. Was natürlich jedes Mal eine Schreierei gab. Ich tat alles, um mich unbeliebt zu machen. Mit dem Ergebnis, dass ich von frühmorgens bis spätabends nur angebrüllt wurde. Auch die anderen Soldaten brachten kein Verständnis für mich auf, sie waren mir gegenüber aggressiv, und während sie mich piesackten, hielt ich ihnen Vorträge.

»Wenn ein Staat seine eigenen Gesetze missachtet, ist der Bürger nicht verpflichtet, ihm zu dienen«, argumentierte ich.

Im Nachhinein weiß ich nicht, woher ich damals diese Chuzpe nahm. Ich war kein wohlhabender Mann, hatte kein Standing, wie man heute so schön sagt. Die Volksschule lag hinter mir und hatte einen jungen Mann voller Selbstzweifel zurückgelassen. Ich hatte kaum ein soziales Umfeld, das mich unterstützte. Niemanden, der mir in der Sache den Rücken stärkte, keine Freundin, die mir zusprach. Meine Mutter, die gesundheitlich nicht auf dem Posten war, musste nun doch unsere Drogerie ohne mich weiterführen; mein Bruder studierte und war mit anderen Dingen beschäftigt.

Ich hatte damals die große Sorge, man könne mir bei der Bundeswehr körperlich Schmerzen zufügen, wenn ich nicht spurte. So weit kam es aber zum Glück nicht, wäre auch verboten gewesen, aber man weiß ja nie … Blieb als einziges Druckmittel, dass man mich in den viel beschworenen »Bau« schickte. Sollten sie mich doch einsperren, was soll's. Das war mir einerlei. Und sollten sie mir doch zur Strafe meinen Wochenendausgang streichen. Was der Fall war. In den fünf Monaten bekam ich kein einziges Wochenende frei, während alle anderen Soldaten nach Hause fahren durften. Das war der Preis meines Protests.

Von meinem Anwalt hörte ich auch nichts mehr. Ich hatte getan, was er mir gesagt hatte, und hier war ich nun. Weil meine Vorgesetzten bald nicht weiterwussten, sperrte man mich – wie angedroht – ein, aber nur für zwei Tage. Anschließend steckten sie mich in den Sanitätsbereich, weil man wohl dachte, da könne ich mich wenigstens nützlich machen, wenn ich schon sonst zu nichts taugte.

Bei den Sanitätern traf ich Oberstabsarzt Weinzierl, meinen neuen Vorgesetzten. Irgendwie mochte der mich, vielleicht hatte er Mitleid, vielleicht insgeheim auch Respekt. Zumindest verstanden wir uns gut und spielten regelmäßig Schach miteinander. Im Schachspiel war ich nicht schlecht, das beherrschte ich seit meiner Kindheit. Beinahe fing es an, gemütlich zu werden, doch dann änderte sich plötzlich alles. Um den widerspenstigen Roßmann zu zähmen, fuhr die Bundeswehr jetzt härtere Geschütze auf. Am 1. August verfrachtete man mich in einen Jeep und lieferte mich in der Nervenklinik Hannover-Langenhagen ein. Dort herrschte ein ganz anderer Ton, als ich ihn in den vergangenen Monaten gewohnt war. In der Kaserne war ich immer nur der »Kanonier Roßmann« gewesen, und hier, in der Psychiatrie, sprachen mich die Ärzte mit »Herr Roßmann« an – das gefiel mir, es konnte nur besser werden, dachte ich.

»Herr Doktor, eines kann ich Ihnen versichern«, sagte ich meinem Arzt, »ich bin nicht krank und nicht gestört, ich bin völlig normal.«

Der Arzt – er war ein bisschen größer als ich – fasste mich am Arm: »Ja, das wissen wir doch, dass Sie normal sind.«

Und weil er mit mir so redete, als meine er das Gegenteil, dachte ich in dem Moment selbst zum ersten Mal, ob mit mir vielleicht tatsächlich etwas nicht stimmte. Der Arzt war so nett zu mir, sein Verhalten hatte mich völlig verunsichert.

Man wies mich in die offene Abteilung der Klinik ein, was mir sehr gelegen kam. Und wo es eigentlich auch sehr angenehm zuging. Ich verbrachte meine Tage damit, mit den Patienten – ich selbst sah mich ja nicht als Patient – Tischtennis zu spielen. Ich räumte auf, machte mich nützlich, wo es nur ging. Ansonsten stellten die Ärzte nichts mit mir an. Auf diese Weise verstrichen – sieht man von den Umständen ab, die mich hierhergeführt hatten – vier stressfreie Wochen. Die größte Sorge, die mich umtrieb, war die Situation zu Hause. Wie würde meine Mutter unser Geschäft führen können? Nach ungefähr einem Monat bat mich der Arzt, der mich anfangs begutachtet hatte, zu einem Gespräch.

»Herr Roßmann, ich habe Ihnen etwas mitzuteilen: Sie werden heute aus der Klinik entlassen und von der Bundeswehr wieder abgeholt«, verkündete er. »Ihr Aufenthalt bei uns ist beendet. Meiner Meinung nach sind Sie zurechnungsfähig, wir haben nichts Gegenteiliges feststellen können. Aus ärztlicher Sicht spricht nichts dagegen, dass Sie Ihren Grundwehrdienst ableisten. Aber ich weiß, was Ihr Problem ist, und ich schreibe in meinen Bericht, dass Sie nervös seien und nicht besonders belastbar in Stresssituationen. Aber ich kann nicht reinschreiben, Sie seien geistig nicht gesund, aus ärztlicher Sorgfaltspflicht geht das nicht. Eine Diagnose, die jetzt dafür sorgen würde, dass Sie aus der Bundeswehr entlassen werden, könnte Ihnen später, in Ihrem weiteren Berufsleben, schaden. Mehr als ins Attest zu schreiben, Sie seien psychisch labil, ist nicht drin.«

Und dann kam wieder der Jeep – es war der 6. September 1965 – und fuhr mich zurück zum Flugabwehrbataillon. Am Nachmittag war ich zurück in meiner Kaserne. Die vier Wochen in der Nervenheilanstalt, so mutmaßten meine Vorgesetzten, hätten mich bestimmt kleinbekommen, meinen Willen gebrochen. War aber nicht der Fall. Für mich hatte sich nichts verändert. Meine Haltung war dieselbe wie vor meinem Aufenthalt in der Psychiatrie. Ich wollte weiterhin keinen Befehl ausführen. Und als man mir an diesem Nachmittag befahl, ich solle das Revier reinigen, schoss mir ein Gedanke durch den Kopf: Wenn ich jetzt etwas völlig Irres tue, etwas, womit keiner hier rechnet, dann bricht die andere Seite zusammen.

Ich holte meine Ausgehuniform aus dem Spind und zog sie an. In voller Montur ging ich nach draußen. Direkt vor dem Eingang zur Kaserne stand eine mächtige Eiche, der höchste Baum in der Umgebung. Klettern konnte ich schon als kleiner Junge wie ein Weltmeister. Und diese schöne hohe Eiche vorm Kasernentor stellte daher keine besondere Herausforderung dar. Ich wusste, wie man sich absichert, kraxelte immer weiter, in aller Ruhe, bis in die Baumspitze. Da stand ich nun in meiner Ausgehuniform und hielt mich fest.

Nach ein paar Minuten kam der UvD vorbei, der Unteroffizier vom Dienst, und als er mich im Wipfel sah, traute er seinen Augen nicht. Wahrscheinlich ging ihm durch den Kopf, der Roßmann sei nun total durchgeknallt.

Und dann brüllte er: »Roßmann – was tun Sie da? Sofort runter vom Baum! Wahnsinniger Kerl! Sie sind wohl bescheuert!«

Wie ein Rumpelstilzchen polterte und schimpfte er. Ich reagierte nicht.

»Sie werden was erleben«, zeterte er weiter, »vom Baum runter. Aber schnell!«

Er schrie so lange herum, bis ihm die Stimme wegblieb. Und ich stand weiter da oben und beobachtete das Geschehen, aus einer Höhe von zwanzig Metern. Eine mir bis dahin unbekannte, irritierend berauschende Mischung aus Furcht und Furchtlosigkeit hatte sich meiner bemächtigt. Nach ungefähr einer Stunde erschien ein Ranghöherer, der Offizier vom Dienst.

»Kanonier Roßmann, würden Sie bitte von dem Baum herunterkommen? Dann können wir alles in Ruhe besprechen.«

Man hatte sich überlegt, die Taktik zu ändern, nachdem ich mit Drohungen nicht zum Abstieg zu bewegen war. Der Offizier ging freundlicher, psychologisch klüger an die Sache heran. Aber auch das zündete nicht bei mir. Im Gegenteil – ich reagierte weiterhin nicht. Schaute nur, was sich unter mir tat. Und das war eine ganze Menge, denn immer mehr Soldaten versammelten sich zu meinen Füßen, holten sich ein Bier aus der Kantine und hockten sich ins Gras, beobachteten das skurrile Geschehen. Nach Dienstschluss in der Kaserne waren schon einige Hundert Schaulustige zusammengekommen – endlich war mal was los. Ich weiß noch, dass an diesem Abend ein wichtiges Fußballspiel im Fernsehen übertragen wurde, aber der komische Typ auf dem Baum muss wohl die spannendere Abendunterhaltung gewesen sein.

Nach Sonnenuntergang holte man Flutlicht herbei. Die Stunden verstrichen. Wie lange ich dort oben auf dem Baum hockte, kann ich heute gar nicht mehr sagen, fünf oder sechs Stunden werden es gewesen sein. Irgendwann spürte ich, jetzt wird es problematisch. Ich musste nämlich furchtbar dringend auf die Toilette. Mein Geschäft dort oben zu verrichten, nein, das wäre doch zu viel des Guten gewesen. Ich musste einhalten. Am späteren Abend, gegen zweiundzwanzig Uhr, nachdem weder Appelle und Bitten noch Drohgebärden und Schimpfereien etwas bewirkt hatten, fuhr der Wagen der Bataillonsfeuerwehr vor. Sie sollte mich mit ihrer Leiter vom Baum holen. Dummerweise hatte man sich verkalkuliert, *mein* Baum war höher als *deren* Leiter. Die Feuerwehr zog von dannen. Es wurde Mitternacht. Jetzt rückte die Feuerwehr aus Langenhagen an, besser ausgerüstet als die anderen. Und nun wurde es spannend, denn deren Leiter ragte bis zur Baumspitze hinauf. Ein Feuerwehrmann kam nach oben. Als er vor mir stand, griff er nach mir, um mich zu sich zu ziehen.

»Hör bloß auf damit, und reiß nicht so an mir rum«, warnte ich ihn, »ansonsten fallen wir beide runter. Nimm du die Leiter, ich klettere jetzt nach unten, die Sache ist für mich beendet.«

Der Grund war einfach der, dass ich so dringend pinkeln musste. Und ewig konnte ich sowieso nicht auf dem Baum bleiben. Unten angekommen, wurde ich vom Johlen der immer noch zahlreichen Zuschauer begrüßt. Außerdem standen vier Feldjäger bereit, um mich festzunehmen, sobald ich Boden unter den Füßen hatte. Auch der Oberstabsarzt, mit dem ich Schach gespielt hatte, immer noch mein Dienstvorgesetzter, war da.

»Stopp! Um den kümmere ich mich. Der kommt mit mir in den Sani-Bereich«, sagte er zu den Militärpolizisten und nahm mich mit. Vor meiner Zimmertür wurde nachts eine Wache postiert, damit ich nicht abhauen konnte. Nach der Baumaktion war mir alles zuzutrauen. Trotz der ganzen Aufregung an diesem Tag schlief ich tief und fest. Am nächsten Morgen wurde ich zum Oberstabsarzt zitiert. Warum ich auf den Baum geklettert sei, wollte er wissen, ob ich vorgehabt hätte, Selbstmord zu begehen.

»Warum wollen Sie das wissen?«, fragte ich ihn.

Er müsse das in Erfahrung bringen, meinte er.

»Ich bin da hoch, ohne viel nachzudenken, hab's einfach getan«, antwortete ich. »Ich weiß nur, ich bekomme hier so einen Druck, und dann die Hänseleien und Sprüche der Soldaten, weil ich in der Klapse war. Die Situation ist für mich extrem belastend. Trotzdem – klein beigeben werde ich nicht.«

»Aber es wäre gut, wenn Sie das täten. Die Division fragt mich, wie es Ihnen geht, und ich brauche Ihre Antwort in schriftlicher Form. Notieren Sie mir bitte auf einer Seite, wie es Ihnen geht. Und ich habe auch nichts dagegen, wenn Sie alles ein wenig dramatisieren …«

Ich verstand seinen Hinweis und schrieb nieder, dass ich den Druck nicht mehr aushalte und nicht wisse, wie es in meinem Leben weitergehen soll. Dass ich keine Lust mehr hätte zu leben, weil ich diesem Staat, der Rechtsbruch begeht, nicht länger vertrauen könne. Ich hätte kein Vertrauen mehr zu den Menschen um mich herum und würde meinem Leben vielleicht ein Ende setzen … So richtig dick habe ich aufgetragen.

Anschließend wurde der Inhalt meines Briefs der Division zur Kenntnis gebracht. Das war gegen zwölf Uhr am Mittag. Um zwei Uhr kam der Befehl von oberster Stelle, Kanonier Roßmann sei mit sofortiger Wirkung aus der Bundeswehr zu entlassen, er habe sich in der Kleiderkammer einzufinden und seine Ausrüstung abzugeben, man habe ihm 40 D-Mark Entlassungsgeld auszuhändigen. Alles mit sofortiger Wirkung!

Das musste man mir nicht zweimal sagen. Ich tat wie befohlen – Ironie des Schicksals. Der letzte Befehl, der an mich ging, war der erste Befehl, den ich ausführte. Ich lieferte die Uniform ab, holte meine private Kleidung aus dem Spind, und mit einem unglaublichen Gefühl der Befriedigung im Herzen verließ ich die Kaserne. Als wäre ich neu geboren, es war der 7. September 1965, mein neunzehnter Geburtstag. Endlich war ich frei. Das Leben konnte beginnen! Und ich war stolz auf mich, weil ich wusste: Diesen Kampf hatte ich gewonnen. Nicht aufzugeben war für mich eine Frage der Ehre gewesen. Ich hatte meine Sache durchgezogen.

Wieder zu Hause, kümmerte ich mich fortan um unsere kleine Drogerie, die meine Mutter während meiner Abwesenheit so eben hatte über Wasser halten können.

Einige Zeit später wurde ich vom Bund zu einer Nachuntersuchung einbestellt. Der Arzt fragte mich, wie es mir mittlerweile gehe. Danke, gut, sagte ich. Auf dem Schreibtisch lag ein dicker Stapel Papiere, meine Bundeswehrakte. Mit müdem Blick darauf sagte der Arzt: »Ich habe Ihren gesamten Fall gründlich studiert. Ich werde Sie erst gar nicht untersuchen, sondern ich bitte Sie nur um eines: Schonen Sie sich.« Und damit erklärte er mich für dienstuntauglich – auf Lebenszeit.

Meine unrühmliche »Bundeswehrkarriere« bekam knapp vierzig Jahre später doch noch eine schöne Schlusspointe. Ein

Offiziersverein aus dem süddeutschen Raum bot mir 2004 eine Ehrenmitgliedschaft an. Ich glaubte zunächst an einen Scherz. Aber ich täuschte mich. Man hatte irgendwie von meiner Bundeswehrgeschichte erfahren und wie ich mit meiner Kletterei auf den Baum einen ganzen Tag lang alle verrückt gemacht hatte. Diese Courage, so hieß es, gehöre gewürdigt.

Heute erzähle ich die Geschichte, die ich als Achtzehnjähriger erlebte, mit leichter Hand, und ich muss schmunzeln, wenn ich an den ärztlichen Ratschlag zurückdenke, ich solle mich in Zukunft schonen. Damals aber war die Situation sehr belastend, weil ich nicht wissen konnte, wie mein Leben weitergehen und ob die Sache gut für mich enden würde. Eines jedoch ist ganz typisch für mich, und daran hat sich bis heute nichts geändert: Arthur Schopenhauer sagte einmal, die meisten Menschen hätten keinen Erfolg im Leben, weil sie zu früh aufgäben. Damit bin ich immer gut gefahren: niemals zu früh aufgeben. Und ich kann sogar richtig verbohrt sein. Wenn ich etwas will, dann will ich das.

Kindheit in Ruinen

Ich bin ein Kind der Nachkriegszeit, geboren im September des Jahres 1946. Das Ende des Zweiten Weltkriegs lag noch nicht weit zurück. Die Erinnerungen der Menschen – Täter wie Opfer – an Zerstörung, Terror, Tod und Schuld waren allgegenwärtig, das Trauma des Krieges war in ihre Gesichter gezeichnet. Als ich zur Welt kam, lag diese in Trümmern, in Schutt und Asche. Hannover, meine Heimatstadt, war im Zentrum zu 90 Prozent zerstört. Im gesamten Stadtgebiet hatten die Bomben der Alliierten mehr als die Hälfte aller Gebäude dem Erdboden gleichgemacht. Am 10. April 1945 war die 9. US-Armee, von Nordwesten kommend, in die Stadt einmarschiert und hatte Hannover nahezu kampflos besetzt. Für die Überlebenden war der Zweite Weltkrieg damit beendet. Auch unser Rathaus, eines der Wahrzeichen Hannovers, das eine mächtige Kuppel schmückt, 1913 von Kaiser Wilhelm II. eingeweiht, wurde von Bomben getroffen, doch die Schäden hielten sich glücklicherweise in Grenzen. Heute kann man in der Eingangshalle des Rathauses vier Stadtmodelle in einer Größe von viereinhalb mal fünfeinhalb Metern besichtigen, die das Stadtbild in verschiedenen Epochen zeigen.

Eines der Modelle dokumentiert das Ausmaß der Zerstörung nach Ende des Krieges. Darauf sieht man auch das Modell des zerbombten Hauses, in dem mein Großvater mütterlicherseits, Edmund Wilkens, früher einen großen Kürschnerbetrieb unterhielt. Die Ursprünge der Wilkens liegen in Bruchhausen-Vilsen, in der Nähe von Bremen. Meinen Großvater Edmund verschlug es um das Jahr 1880 herum nach Hannover, wo er eine Ausbildung zum Kürschnermeister machte. Im Ersten Weltkrieg betrieb er eine Mützen- und Handschuhfabrik in Hannover-Linden mit 200 Leuten, zudem gründete er ein Pelzgeschäft, das er im Lauf der Jahre immer mehr erweiterte, bis es das größte der Stadt war. Die reichen Bürger von Hannover gingen bei Großvater Wilkens ein und aus.

Jedes Jahr fuhr Edmund nach Leipzig, in die damalige Handelsmetropole des Pelzhandels, wo er Waren kaufte und Geschäfte tätigte. Die Familie meiner Mutter war dank des überaus lukrativen Pelzhandels sehr wohlhabend. Großvater Edmund kaufte ein fünfstöckiges Mietshaus in Hannover und baute gleich daneben noch ein ebenso großes. In diesem lebten die Wilkens auf großbürgerlichem Fuß: in einer Wohnung mit zehn Zimmern, mit Haushälterinnen und Bediensteten. Außerdem besaßen sie ein Wochenendhaus in Großenheidorn am Steinhuder Meer.

Meine Mutter Hilde wurde 1909 geboren. Sie hatte zwei Schwestern und besuchte die sogenannte Höhere Töchterschule in Hannover, eine im 18. Jahrhundert gegründete Mädchenschule. Und sie war eine der ersten Frauen in Hannover, die den Führerschein machten. Sie sei sogar die zweite überhaupt gewesen, erzählte sie später stolz. Eine moderne junge Frau also. Das erste Auto meiner Mutter war ein Horch, damals einer der meistverkauften Pkws der Oberklasse. Ihren Erzählungen nach waren meine Mutter und ihre Schwestern drei fröhliche Mädels, denen es an nichts mangelte. Bei ihrer Erziehung wurde viel Wert auf Bildung gelegt. Der Bücherschrank im Hause Wilkens war gefüllt mit den Klassikern der Literatur – von Balzac über Goethe bis hin zu Schopenhauer. Vor allem Letzterer sollte in meinem Leben noch eine große Rolle spielen.

Die Wilkens waren zudem politisch interessierte Bürger, wenn auch nicht immer einer Meinung. Großvater wählte die Zentrumspartei, also die Konservativen, Großmutter Marie hingegen war eine überzeugte Sozialdemokratin. Sie links, er rechts, an lebendigen Diskussionen wird es nicht gemangelt haben. Aber – ganz wichtig – man respektierte die Meinung des anderen. Großvater und Großmutter Wilkens waren kluge und differenziert denkende Menschen, die einen ständigen Dialog miteinander führten. Was nach meinen eigenen Erfahrungen im Übrigen ganz wesentlich dazu beiträgt, eine Beziehung auf Dauer am Leben zu halten.

Nach dem frühen Tod meines Vaters 1958 zog Großmutter Wilkens für kurze Zeit bei uns ein. Ich erinnere mich an sie als eine humorvolle, lockere und offene Frau, sensationell war das damals.

Als ich sie einmal fragte: »Na, Oma, wie geht's?«, antwortete sie, die Achtzigjährige, in etwa so:

>*»Keen Tähn in't Muul, kann nich mehr bieten.*
>*En Blass op'n Moors, kann nicht mehr schieten.*
>*En Pint, de nich mehr deit,*
>*un dor fraagst du noch, woans dat gait?«*

>*(»Keine Zähne im Maul, kann nicht mehr beißen.*
>*Ne Blase auf'm Arsch, kann nicht mehr scheißen.*
>*Ein Pimmel, der nicht mehr steht,*
>*und da fragst du noch, wie es geht?«)*

Mein Bruder Axel und ich nannten sie immer die »Große Oma«. Dabei war sie gar nicht mal von besonders großer Statur, ein bisschen voluminöser vielleicht und ein paar Zentimeter größer als die »Kleine Oma«, wie wir unsere Oma Roßmann nannten. Auch die Roßmanns waren Kaufleute. Allerdings ging es in der Familie meines Vaters Bernhard in wirtschaftlicher Hinsicht ganz anders zu. Die Verhältnisse waren einfacher, viel bescheidener. 1909, in dem Jahr, in dem meine Mutter zur Welt kam, gründete mein Großvater Rudolf Roßmann in Hannover eine kleine Drogerie, in der Lortzingstraße, Ecke Podbielskistraße. Seine Frau, die »Kleine Oma«, war eine schlichte Frau. Und obendrein knauserte sie mit allem. Wenn sie sich eine Zigarette anzündete, hielt sie ein bereits abgefackeltes Streichholz ans Heizgerät, bis es Feuer fing, machte damit die Zigarette an, rauchte diese aber nur höchstens bis zur Hälfte, den Rest sparte sie sich auf. In ihrem Wohnzimmer standen – schon in der NS-Zeit und noch bis hinein in die Fünfzigerjahre – die drei berühmten Affen: Nichts sehen, nichts hören, nichts sagen. Ob sich die »Kleine Oma« selbst so sah, weiß ich nicht. Für mich aber waren die Affen schon damals der Inbegriff von Spießigkeit und Kleine-Leute-Mief, wie ihn der Schriftsteller Walter Kempowski in seinen Werken trefflich beschrieben hat.

Auf meinem Schreibtisch in Burgwedel steht heute noch ein Foto der Drogerie meines Großvaters Rudolf. Ich bin sehr froh, dass es dieses Bild, das einzige überhaupt, von unseren Anfängen gibt. Das Gebäude, in dem sich die Drogerie befand, wurde bei einem Bombenangriff im Krieg völlig zerstört, und meine Eltern eröffneten 1947 eine Art Behelfsdrogerie, ebenfalls in der Podbielskistraße, gleich gegenüber dem alten Laden. Der neue bestand lediglich aus einem kleinen Verkaufsraum mit einem Lager, das auch nur wenige Quadratmeter groß war.

Die genauen Umstände, wie sich meine Mutter Hilde und mein Vater Bernhard Roßmann kennenlernten, sind mir nicht bekannt. Eines aber liegt auf der Hand: Mit den großbürgerlichen Wilkens und den kleinbürgerlichen Roßmanns trafen zwei Welten aufeinander. Bernhard Roßmann war ein netter Kerl, Hilde verliebte sich in ihn, und in den Dreißigerjahren wurde geheiratet. Meine Eltern zogen in eine Wohnung in der Rubensstraße. Ihr Riesenglück war, dass dieses Haus – als eines der wenigen – den Bomben der Alliierten nicht zum Opfer gefallen war. Die Wohnung war klein, hatte drei Zimmer, und gleich nach dem Krieg mussten meine Eltern Heimatlose aufnehmen, die ausgebombt oder vertrieben worden waren. Entsprechend beengt ging es zu, aber wir hatten wenigstens ein Dach über dem Kopf.

In diese Nachkriegswelt wurde ich hineingeboren, zwei Jahre nach meinem Bruder Axel. Mein Start ins Leben war alles andere als einfach. Meine Mutter erzählte, dass ich 1948, noch keine zwei Jahre alt, schwer krank wurde, alle Krankheiten der Welt muss ich gleichzeitig durchgemacht haben. Erst litt ich an einer doppelseitigen Lungenentzündung, dazu gesellte sich Scharlach, und dann bekam ich auch noch andere, damals für Kinder lebensbedrohliche Krankheiten, deren Namen ich nicht mehr weiß. In unserer kleinen Wohnung war es immer eiskalt, man hatte im Winter nichts zum Heizen. Und kaum etwas zu essen, gesunde Ernährung war ein Fremdwort. Als meine Mutter den Arzt fragte, ob sie mich ins Krankenhaus bringen solle, schüttelte der nur resigniert den Kopf. Es sei doch schöner für alle, sagte er, »wenn der kleine Dirk zu Hause stirbt, im Kreise seiner Familie«. Meine Eltern waren geschockt. Sie wussten nun auch nicht weiter. Aber wie man sieht, habe ich diese schwere Zeit überlebt.

Als Kind muss ich einen starken Überlebenswillen gehabt haben. Heute denke ich manchmal, dass ich ein so unglaublich sonnenhungriger Mensch bin, lieber schwitze, anstatt zu frieren, liegt möglicherweise an dieser Kälte der frühen Jahre. Kälte vertrage ich bis heute nicht gut. Auch wenn ich natürlich keine Erinnerungen an die Krankheiten und an die Todesnähe habe, die ich als Zweijähriger erfuhr, muss doch etwas, eine tiefe Prägung, davon zurückgeblieben sein.

War es damals eine gute Zeit, um aufzuwachsen? Wer kann das schon sagen? Die Menschen waren verstört, depressiv, verwirrt und voller Ängste. Das galt auch für meine Eltern, Hilde und Bernhard Roßmann. Was aber ist das Allerwichtigste, das ein Kind braucht? Ein lebensfrohes Umfeld, Eltern mit Zuversicht, Mut und einer positiven Sichtweise auf die Zukunft – all dies gab es in diesen Jahren kaum. Der Kampf ums nackte Überleben war alles, worum es ging. Möglicherweise war dieser Kampf aber auch der Grund, warum meine Eltern, die aus konträren geistigen Welten stammten, überhaupt zusammenblieben.

Einmal erlebte ich einen Streit meiner Eltern, in unserer kleinen Wohnung, der mich als Kind völlig verunsicherte und mich in Panik versetzte. Wie fast immer ging es um finanzielle Probleme. Meine Eltern schrien sich an, laut und hasserfüllt.

Ich wusste nicht, was der Anlass war, aber ich habe gebetet: »Lieber Gott, mach, dass sie aufhören zu streiten! Bitte, lieber Gott ...« Der liebe Gott und die Religion spielten ansonsten in unserer Familie keine große Rolle, auch wenn wir evangelisch getauft waren. Ich habe meine Mutter einmal gefragt:

»Mama, wie ist das mit Gott, glaubst an ihn?«

Da hat meine Mutter zu mir gesagt: »Weißt du, man weiß nicht, ob es einen Gott gibt, aber es ist *besser*, man glaubt an ihn.«

Diese Antwort fand ich damals schon extrem ernüchternd und unbefriedigend, und sie zeugte von einer intellektuellen Oberflächlichkeit, die mich abschreckte. Die geistige Welt der Fünfzigerjahre, die Jahre meiner Kindheit und Jugend, war ohnehin geprägt von moralischen Anschauungen, bei denen man sich, wenn man sie heute hört, nur an den Kopf fassen kann. Kürzlich traf ich einen früheren Lehrer meiner alten Volksschule, Peter-Alwin Pinnen, der meinen Bruder Axel einige Jahre unterrichtete und mich in der vierten Klasse in Mathematik. Er kannte mich von klein auf, denn er und seine Familie hatten in unserer Drogerie immer eingekauft. Lehrer Pinnen ist mittlerweile einundneunzig Jahre alt. Als er 1950 Lehrer wurde, verdiente er im Monat 166,56 D-Mark. Er erzählte mir von einer jungen Lehrerin, einer Kollegin, die Anfang der Fünfzigerjahre zu ihrem Rektor ging, um ihm mitzuteilen, dass sie in wenigen Monaten heiraten werde. Am Tag der Eheschließung musste sie den Schuldienst verlassen, denn es existierte noch ein Gesetz, das besagte, eine verheiratete Frau dürfe nicht als Lehrerin arbeiten. Die Kollegin verlor mit der Heirat auch ihre Pensionsansprüche. Eine Ehefrau hatte sich um Kinder und Mann zu kümmern. Punkt.

Unglaublich, mag man heute denken, aber so sah die Realität der Fünfzigerjahre aus. Im Falle dieser Lehrerin gab es noch eine sogenannte Zölibatsklausel, sie stammte aus dem 19. Jahrhundert, wurde aber bald abgeschafft. Was heute eine Selbstverständlichkeit ist – Frauenrechte, die Gleichstellung von

Schwulen und Lesben und vieles mehr –, damals war das alles undenkbar. Es war einfach eine andere Welt. Das Gedankengut der Nazis, der Glaube an Hitler, »Wir sind das Herrenvolk. Wir zeigen es der Welt!« – dieser Irrsinn war noch nicht lange her.

Als Jugendlicher habe ich viel über diese Themen nachgedacht, über die Schuld der Deutschen und ihre Verbrechen an den Juden, und das, obwohl ich keine besondere Schulbildung genossen hatte. Die deutsche Geschichte aber war mir immer zutiefst bewusst.

Früh übt sich

Ein gewisser Geschäftssinn war mir, wenn man sich die Lebensläufe meiner Vorfahren anschaut, gewissermaßen in die Wiege gelegt. Die Gene der Roßmann-Linie allerdings können es nicht gewesen sein. Warum? Weil Bernhard Roßmann nicht mein leiblicher Vater war, wie ich erst später erfahren sollte. Doch dazu werde ich noch kommen. Da aber der Mann, der mich zeugte, ebenfalls ein sehr erfolgreicher Kaufmann war, kommt das mit den Genen dann doch irgendwie hin. Tatsache ist: Geld, beziehungsweise das Geldverdienen, spielte von Anfang an eine zentrale Rolle in meinem Leben. Auch aus dem einfachen Grund, dass in meiner Kindheit nie welches vorhanden war. Geld war immer Mangelware. An allen Ecken und Enden musste gespart und geknapst werden. Wenn wir zu Hause das Licht haben brennen lassen, schimpfte unsere Mutter mit uns. Und wenn ich mir beim Klettern im Wald, dem Stadtwald Eilenriede, wieder meine Hosen zerrissen hatte, konnte sie fuchsteufelswild werden. Gebadet wurde nur einmal in der Woche, immer am Samstag. Das musste reichen. Auf dem Herd wurden dann vier Kessel Wasser zum Kochen gebracht – warmes Wasser aus der Leitung gab es noch nicht – und in die Wanne gefüllt. Das war unsere Welt damals, aber so sah der Alltag der meisten Menschen in diesen Jahren aus.

Natürlich gibt es auch schöne Erinnerungen aus meiner Kindheit, zum Beispiel an unsere Ausflüge, wenn wir mit unserem kleinen VW Käfer, in dem wir Kinder hinten in einer Vertiefung sitzen mussten, am Wochenende nach Bad Pyrmont oder in den Harz fuhren. Oder – später dann – wenn ich mit einem Freund aus der Nachbarschaft die großen Ferien in Hörnum auf Sylt verbringen durfte. Damals wohnten wir für

95 D-Mark drei Wochen lang im »Haus der Jugend«, Kost und Logis inklusive.

Für Außenstehende mag es vielleicht seltsam klingen, aber ich wusste bereits als Zehnjähriger ganz genau, was ich in meinem Leben machen wollte. Mein Leben sollte zum einen voller Spannung sein, ich wollte einfach etwas erleben. Und zum anderen wollte ich Geld verdienen. Nicht um des Geldes willen, sondern um mich von den Zwängen und Abhängigkeiten, wie ich sie zu Hause erlebte, befreien zu können. Der Mensch braucht Geld, um frei zu sein. Eine simple Weisheit. Und ich wollte so viel Geld verdienen, dass ich unabhängig war und in der Lage, entscheiden zu können, was ich tun mochte. Und später war mir klar: Ich wollte immer selbstständig bleiben. Wollte niemandem Rechenschaft ablegen müssen, niemals Befehlsempfänger sein. Lieber wollte ich einmal einen kleinen Kiosk an der Ecke unserer Straße betreiben, als dass ich eine gut bezahlte Stelle in einem Unternehmen annahm, in dem ein Chef das Sagen hatte.

Das also waren meine Grundsätze, schon ganz früh. Sie waren die Basis für alles, was kommen sollte. Frei sein, sich nirgendwo unterordnen müssen. Meinetwegen vierzehn Stunden am Tag schuften, kein Problem, solange ich für mich schufte, nicht aber für andere Leute. Und so möglichst viel Geld verdienen. Eines will ich klarstellen: Geld habe ich nie gehortet, ich wollte nie ein Dagobert Duck werden, der in seinem Geld badet. Meine Devise lautete immer schon: »Viel verdienen, viel ausgeben!«

Meinen Freund, den Kriminologen Christian Pfeiffer, habe ich einmal gefragt: »Sag mal, Christian, was ist in deinen Augen eigentlich das Typische an mir?«

Daraufhin meinte er: »Also, ich kenne keinen Menschen, der freier ist als du.«

Freiheit geht immer einher mit einer finanziellen, einer wirtschaftlichen Unabhängigkeit. Es geht nicht um Luxus, nicht darum, das größte Haus zu besitzen oder das teuerste Auto zu

fahren. Sondern frei von Ängsten zu sein: Wie geht es morgen
weiter? Wovon werde ich leben? Kann ich meine Familie ernähren? Dieses Denken und Streben war in mir, schon immer,
hundertprozentig.

Ich hatte nie Vorbilder, in dem Sinne: Genauso wie der oder
die will ich sein, ihm oder ihr eifere ich nach. Aber es gab in
Hannover drei große Unternehmerfamilien, die ich als Kind dafür bewunderte, was sie aufgebaut hatten, und so etwas wollte
ich auch schaffen. Die Beindorffs zum Beispiel, das waren die
Besitzer von Pelikan. Selbstverständlich schrieb ich als Schüler
mit einem Pelikan-Füller. Das ursprüngliche Pelikan-Firmen-
gelände befand sich gleich um die Ecke von unserer Wohnung.
Wenn wir mal nicht im Wald spielten oder uns im Kino India-
nerfilme anschauten – auch einer meiner Lieblingszeitvertrei-
be –, besuchten meine Freunde und ich die Pelikane, die der
Schreibwarenhersteller über die Sommermonate aus dem Zoo
in den Vorgarten des Firmengeländes geholt hatte. Diese Pelikane waren für mich ein Stück heile Welt im zerstörten Hannover.
Und dann gab es die Familie Sprengel, berühmte Schokoladen-
fabrikanten. Wir Kinder aßen am liebsten Sprengel-Schokola-
de. Das Sprengel-Museum, das auf eine Schenkung der Familie
zurückgeht, hat sich weit über die Grenzen Hannovers einen
Namen gemacht. Und zu guter Letzt die Bahlsens, auch sie
stammen aus Hannover, jeder kennt Bahlsens Leibniz-Butter-
kekse.

Diese drei Unternehmen – sie waren mein Ansporn. Sie waren die ganz Großen, und wir waren ganz klein. Noch. Vielleicht lag meine Bewunderung für Leute wie die Beindorffs,
Sprengels und Bahlsens – unbewusst – auch darin begründet,
dass sich meine Mutter zurücksehnte nach der großbürgerlichen Welt, die sie verloren hatte.

Meine ersten zaghaften Versuche, mein eigenes Geld zu verdienen, waren aber noch nicht dazu angetan, auf eigenen Füßen
zu stehen. In der *Hannoverschen Allgemeinen Zeitung* erschien
an manchen Samstagen eine Kinderseite, auf der Geschichten,

Gedichte und Reime von jungen Leserinnen und Lesern veröffentlicht wurden. Wer wollte, konnte einen Text an die Redaktion schicken, diese traf dann eine Auswahl. Und die Glücklichen, die es ins Blatt schafften, erhielten ein kleines Honorar von acht Mark. Das war viel Geld in meinen Augen. Für die Osterausgabe der Zeitung hatte ich mich mit einem Gedicht beworben, das auch gedruckt wurde:

Der Osterhas hat sich beeilt,
fix die Eierlein verteilt,
hier eins hin, und dort eins hin,
manch mit einer Füllung drin.

Auch über Geld habe ich so meine kleinen Reime erdacht:

Das Geld, das Geld, das Geld,
das wandert durch die Welt.
Es springt über Stock und Stein
und setzt sich für des Menschen Leben ein.
Das Geld braucht aber auch mal Ruh,
deswegen schließen wir es fest im Sparkassenbuch zu.

Nun gut, der Sprachrhythmus mag noch nicht ganz so optimal gewesen sein, aber ich war auch erst neun oder zehn Jahre alt. Wenn es darum ging, ein paar Mark zu verdienen, war ich immer schon erfindungsreich.

Die elterliche Drogerie war eine weitere Geldquelle. Mein Bruder und ich machten uns hier nützlich und bekamen dafür ein bisschen Geld. Zum Beispiel, indem wir kleine Plastikbeutel mit Kosmetikproben packten. Die Pröbchen erhielten wir von den verschiedenen Herstellern, wenn sie neue Marken einführen wollten. Axel und ich saßen dann stundenlang zu Hause, vor uns Berge dieser Produktproben, und packten jeweils fünf verschiedene von ihnen – von Biox-Ultra Zahnpasta bis Fa-Seife – in die Beutel, die wir anschließend mit einer Klemme verschlossen. Für jeden fertigen Beutel gab es einen Pfennig Lohn. Hatte ich die Woche über genug Geld angespart, kaufte ich am Samstag eine Tafel Schokolade, die wurde brüderlich geteilt. Ein Höhepunkt der Woche.

Denke ich an unsere Drogerie zurück, sehe ich auch den eisernen Warenautomaten vor mir, mehr als zwei Meter hoch und auf Rollen stehend. Er befand sich im Eingangsbereich und war mit Eisenstäben befestigt, damit man ihn nicht klauen konnte. Der Automat hatte acht Schubladen, aus denen man, wenn man Geld einwarf, Produkte ziehen konnte. Bei sieben der acht Schubladen wusste ich ganz genau, was sich in ihnen befand: Sahnebonbons, Filme, Schokolade und so weiter. Nur bei der achten Schublade, da war mir der Inhalt lange Zeit ein großes Mysterium. Es handelte sich um Kondome der Marke Fromms. Natürlich war ich neugierig, habe aber meine Eltern nicht gefragt, weil ich fühlte, dass das nicht gewünscht war. Kondome waren ein Tabu, darüber redete man nicht. Die Menschen in den Fünfzigerjahren waren, wie gesagt, verklemmt.

Das Haus, in dem sich unsere Drogerie befand, war ein kleiner einstöckiger Bau, den man nach Ende des Krieges schnell hochgezogen hatte. Obendrauf befand sich ein leicht schräges Dach, zu dem man hinaufklettern konnte. Die Verkaufsfläche war vielleicht zwanzig Quadratmeter groß, mit einem Tresen im Zentrum und Regalen aus Holz bis unter die Decke. Alles Klein-Klein. In den Schubläden war ein Sammelsurium von Produkten. Manche von ihnen kennt man heute noch, die NIVEA-Creme in der blauen Dose oder die marmorierte Fa-Seife, andere sind längst verschwunden. Wenn Kundinnen kamen, die für damalige Zeiten »heikle« Produkte kaufen wollten, zum Beispiel Damenbinden, bestanden sie darauf, ausschließlich von meiner Mutter bedient zu werden. Einen männlichen Verkäufer zu fragen, das wäre ihnen im Traum nicht eingefallen. Hochnotpeinlich. Die Damenbinden waren entsprechend diskret ganz unten in einer der Schubladen verstaut. Die Menschen hatten eine Scheu, Dinge beim Namen zu nennen. Selbst nach Toilettenpapier zu verlangen, war vielen unangenehm.

Meine Mutter Hilde war die Chefin im Laden. Man würde heute sagen: Sie hatte die Hosen an. Wie bei uns zu Hause wurde auch im Geschäft jeder Pfennig mindestens zwei-, eher dreimal umgedreht. So mussten beispielsweise die ohnehin schon winzigen Tesa-Etiketten in einer Größe von 1 cm x 5 mm, die wir als Preisschilder verwendeten, auf Anweisung meiner Mutter mit einer Nagelschere nochmals halbiert werden. Auf diese Etikettchen schrieb sie akribisch in winzigen Ziffern die Preise der Produkte.

Finanziell gesehen stand die Drogerie meines Vaters immer auf der Kippe. In Zahlen las sich das so: Wir hatten ungefähr 50 000 D-Mark auf der Habenseite, damit waren die Waren im Laden und im Lager gemeint. Gleichzeitig saßen wir aber auch auf einem Schuldenberg von 50 000 D-Mark – auf diese Summe beliefen sich die Kredite bei Banken und Großhändlern. Einmal im Jahr, immer am 31. Dezember, stand die große Inventur an, dann musste der komplette Warenbestand durchforstet und in einer Inventurliste aufgelistet werden. Dabei halfen mein Bruder und ich. Mir wurde die Aufgabe übertragen, die Waren, die auf dem Dachboden gelagert wurden, aufzulisten – es handelte sich um Damenkosmetik, die einen Wert von 5000 D-Mark gehabt hätte. Ich verwende bewusst den Konjunktiv. Denn die Cremes lagerten schon seit Ewigkeiten auf unserem Dachboden. Sie waren alt und ranzig, ihre Verpackungen beschädigt, als hätten Ratten an ihnen genagt. Kurzum, was ich da fand, war unverkäufliche Ware und nicht dazu geeignet, die Haut der Kundin zu pflegen. Es handelte sich übrigens um Produkte von Olga Tschechowa, sie war vor dem Krieg eine berühmte Schauspielerin gewesen und hatte eine eigene Kosmetikmarke. Meinen Vater interessierte das nicht.

»Schreib alles ganz genau auf, drei Cremes hiervon und acht davon, und so weiter.«

»Aber wieso? Das verstehe ich nicht. Die Ware ist völlig wertlos, die Cremetuben sind verrottet, die kauft uns doch kein Mensch mehr ab«, widersprach ich.

»Ja, das weiß ich selbst«, sagte er, »aber das ist egal. Wir müssen sie trotzdem auf der Aktivseite unserer Bilanz aufführen. Wir brauchen diese Werte im Warenlager. Ansonsten sind wir nämlich überschuldet, und wenn wir überschuldet sind, gehen wir pleite.«

Das alles kam mir schon im Alter von zehn Jahren suspekt vor. Tatsache aber war, unsere Drogerie stand stets kurz vorm Konkurs. Völlig absurd und riskant – und für keinen von uns nachvollziehbar: In dieser engen finanziellen Situation schaffte sich mein Vater für 10 000 Mark auf Kredit einen Mercedes an. Dieser Wagen war sein ganzer Stolz. Lange sollte seine Freude darüber aber leider nicht währen …

Die fünf Idioten

Die I5, die fünf Idioten, nannten wir uns, meine Freunde und ich. Wir kannten uns von klein auf aus der Nachbarschaft, und ich war der Chef der I5. Unser Refugium war die Eilenriede. Der wunderbare Stadtwald war ein Paradies für uns Kinder, riesengroß, auf einer Fläche von mehr als 600 Hektar. Hier fühlten wir uns zu Hause. Im Zweiten Weltkrieg war er im Bombenhagel ebenfalls schwer beschädigt worden, zu zwei Dritteln wurde er zerstört. Aber es gab hier keine Ruinen, keine zerbombten Häuser. Die Natur holte sich zurück, was ihr gehörte. Alles wuchs wild und ungestüm. Einmal im Jahr wurde das Gebiet abgesperrt, weil dann das berühmte Eilenriede-Motorradrennen auf einem fünf Kilometer langen Rundweg stattfand, das war jedes Mal eine spannende Angelegenheit. Letztlich boten sich uns hier Abenteuermöglichkeiten ohne Ende.

Die I5 trafen sich fast jeden Tag nach der Schule im Wald. Wir sind die Bäume rauf- und wieder runtergeklettert, wie die Affen, was mir Jahre später bei meiner Protestaktion bei der Bundeswehr zugutekam. Ich kann mich auch daran erinnern, dass wir einmal einen toten Hasen fanden. Wir banden seine Beine an einem Stock zusammen und trugen ihn wie bei einer feierlichen Prozession die Podbielskistraße entlang, bis hin zur Polizeistation, wo wir den Hasen abgaben. Einmal zündete ich im Sommer an einer Schonung ein Feuer an, welches über einen Zaun übergriff. Ich bekam Panik, weil sich das Feuer immer weiter ausbreitete und ich durch den Zaun eingeschlossen war. Ich musste irgendwie auf die andere Seite gelangen, um es wieder zu löschen. Es hatte lange nicht geregnet, und ich dachte, ich würde den ganzen Hannoverschen Stadtwald abfackeln. Irgendwie schaffte ich es dann aber, die Flammen auszutreten.

Es war also immer etwas los bei den fünf Idioten, die ihrem Namen alle Ehre machten. Wir stellten verrückte Dinge an, nahmen uns selbst aber auch nicht so ernst. Als wir aus der Rubensstraße wegzogen, verloren wir uns aus den Augen. Einer der Schulfreunde aus dieser Zeit hieß Frank Bahr. Fünfundvierzig Jahre lang hatten wir keinerlei Kontakt, bis er sich vor ein paar Jahren plötzlich bei mir meldete. Ich erfuhr, dass auch sein Leben spannend geblieben war. Nicht nur hatte er vierzig Schulbücher geschrieben, sondern sage und schreibe 140 Länder auf allen fünf Kontinenten bereist. Mir hatte das so gut gefallen, dass ich ihn fragte, ob er seine Reiseberichte nicht in unserem Kundenmagazin veröffentlichen wolle. Seitdem schreibt er im *Centaur*. Ein Kreis hat sich geschlossen.

Auch Fußball war ein großes Thema meiner Kindheit und Jugend. Regelmäßig ging ich zu den Spielen von Hannover 96. Hannover 96 – das war schon immer der Verein, für den mein Herz schlug. So sehr ich diesen Sport liebte, so untalentiert war ich als Junge auf dem Fußballplatz. Ich gebe es unumwunden zu: Als Spieler war ich eine Niete. Das wussten auch alle anderen, weswegen ich jedenfalls in dieser Eigenschaft nicht zum Einsatz kam. Unser Tor bestand aus einem Baum als Pfosten auf der einen Seite und mir, der entsprechend positioniert wurde, auf der anderen Seite. Als Torpfosten war ich offenbar nützlicher denn als Feldspieler. Irgendwann wurde mir das alles aber zu blöd. Weder konnte ich gut Fußball spielen, noch war ich Teil der Gemeinschaft. Daher gab ich mit elf Jahren den Fußball auf und entdeckte eine andere sportliche Betätigung.

Meine Mutter hatte die Idee, ich solle es mit Tennis versuchen. Sie brachte mich zum Tennisverein Grün-Weiss Hannover, einem kleinen Verein am Stadtrand, den es heute noch gibt, mittlerweile ist er einer der größten Tennisvereine in der Umgebung. Tennisspielen war damals übrigens keine elitäre oder teure Angelegenheit, sodass wir uns das leisten konnten. Tennis war genau mein Ding. Dieser Sport lag mir, ich wurde immer besser. Und meine Tennisleidenschaft ist seit damals ungebrochen; noch heute spiele ich mindestens einmal in der Woche. Meistens mit meinem guten Freund Martin Kind, manchmal auch mit Gerhard Schröder.

An dieser Stelle ein paar Worte zu Martin Kind, mit dem mich eine tiefe Freundschaft – und der Fußball – verbindet: Heute gehören mir als Gesellschafter rund 20 Prozent des Bundesligisten Hannover 96. Das hätte ich selbst nicht für möglich gehalten, hatte ich damals doch als Torpfosten herhalten müssen. Martin Kind ist seit vielen Jahren Präsident von Hannover 96. 1970 übernahm er das Hörgeräte-Fachgeschäft seines Vaters und baute ein Imperium auf. Der Name »Kind« ist heute ein Synonym für Hörgeräte – »Ich hab ein KIND im Ohr«, diesen Werbespruch kennt fast jeder.

Martin und ich lebten viele Jahre quasi Tür an Tür, wir beziehungsweise unsere Firmenzentralen waren Nachbarn in Burgwedel. Irgendwann liefen wir uns bei einer Veranstaltung durch Zufall über den Weg, kamen ins Gespräch und verstanden uns auf Anhieb gut. Eine sehr intensive Freundschaft entstand, die geprägt ist von einem tiefen Vertrauen und von einem sehr ähnlichen unternehmerischen Denken. Wir stehen fast täglich auf die eine oder andere Weise in Kontakt. Entweder wir spielen Tennis, Schach oder Skat, oder wir gehen wandern, treffen uns zum Essen oder telefonieren nur miteinander. Martin sagte einmal, seine Frau habe sich schon scherzhaft beklagt, er rede mehr mit mir als mit ihr.

Möglicherweise hätten wir uns in jungen Jahren nicht in dem Maße angefreundet, wie es später der Fall war, weil wir früher noch ganz andere Prioritäten gesetzt haben. Jetzt, so Martin Kind, seien wir in einem Alter, in dem man echte Freundschaft zu schätzen wisse, auch würden wir uns die Zeit nehmen, um sie zu pflegen. Er ist zwei Jahre älter als ich, aufgewachsen in Burgwedel; die Gegend war einst landwirtschaftlich geprägt, im Krieg wurde kaum etwas zerstört, anders als ich es in Hannover als Kind erlebte. Unsere Werdegänge weisen viele Parallelen auf, auch wenn wir ganz verschieden sind.

Martin Kind: »Beide haben wir aus dem Nichts und allein mit Willen und Leistungsbereitschaft ein Unternehmen aufgebaut, zwar in unterschiedlichen Märkten, aber wir haben vergleichbare Erfahrungen gemacht. Wir fingen beide bei null an. Du lebst in manchen Bereichen viel intensiver als ich, du liest Bücher, vielleicht als Ausgleich zum Job, ich könnte nie ein Buch mit 500 Seiten lesen. Aber ich lerne viel von dir, denn du lässt mich an deinen Erfahrungen teilhaben.«

Ich wiederum bewundere an ihm, wie er, der als Hannover-96-Präsident viele Kämpfe ausficht, Standhaftigkeit und Haltung beweist. Im Lauf der Jahre haben wir verschiedene gemeinsame Unternehmungen auf den Weg gebracht. Eine davon entstand aus ganz eigennützigen Interessen. Die Tennishalle in Burgwedel, in der wir immer spielten, war irgendwann ziemlich marode geworden. Eines Tages fragte mich Martin, ob wir sie nicht kaufen sollten. Ich sagte: »Hast du 'nen Vogel? Mit so was belasten wir uns erst gar nicht.« Immer wieder kam er mit der Tennishalle an, jedes Mal sagte ich Nein. Es dauerte ein halbes Jahr, dann war ich so weit. Wir kauften die Halle und das Gelände und renovierten alles.

Schopenhauer mit Duden & Lexikon – Lernen fürs Leben

An die Zeiten in der Eilenriede, an mein desaströses Fußball-spiel, meine Tennisliebe und meinen frühen Unternehmer-geist – an diese Momente meiner Kindheit habe ich genaue Erinnerungen. Doch alles, was mit meiner Schulzeit in einem Zusammenhang steht, ist völlig weg. Verdrängt, ausgelöscht. Jedenfalls weitgehend. Dabei steht das Thema Bildung in mei-ner karitativen Arbeit heute an vorderster Stelle, denn es ist für die Zukunft unserer Gesellschaft von essenzieller Bedeutung, Kindern und Jugendlichen den Spaß am Lernen zu vermitteln. Und die Wichtigkeit von lebenslangem Lernen. Wissen wird uns nicht allein durch Schule vermittelt, hier sollte die Basis dafür geschaffen werden. Auch ich lerne heute noch jeden Tag etwas hinzu. Und jeder Tag, der mir einen Erkenntnisgewinn bringt, durch Begegnungen mit anderen Menschen, durch Ge-spräche oder durch Lesen, ist ein guter Tag.

Dass Bildung für mich eine Herzensangelegenheit ist, mag wohl daran liegen, dass meine eigene Schulzeit eine schwierige, unbefriedigende, unerfreuliche Zeit war. Wenn ich den Dirk von damals mit eigenen Worten beschreiben sollte, so war er ein etwas verklemmtes, in sich gekehrtes Kind. Mein Bruder ging bereits in die dritte Klasse, als ich am 1. April 1952 einge-schult wurde. Ich war das, was man ein »Kann-Kind« nennt, das bedeutet, ich hätte auch ein Jahr später eingeschult werden können; was womöglich sinnvoller für mich gewesen wäre. Denn vielleicht hätte ich mich, etwas älter, besser in der Schule zurechtgefunden.

Vier Jahre lang besuchte ich die Volksschule Höfestraße. Hier gab es sechzehn Klassen mit durchschnittlich fünfund-dreißig Schülern. Ich habe alles, was mit der Schule zu tun hatte, gehasst. Es war furchtbar. Ich wollte ja lernen, aber mit Zucht und Ordnung war bei mir nichts zu holen. Deswegen frustrierte mich dieser Ort nur. Erschwerend kam hinzu, dass ich immer nur das lernen wollte, was mich interessierte. Auch wenn ich mich bemühte, es gelang mir nicht, mich längere Zeit auf etwas zu konzentrieren, das nicht mein Interesse weckte. Gab der Lehrer die Klassenarbeiten zurück, verteilte er zuerst die Einser, danach die Zweier, die Dreier; die schlechtesten Noten kamen zum Schluss. Und ich saß da und zitterte, denn ich war jedes Mal einer der Letzten, die ihr Heft zurückerhielten.

Ich war ein sehr schlechter Schüler. Nach vier Jahren wechselte ich dennoch auf die Mittelschule. Als ich gerade ein halbes Jahr dort war, zitierten die Lehrer meine Mutter zu sich und teilten ihr mit, da ich nicht besonders intelligent sei, wäre es besser, ich würde wieder zurück auf die Volksschule gehen. Und so kam es auch. Die Volksschule schloss ich mit durchschnittlich guten Leistungen ab, aber damit endete auch meine Schulkarriere. An eine weiterführende Schule, gar an das Abitur, war nicht zu denken. Stattdessen begann ich schon bald eine Lehre zum Drogisten.

Schule und Lehrer sollen jungen Menschen das nötige Rüstzeug dafür mitgeben, mit Mut und Zuversicht ins Leben zu starten. Sie sollen das Selbstwertgefühl der Jugend stärken. Mich hingegen hat die Schule nur verunsichert und eingeengt. Ich kann von Glück sagen, dass mir meine Eltern viel Freiraum gaben. Sie sorgten dafür, dass ich mich entfalten konnte. Ich wurde als Kind auch nie geschlagen, was damals keine Selbstverständlichkeit war. Meine Mutter sagte nicht: »Du musst mittlere Reife machen! Du musst das Abitur machen!« Solche Forderungen stellte sie nicht an mich. Ob aus Einsicht oder weil sie einfach mit sich selbst und den Problemen des Alltags zu beschäftigt war, kann ich nur vermuten. Lässt man Kinder liberal und frei aufwachsen, lässt man ihnen in diesem Sinne eine Erziehung angedeihen, führt das zu selbstbewussteren Menschen – und nicht zu Menschen, die angepasst sind und zu allem Ja sagen. Ich jedenfalls habe sehr früh für mich den Entschluss gefasst: »Eines Tages übernehme ich die Drogerie.«

Mit Peter-Alwin Pinnen, dem Lehrer aus meiner Volksschulklasse, treffe ich mich heute gelegentlich. Er zeigt mir Fotos aus meiner Schulzeit, aber sie lösen nicht viel in mir aus, zu gut habe ich alles verdrängt. Nicht einmal ein Schulzeugnis von damals habe ich aufbewahrt. Ich weiß nur noch: Ich hatte immer nur Dreien, nie eine Zwei. Und ich wurde gehänselt, weil ich so klein war. Pinnen war einer der wenigen Lehrer, die ich als Schüler respektierte. Kein gestrenger Zuchtmeister, sondern ein Mann mit viel Humor und Lebensfeuer, ein Lebensgeist.

Ich lerne gern aus Begegnungen mit Menschen, und ich höre mir ihre Geschichten an. Lehrer Pinnen erzählte mir eines Tages auch seine Geschichte. Vierzig Jahre lang unterrichtete er Kinder an verschiedenen Schulen, zwanzig Jahre arbeitete er als Schulleiter. 1926 wurde er in Köln geboren, er machte die mittlere Reife und wollte eine Ausbildung zum Bahntechniker machen. Er ging bei der Reichsbahn in die Lehre. Anfang der Vierzigerjahre wurden er und seine Familie ausgebombt, sie verließen das Rheinland und zogen nach Hannover zu Verwandten. Hier konnte er seine Lehre zunächst fortsetzen. Mit achtzehn wurde er aber eingezogen, kam an die Ostfront. Anfang Januar 1945, das Kriegsende war nicht mehr fern, erlitt er in Masuren einen Unterschenkeldurchschuss. Man lieferte ihn ins Lazarett Wernigerode, im Harz, ein. Der Krieg ging zu Ende. Die Russen waren auf dem Vormarsch. Pinnen geriet in Kriegsgefangenschaft. Wieder in Freiheit, machte er sich auf Krücken in Richtung Westen auf. Langsam und unter großen Mühen erreichte er sein Ziel: Hannover. Bei der Reichsbahn wurde er nicht mehr gebraucht, aber neue Lehrer wurden händeringend gesucht. Im Grunde wurde jeder genommen, der sich bewarb, denn die Kinder der Nachkriegszeit mussten unterrichtet werden.

Pinnen besuchte die Pädagogische Hochschule in Alfeld, im Januar 1948 war er mit zweiundzwanzig ausgebildeter Lehrer und trat in den Schuldienst ein. Er erzählte mir, dass er jedes Mal, wenn ein Kind neu in die Schule kam, als Erstes dessen Familie aufsuchte, um zu sehen, unter welchen Umständen der Schüler zu Hause lebte. Es gab keine Klasse, kaum eine Familie, in der nicht Angehörige im Krieg gestorben und Väter gefallen waren oder sich in Kriegsgefangenschaft befanden. Die Herausforderungen für die Lehrer waren riesig. Zudem stand man in den ersten Jahren vor dem Problem, dass es kaum Lehrmaterial gab. Was junge Pädagogen wie Peter-Alwin Pinnen geleistet haben, verdient höchsten Respekt.

Warum ich als Schüler so verstört war und so sensibel auf alles reagierte, wurde mir erst später klar, als ich mich trotz aller Verdrängung an eine bestimmte Situation erinnerte. Als Zweitklässler habe ich erlebt, wie einer unserer Lehrer – nicht Peter-Alwin Pinnen! – den Kopf eines Mitschülers immer wieder an die Tafel schlug, er hörte nicht auf, machte weiter und weiter, bis der Junge fast besinnungslos war. Dieser Lehrer wurde später der Schule verwiesen. Vielleicht war er durch den Krieg traumatisiert. Die Menschen waren nicht nur äußerlich verletzt, hatten Arme, Beine, Augen verloren, viele waren auch innerlich verstört. Ich glaube, dass ich als Kind vieles davon aufnahm, das Ganze aber nicht verstehen und mich deswegen nur schlecht konzentrieren konnte.

Als ich vierzehn war – gerade hatte ich die Volksschule beendet – geschah etwas Ungewöhnliches. Aus einer Laune heraus nahm ich eines Tages unseren Bücherschrank zu Hause mal genauer unter die Lupe. Bis dahin hatte mich sein Inhalt nicht interessiert. Ich vermute, es handelte sich um den Bücherschrank der Wilkens, meinen Großeltern mütterlicherseits. In dem Regal stand ein Buch, das meine Aufmerksamkeit erregte: Arthur Schopenhauer hieß der Autor, *Die Welt als Wille und Vorstellung* lautete der Titel. Dass es sich bei Schopenhauer um einen der wichtigsten deutschen Philosophen handelte, wusste ich zu diesem Zeitpunkt natürlich nicht. Ich nahm das Buch in die Hand und las Worte wie »ephemer«, »Apriori«, »Aposteriori«, »transzendent« oder »transzendental«, und dachte nur: Was ist denn das für ein Kram? Denn ich verstand rein gar nichts. Doch allein deswegen setzte ich mir in den Kopf: Ich *will* wissen, was in diesem Buch steht! Ich *will* das alles verstehen!

Ich wollte etwas, und ich handelte entsprechend. Und so las ich die nächsten vier Jahre an jedem einzelnen Abend in diesem Buch. Tagsüber ging ich in die Lehre, abends war meine Lektüre an der Reihe. Wort für Wort, Zeile für Zeile, Seite für Seite. Egal ob ich müde war oder lustlos, ich machte stoisch weiter. Für mich ging es um eine ganz existenzielle Frage: In der Schule hatten mir fast alle Lehrer das Gefühl vermittelt: »Na ja, besonders klug bist du nicht.« Aber man sollte nicht alles glauben, was andere einem erzählen. »So doof bist du doch gar nicht«, gab ich mir selbst zu verstehen. Und zum Beweis nahm ich mir den Schopenhauer vor.

Konnte ich verstehen, was er geschrieben hatte? Wenn man einen Philosophen von dieser Bedeutung versteht, so meine Überzeugung, könne man nicht ganz dumm sein. Wer nimmt sich heute überhaupt noch die Zeit, wer hat die Muße, Schopenhauer zu lesen? Noch dazu mit dem Anspruch, ihn zu verstehen?

Während der vier Jahre, die ich fleißig las, lagen Duden und Lexikon griffbereit neben mir. Ich »übersetzte« jedes Wort und jeden Satz. Darüber sprechen konnte ich mit niemandem, mit meiner Mutter nicht und auch nicht mit meinen wenigen Freunden. Dennoch kam ich gut voran, und nach und nach gewann ich den Eindruck, dass ich Schopenhauers Hauptwerk recht gut kapierte. Diese Erfahrung war für mich der Startschuss. Der Knoten war geplatzt – für meine Liebe zum Lesen, für lebenslanges Lernen und die Neugier auf Fremdes.

Schopenhauers zentraler Begriff des Willens war für meine Entwicklung sehr prägend. Ich erwähnte es bereits: Wenn ich etwas will, wirklich will – und ich will nicht viel und nicht dauernd etwas –, aber wenn es so weit ist, dann kann ich regelrecht besessen sein. In mir schlummerten von Beginn an zwei Pole: Phlegma auf der einen und Willensstärke auf der anderen Seite.

Ich war also ein Jugendlicher, der Schopenhauer las und sich später auch für Nietzsche und andere Philosophen interessierte – trotz schlechter Schulbildung. Ich wurde einmal gefragt, ob ich nicht den Wunsch verspürt hätte, Philosophie zu studieren. Abgesehen davon, dass ich dafür das Abitur hätte machen müssen, ging es mir gar nicht darum, einen Text zu studieren, sondern darum, etwas zu verstehen. So wie mir das Lesen geholfen hat, im Leben voranzukommen, so bin ich fest davon überzeugt, dass das bei anderen ebenfalls funktionieren kann.

Aus diesem Grund halte ich die Arbeit von MENTOR – Die Leselernhelfer für wichtig und unterstütze sie mit großem Enthusiasmus. Die Initiative wurde 2003 von dem hannoverschen Buchhändler Otto Stender und seiner Frau Johanna ins Leben gerufen. Das Ehepaar verstand sie als »Hannovers Antwort auf Pisa«. Otto Stender hatte erlebt, wie eine junge Schülerin durchs Lesen regelrecht beflügelt wurde und das Abitur schaffte, was ihr zuvor niemand zugetraut hätte. MENTOR fand schnell bundesweit Anklang, sodass bereits drei Jahre später in Frankfurt der Bundesverband gegründet wurde. Seitdem hat er eine unglaubliche Entwicklung genommen. Heute existieren mehr als siebzig Vereine in ganz Deutschland. Gemeinsames Lesenlernen, so das Motto, stärkt das Selbstbewusstsein von Kindern, fördert ihr Selbstvertrauen, öffnet ihnen Türen und Welten und ist eine Form der Integration für Kinder mit Migrationshintergrund. Studien zeigen, dass so geförderte Kinder weniger zu Gewalt oder zur Gewaltverherrlichung neigen.

Was genau passiert bei MENTOR? Meist sind es ältere Mitbürger, die einmal pro Woche kostenlos Kindern die deutsche Sprache beibringen, indem sie mit ihnen lesen. Als Hannoveraner kann man durchaus ein bisschen stolz darauf sein, dass eine Initiative wie diese in meiner Heimatstadt ihren Ursprung hatte. Hannoveraner haben eine ganz enorme Power.

Nochmals zurück zu meiner Schulzeit und zu Lehrer Peter-Alwin Pinnen. Nach jahrzehntelangem Schuldienst ging er 1988 in Pension. Danach hielt er Kontakt zu vielen seiner ehemaligen Schülerinnen und Schüler, und das bis heute. Anlässlich seines neunzigsten Geburtstags gab es ein Klassentreffen des Jahrgangs 1963/64, das waren Pinnens ehemalige Schülerinnen und Schüler. Es war ihr bereits zweiundzwanzigstes Klassentreffen, und auch ich wurde dazu eingeladen, obwohl es gar nicht meine Klasse war. Dennoch ging ich hin, weil ich Lehrer Pinnen so gerne mag. Ich war begeistert vom Geist dieser Zusammenkunft, dem intensiven Austausch, und ich erlebte, wie entscheidend ein guter Lehrer dafür ist, dass Kinder Lust am Lernen haben. Etwas, das mir verwehrt geblieben ist.

Nach dem Klassentreffen schrieb ich Peter-Alwin Pinnen zum Dank ein paar Zeilen. Mein Brief endete mit den Worten: »Dass die Schule mehr als dumpfe Wissensvermittlung sein kann, habe ich am Samstag erfahren.«

Auf einmal zwei Väter

1958, ich war zwölf Jahre alt, starb für uns alle völlig unerwartet mein Vater Bernhard Roßmann. Die Umstände seines Todes, so wie sie überliefert sind, muten ein wenig makaber an. Mein Vater erzählte gerade einen Witz, über den er selbst so dermaßen ins Lachen geriet, dass er kollabierte. Man fragt sich, was für ein Witz das gewesen sein muss. Genaues ist nicht überliefert, nur so viel, dass er von jemandem handelte, der ein Stück Kuchen isst und mit vollem Mund »Paula« sagen soll, mehr weiß ich nicht. Noch während mein Vater lachte, fiel er einfach tot um. Er hatte, so die Vermutung, einen Herzinfarkt erlitten. Ein Arzt aus unserer Nachbarschaft, der herbeigeeilt kam, versucht ihn wiederzubeleben und verabreichte ihm eine Injektion. Ohne Erfolg. Mein Vater starb noch an Ort und Stelle.

Für uns, die Hinterbliebenen, änderte sich das Leben grundlegend. Kurz nach Papas Tod zogen wir fort, in eine ganz andere Ecke der Stadt. Das kam so: Die Störmers, unsere Nachbarn in der Rubensstraße, waren mit einem reichen Ehepaar verwandt, den Rischmüllers. Bei einem ihrer Besuche lernten auch wir sie kennen. Noch zu Lebzeiten meines Vaters hatten die Rischmüllers uns angeboten, ihr Haus am Stadtrand von Hannover, im Klingenkampe, zu mieten. Meine Eltern hatten das Angebot angenommen. Als nun mein Vater tot war, stand meine Mutter allein mit zwei Kindern da. Und sie hatte, zusätzlich zu den Schulden der Drogerie, die Miete für das neue Haus aufzubringen. Und obendrein gab es da noch den teuren Mercedes, den mein Vater kurz vor seinem unerwarteten Ableben angeschafft hatte.

Den Wagen verkaufte meine Mutter als Erstes, obwohl sie ihn gerade jetzt, da wir an den Stadtrand gezogen waren, gut hätte brauchen können, um in die Drogerie zu fahren. Stattdessen radelte sie bei Wind und Wetter und zu jeder Jahreszeit – auch bei minus zehn Grad im Winter – morgens die acht Kilometer mit dem Fahrrad in die Stadt und abends wieder zurück, um den Betrieb, für den sie nun allein die Verantwortung trug, aufrechtzuerhalten. Was sie in dieser Situation leistete, verdient Respekt. Meine Mutter war schon eine tolle Frau. Auch für mich änderte sich mit dem Umzug einiges. Von nun an musste ich jeden Tag mit dem Rad viereinhalb Kilometer zur Schule fahren. Wollte ich ins Kino gehen, war die Fahrt noch weiter, dann musste ich zusätzlich die Straßenbahn nehmen.

Direkt gegenüber von unserem neuen Zuhause am Stadtrand standen alte, heruntergekommene Baracken. Bei deren Anblick machte sich in mir ein Angstgefühl breit. Als Zwölfjähriger war meine größte Sorge, dass wir alles verlieren und in eine dieser Baracken würden ziehen müssen. Meine Mutter hatte wirtschaftlich zum Glück ihre sieben Sinne beisammen und wusste das wenige Geld, das uns zur Verfügung stand, zusammenzuhalten. Zudem hatte sie in Erfahrung gebracht, dass sie ihre kleine Witwenrente von etwa 150 D-Mark, die ihr im Monat zustand, kapitalisieren konnte. Das bedeutete, sie verzichtete auf eine monatliche Auszahlung und erhielt stattdessen 14 000 D-Mark auf einen Schlag. Eine unglaublich hohe Summe für uns. 14 000 D-Mark! Mit diesem Geld konnte meine Mutter erst einmal unsere wichtigsten Schulden zahlen. Die Gläubiger, die sich mit 20 Prozent ihrer Forderungen zufriedengaben, konnte sie ruhigstellen. Das verschaffte uns und der Drogerie wieder etwas Luft. Alles ruhte also auf Mamas Schultern, und sie machte einen guten Job, solange sie gesund war. Mein Bruder und ich unterstützten sie nach besten Kräften.

Vier Jahre vergingen, ich hatte zwischenzeitlich eine Drogistenlehre begonnen. Ein wesentlicher Einschnitt in mein junges Leben fand statt, als ich sechzehn war. Denn ich erfuhr, dass Bernhard Roßmann nicht mein leiblicher Vater war. Mein Erzeuger hieß Theodor Kayser, ich kannte ihn als Onkel T. Was war geschehen? Bei uns in der Nachbarschaft lebte in den Vierzigerjahren das Ehepaar Elfriede und Theodor Kayser, die beiden hatten keine Kinder. Theo Kayser hatte vor dem Krieg sehr erfolgreich als Geschäftsmann gearbeitet, und schon drei Jahre nach Kriegsende hatte er am Lindener Hafen in Hannover eine Firma mit 200 Beschäftigten aufgebaut. Er brachte es in den Fünfzigerjahren zu Wohlstand, fuhr schon bald einen noblen weißen Mercedes.

1953 zog das Ehepaar Kayser aus unserer Straße fort in eine Villa im feinsten Stadtteil Hannovers. Onkel T. war der Patenonkel meines Bruders, und aufgrund dieser Beziehung bestand auch nach seinem Wegzug ein regelmäßiger Kontakt zwischen unseren Familien. Ich hatte immer ein seltsames Gefühl, wenn es um Onkel T. ging. Eine Sache ließ mich grübeln: Unsere »echten« Tanten und Onkel, die beiden Schwestern meiner Mutter und ihre Ehemänner, machten mir an meinen Geburtstagen nie Geschenke. Im Höchstfall bekam ich eine Grußkarte geschickt. Onkel T. allerdings, der ja nur ein guter Freund der Familie und Axels Patenonkel war, brachte mir zu allen möglichen Anlässen kleinere Präsente. Stutzig machte mich dabei vor allem die Reaktion meiner Mutter.

»Da hat er sich aber nicht sonderlich angestrengt«, das war zum Beispiel einer ihrer Kommentare zu Onkel T.s Geschenken. Das sei ja ziemlich »pimpig« von ihm, O-Ton Mama. Ihre Äußerungen verstand ich nicht. Warum schenkte Onkel T. mir überhaupt etwas? Das wäre die richtige Frage gewesen. Ich half damals schon in unserer Drogerie aus, und alle paar Wochen kam Onkel T. überraschend vorbei. Dann stand er im Laden und schaute mich an, ziemlich lange, sehr intensiv. Dieser Blick, dachte ich, der ist doch nicht normal. Wenn man das Äußere betrachtet, gab es allen Grund, misstrauisch zu werden. Onkel T. hatte eine komplette Glatze, und mir fielen seit dem vierzehnten Lebensjahr leider auch nach und nach die Haare aus. Mein Argwohn war geweckt. Dieses komische Verhalten, unsere Ähnlichkeiten … Eines Tages hielt ich es nicht mehr aus. Ich wollte endlich wissen, was Sache war. Nahm allen Mut zusammen und sprach meine Mutter freiheraus an:

»Mama, ich muss dich etwas fragen. Und bitte, rede nicht drum herum, ich bitte dich, sage mir die Wahrheit: Ist Onkel T. mein leiblicher Vater?«

Meine Mutter schaute mich an, und ohne lange zu zögern sagte sie: »Ja.«

Nicht mehr, nicht weniger. Nur ein klares Ja. Ich war sechzehn und weder überrascht noch bestürzt. Denn irgendwie hatte ich die Wahrheit geahnt. Tief in mir war das Wissen, wer mein biologischer Vater war. Nenne man es Gefühl, Eingabe oder Empathie, ich hatte – schon in jungen Jahren – ein gutes Gespür für Menschen. Ich fragte meine Mutter, was damals geschehen war. Die Geschichte ist schnell erzählt: Ich war das Ergebnis eines Seitensprungs meiner Mutter mit dem Nachbarn von nebenan, in der ersten Silvesternacht nach Kriegsende. Mehr erfuhr ich nie. Auch nicht, ob mein Papa Bernhard die Wahrheit erfahren hat. Sicher weiß ich es nicht, aber ich gehe davon aus, dass es so war. Das Thema wurde totgeschwiegen.

Meine väterliche Beziehung zu Bernhard war nie eine tiefe, intensive gewesen. Es ist schwer zu erklären. Wenn ich heute darüber nachdenke, kann ich nur feststellen, dass meine Mutter eine viel größere Rolle in meinem Leben einnahm. Zu Bernhard hingegen blieb immer eine Distanz. Er war kein Vater, der zum Beispiel mit seinen Söhnen spielte oder herumalberte. So waren Männer, Väter seiner Generation, damals vielleicht auch nicht. Das mag ein Grund dafür sein, warum mich die Wahrheit über meine Herkunft nicht aus der Bahn warf.

Der andere liegt möglicherweise in mir selbst begründet. Wenn es um emotionale Fragen ging, tickte ich anders. Das bekam ich sogar schriftlich: Mit sechzehn Jahren wollte ich den Führerschein machen, damit ich Waren für unser Geschäft transportieren konnte. Voraussetzung für die Fahrerlaubnis vor Vollendung des achtzehnten Lebensjahrs war ein psychologisches Gutachten zur Feststellung der geistigen Reife. Dafür musste ich eine Reihe von Fragen schriftlich beantworten. In dem Gutachten, das daraus resultierte, stand dann wörtlich zu lesen, dass ich »geistig mindestens gut bis durchschnittlich entwickelt, aber emotional retardiert sei«. Das bedeutete, wenn es um emotionale Fragen ging, war ich entwicklungsverzögert. Weshalb ich umso mehr alles und jedes rationalisierte; ich wollte vom Geist her verstehen, was mir emotional fremd war. Ein Beispiel: Wenn mir ein Mädchen gefiel, das mich leider nicht mochte, versuchte ich rational zu verstehen, warum sie sich so verhielt. Was zu weiteren Demütigungen führte.

Nachdem ich Gewissheit über meinen leiblichen Vater hatte, rief ich ihn an: Onkel T., Theodor Kayser. Meinen Vater. Seltsam, wie sich das anhörte. Ich wolle mit ihm sprechen, sagte ich am Telefon. Er muss sofort gewusst haben, was los war und schlug ein Treffen vor. Aber nicht bei ihm zu Hause, meinte er, besser sei ein anderer, ein neutraler Ort. Und so verabredeten wir uns in Hannovers Innenstadt, am Pavillon in der Nähe des Neuen Hauses, des früheren Konzertcafés. Wie fühlte es sich an, einen Mann zu treffen, den man von klein auf kannte und von dem man plötzlich wusste, dass er der eigene Vater war? Irgendwie war es – ja – ganz normal …

»Dirk«, sagte Onkel T., als wir zusammensaßen, »meine Frau, die Elfriede, sie darf niemals die Wahrheit erfahren. Sie dreht durch, wenn sie hört, dass du mein Sohn bist. Es ist uns beiden verwehrt geblieben, gemeinsame Kinder zu haben. Damit hat Elfriede ihr ganzes Leben gehadert. Sie hat sich nichts mehr gewünscht als eigene Kinder. Ich möchte nicht, dass sie leidet. Ich möchte ihr keinen Schmerz zufügen.«

»Onkel T., das verstehe ich. Das verstehe ich vollkommen«, habe ich ihm geantwortet. Ich nannte ihn weiterhin Onkel T.; ihn plötzlich Vater zu nennen wäre mir nie in den Sinn gekommen. Und natürlich wollte ich nicht, dass seine Frau litt. Was hätte das gebracht?

»Was hältst du davon, wenn wir uns hier regelmäßig treffen, Dirk? Alle zwei oder drei Monate?«, schlug Onkel T. vor. »Dann erzählst du mir, wie es dir geht, du lässt mich wissen, was du machst, welche Pläne du hast. Und ob du meine Hilfe brauchst. Ich bin froh, dass wir jetzt offen reden können. Und eines möchte ich dir noch sagen: Ich werde dich ab sofort auch finanziell unterstützen.«

So also sah unser Arrangement aus. Wir trafen uns in regelmäßigen Abständen, und Onkel T. hielt Wort, was die Unterstützung anging. Innerhalb der nächsten zwei Jahre schenkte er mir eine Summe von insgesamt 40 000 D-Mark. Mit seiner Hilfe und mit den Einkünften aus meinen eigenen kleinen Geschäften – dazu komme ich gleich – konnte ich mit nur sechzehn Jahren meine erste Eigentumswohnung erwerben. Eine Zweizimmerwohnung für Mama und mich, Axel war bereits ausgezogen.

Auch wenn unsere Drogerie weiterhin nur wenig Gewinn abwarf, stabilisierte sich unsere wirtschaftliche Lage in den folgenden Jahren langsam. Dennoch gab es Momente, in denen ich mich schämte, weil wir arm waren. Ich hatte mich in ein Mädchen verguckt, seine Familie wohnte gleich neben meinem Tennisverein. Die meisten Leute kamen mit ihren Autos angefahren, wir aber konnten uns noch keinen eigenen Wagen leisten, wir fuhren weiterhin mit dem Rad. Einmal, als es im Winter bitterkalt war und kein Mensch auf dem Fahrrad unterwegs war, blieb ich fünfzig Meter hinter meiner Mutter zurück – ich wollte nicht mit ihr gesehen werden. Das Mädchen sollte nicht sehen, dass wir kein Auto besaßen. Ja, ich habe mich geschämt.

Es gibt übrigens eine interessante Verbindung zwischen meinen »beiden Vätern«. Bernhard Roßmann musste im Krieg an die Front, er war Unteroffizier der Wehrmacht, zeitweise in Griechenland im Einsatz und Mitglied von Hitlers Partei. Im Gegensatz zu Theodor Kayser, der in den Dreißiger- und Vierzigerjahren gemeinsam mit einem Geschäftspartner ein großes

Chemieunternehmen betrieb. Etwa zwei Jahre vor Kriegsende sollte auch Onkel T. eingezogen werden. Da aber sein Betrieb für die sogenannte Aufrechterhaltung der Volksversorgung als wichtig eingestuft worden war, stellte man ihn frei. Und nun geschah Folgendes: Bernhard Roßmann kam nach Kriegsende zurück nach Hause und musste im Rahmen der Entnazifizierung in der Firma von Theodor Kayser arbeiten. Genau zu der Zeit, in der meine Mutter von unserem Nachbarn Theodor schwanger wurde. Sie hat mir später erzählt, Bernhard habe die Liaison wohl geahnt, gesprochen hätten sie aber nie drüber. Er akzeptierte die Situation so, wie sie war. Dann kam ich auf die Welt, und ich kann nur sagen, dass Bernhard ein guter Vater gewesen ist, der mich nie hat spüren lassen, dass ich nicht sein Kind war. Um solche Dinge wurde aber auch nicht so viel Aufheben gemacht, die Menschen waren generell verschlossen.

Ich verbrachte also meine Kindheit im Umfeld von etwas Nichtausgesprochenen, man könnte auch sagen: einer Lüge. Ich habe Bernhard Roßmann als einen ruhigen Menschen erlebt, ein wenig profillos. Das soll gar nicht negativ klingen, ich beschreibe lediglich das, was ich empfunden habe. Onkel T. hatte dagegen ein ganz anderes Auftreten, er war in gewisser Weise charismatisch, weltmännisch. Wer stand mir als Vaterfigur näher? Ich denke, das war Papa Bernhard, da ich mit ihm aufwuchs. Er war immer für mich da, behandelte mich gerecht, war liebevoll. Onkel T. blieb mir ein väterlicher Freund, ich hätte gern eine engere Beziehung zu ihm aufgebaut, aber diese Chance hatte ich nicht, weil auch er schon bald starb. So hatte ich zwar zwei Väter und doch keinen.

Viele Jahre später, ich war längst erwachsen, lernte ich durch Zufall eine langjährige Mitarbeiterin meines leiblichen Vaters kennen. Sie charakterisierte Theodor Kayser als einen unglaublich witzigen Zeitgenossen, als einen sehr temperamentvollen Mann, der gerne und viel lachte. Hatte er ein gutes Geschäft abgeschlossen, habe er seinen Mitarbeitern einen ausgegeben, berichtete sie. Das Betriebsklima sei hervorragend gewesen.

Natürlich habe es auch schlechte Jahre gegeben, wie überall. Aber Onkel T. muss die Gabe besessen haben, die Menschen mit ins Boot zu holen. Das sorgte für ein angenehmes Betriebsklima und trug zum Erfolg seiner Unternehmungen bei. Meinem leiblichen Vater war es offenbar immer wichtig, etwas *mit* den Menschen zu machen, gemeinsam mit ihnen seine Ideen umzusetzen. Das Tragische ist, dass er nur zwei Jahre nachdem ich die Wahrheit über meine Herkunft erfahren hatte, verstarb. Ebenso wie Bernhard erlag er einem Herzanfall. Ich war achtzehn Jahre alt und nun wirklich vaterlos. Das letzte Mal traf ich Onkel T., als er mich in der Nervenklinik Hannover-Langenhagen besuchte, in die mich die Bundeswehr gesteckt hatte.

»Junge, was ist denn mit dir los? Was machst du denn für Sachen? Warum bist du hier?«, wollte er von mir wissen. Und ich erzählte ihm, was mich umtrieb, warum ich gegen meine Einberufung klagte, warum ich nicht klein beigeben und dass ich diese Sache bis zum Ende durchziehen wolle. Ich war stolz auf meinen Mut. Und ich denke, er war auch ein bisschen stolz auf mich. Dieses Treffen in der Klinik war eine schöne letzte Begegnung, ein gutes letztes Gespräch zwischen Vater und Sohn. Kurz danach starb er mit nur siebenundsechzig.

Als vor wenigen Jahren Onkel T.s Grabstätte auf dem Friedhof Seelhorst aufgelöst wurde, machte mir mein jüngerer Sohn Raoul ein Geschenk, das mich bewegte. An meinem siebzigsten Geburtstag überreichte er mir den Grabstein von Theodor Kayser. Seitdem verwahre ich ihn auf meinem Grundstück. Einen würdigen Platz muss ich noch finden. An diesem Geburtstag gingen mir viele Gedanken durch den Kopf, auch dass meine beiden Väter dieses Alter nicht erreichen durften. Mir ist sehr bewusst, dass ich dankbar sein darf – dafür, dass ich gesund bin, dass ich gute Freunde habe, dass ich mich geborgen fühle bei Menschen, die ich liebe und die mir das Gefühl geben, dass sie mich gern haben. Solche Gefühle lassen sich mit Geld nicht kaufen. Schopenhauer sagte, die Heiterkeit des Alters liege darin begründet, dass man weiß, man habe das Schlimmste hinter sich.

Zu meinen beiden Söhnen Daniel und Raoul habe ich ein wunderbares Verhältnis. Auch wenn die Umstände nicht immer leicht waren – mein älterer Sohn stammt aus meiner ersten Ehe, die nicht lange hielt – so ist es mir, denke ich, gelungen, ihnen ein guter Vater zu sein. Vor allem war es mir wichtig, als Vater präsent zu sein. Anders als ich es erfahren habe. Wobei ich nie mit dem Vorsatz gehandelt habe, es besser oder anders zu machen. Ich habe stets aus dem Gefühl heraus gehandelt. Dennoch ist es nicht immer einfach gewesen, die Kinder großzuziehen, allein aus dem Grund, dass ich ein nicht kleines Unternehmen leitete und Verantwortung für Tausende Mitarbeiter trug. In den Schulferien sind wir viel gereist, haben gemeinsam die Welt gesehen. Als sie noch klein waren, dachte ich manchmal, Kinder wissen mehr, als sie eigentlich wissen können. Denen muss ich ja gar nichts vom Geschäft erklären.

Das erinnert mich auch an einen Besuch in Eisenach, der Stadt, in der Johann Sebastian Bach aufwuchs. Im Alter von vier oder fünf Jahren hatte Bach Stücke komponiert, die man in diesem Alter normalerweise niemals hätte komponieren können. Über viele Generationen waren Bachs Vorfahren Musiker und Komponisten gewesen. Das musikalische Talent hatte gleichsam in den Genen dieser Familie gesteckt. Und vielleicht verhält es sich mit dem Unternehmer-Gen ähnlich. Meine beiden Söhne arbeiten heute in führenden Funktionen im Unternehmen, Raoul als Geschäftsführer, verantwortlich für den Einkauf, Daniel leitet als Mitglied der Geschäftsleitung den Bereich Expansion.

Mir gefällt der Gedanke, dass wir auch in Zukunft ein Familienunternehmen sein werden, angefangen bei meinem Großvater, der vor mehr als einhundert Jahren den ersten Laden eröffnete. Seine Drogerie hatte während des Ersten Weltkriegs Bestand, existierte in der Weimarer Republik und unter dem nationalsozialistischen Regime – immer kauften die Menschen beim Roßmann. Im Zweiten Weltkrieg wurde die Drogerie zerstört, was folgte, waren der Wiederaufbau Deutschlands und die Wirtschaftswunderzeit, die Zeiten der deutschen Teilung und des Kalten Krieges bis hin zur Wiedervereinigung. Und immer noch gab es die Drogerie Rossmann – mittlerweile unter meiner Führung und stark expandiert.

Heute befinden wir uns im Zeitalter der Globalisierung – doch weiterhin sind wir ein Familienunternehmen, das sich über die Generationen weiterentwickelt hat und bald an die nächste Generation übergehen wird. Beide Söhne haben Spaß am Wirtschaften, unser Geschäft hat mit Menschen zu tun, das liegt ihnen wie mir. Dass unser Familienname auch Name und Aushängeschild des Unternehmens ist, bedeutet, dass wir für etwas einstehen. Hinter der Marke Rossmann steht ein Mensch gleichen Namens. Oft werde ich gefragt, wie lange ich denn noch weitermachen wolle. Darauf antworte ich mit einem Augenzwinkern: Wenn mir meine Söhne das Gefühl geben, dass sie mich nicht mehr brauchen, nun, dann höre ich auf. Aber dieses Gefühl haben sie mir bislang nicht gegeben. Im Gegenteil: Ich habe den Eindruck, dass es ihnen großen Spaß macht, mit mir zu diskutieren, zu streiten und nach der besten Lösung zu suchen. Am Ende treffen wir Entscheidungen gemeinsam, ich sehe mich hier als Teil einer Gemeinschaft. »Alle fünf Jahre hast du eine grandiose Idee«, sagt Raoul manchmal scherzend zu mir. »Und die bringt uns und das Unternehmen jedes Mal in eine neue Richtung und öffnet neue Türen.« Wir pflegen einen sehr lockeren, legeren, bisweilen ironischen Umgang miteinander. »Den Papa, den kann man von morgens bis abends auf die Schippe nehmen«, sagen meine Söhne. Und wenn sie das tun, ist es nie böse gemeint, sondern lustig. Aber meinen Hang zu Verrücktheiten, ja, den haben meine Söhne mitbekommen.

Und dann habe ich eine tolle Frau, Alice. Wir lernten uns 1982 über gemeinsame Freunde in Hannover kennen. Sie stammt ursprünglich aus Süddeutschland. Als wir uns begegneten, führte sie in Hannover eine Parfümerie. Zwei Jahre später, im Wonnemonat Mai, heirateten wir. Raoul kam 1985 zur Welt, sein Bruder Daniel ist neun Jahre älter. Alice ist meine wichtigste Ratgeberin, zuweilen auch meine kritischste. Und das war immer gut für mich, denn aus Reibung entsteht Dynamik, aus Diskussion eine neue Entwicklung. Alice ist eine Frau mit Rückgrat. Und insofern habe ich das unschätzbare Glück, mit ihr die ideale Frau und Partnerin gefunden zu haben. Aus der Öffentlichkeit und aus den Medien hält sie sich am liebsten heraus. Dieses Feld überlässt sie mir. Aber ohne sie wäre ich nichts. Die Familie stand immer an erster Stelle. Und die Jahre voller Ängste und Sorgen, die Zeiten finanzieller Not und falscher Entscheidungen, die das Unternehmen an den Rand seiner Existenz brachten, hätten wir ohne den familiären Zusammenhalt niemals überstanden.

Von Tür zu Tür –
die erste Geschäftsidee

Wir hatten ja zu Hause immer diesen Stress ums fehlende Geld, und da ist mir eines Tages etwas Cleveres eingefallen. Ich war zwölf oder dreizehn, mein Vater Bernhard lebte schon nicht mehr, und meine Mutter stand hinter dem Tresen unserer Drogerie. Damals gab es noch die Preisbindung auf Drogerieprodukte. So wie heute bei Büchern oder Zigaretten waren die Preise gesetzlich vorgeschrieben. Mundwasser, Zahnpasta und Seifen bestimmter Marken kosteten überall das Gleiche. Wir wohnten bereits im Klingenkamp, am Rand von Hannover, in einer Siedlung von fünfzig bis sechzig Häusern. Ich, Steppke, machte nun Folgendes: Ich klingelte bei unseren Nachbarn und machte ihnen ein Angebot. Ich könne ihnen alle Produkte aus unserer Drogerie besorgen, sie müssten nicht mehr in die Stadt fahren, geschweige denn das Haus verlassen. Meine Mutter hatte ich zuvor gefragt, ob sie mir einen Teil ihrer Ware verkaufen würde – und zwar mit einem Rabatt von 10 Prozent.

»Was willste denn damit machen?«, fragte sie mich.

»Ab sofort verkaufe ich die Ware an die Nachbarn in unserem Viertel«, erklärte ich.

Meine Mutter war einverstanden mit dem Deal. Sie hat mich immer machen lassen, das muss ich ihr zugutehalten. Weil wir beim Verkauf der Drogerieprodukte eine Handelsspanne von durchschnittlich 30 Prozent hatten, konnte sie mir die Produkte zu den von mir geforderten Konditionen abgeben – und machte immer noch einen Gewinn. Zu Hause räumte ich als Nächstes unsere halbe Speisekammer leer, um dort mein kleines Warenlager einzurichten.

Meinen neuen Kunden erklärte ich, wie es ablaufen würde: »Ich liefere immer freitags aus. Am Vortag, dem Donnerstag, komme ich vorbei und nehme die Bestellungen auf. Die Waren werden zu den ganz normalen Preisen ins Haus geliefert, das kostet nichts extra. Und es gibt sogar noch Rabattmarken.«

Die Nachbarn mussten den kleinen Dirk von nebenan ganz drollig gefunden haben. Die meisten, bei denen ich klingelte, waren von meiner Idee angetan und gaben ab sofort donnerstags ihre Bestellungen bei mir auf. Ein Wort noch zu den damals sehr begehrten Rabattmarken: Hatte man für drei Mark eingekauft, bekam man eine solche Marke, die man in ein kleines Heft klebte. War das Rabattheft voll, erhielt man dafür drei Mark. Rabattmarkenkleben, das machte früher jeder, das war eine Art Volkssport. Rabatte und Coupons gibt es bei Rossmann heute auch, aber keine Heftchen mehr, in die man Marken einklebt. Heute gibt es eine App, die man downloaden kann und auf der Rabatte und Coupons hinterlegt sind. So ändern sich die Zeiten …

Um die Waren an die Nachbarn zu liefern, rüstete ich mein Fahrrad um und befestigte vorne unten dem Lenker eine stabile Kiste, die ordentlich Gewicht aushielt. Darin packte ich die bestellte Ware und fuhr jeden Freitag von Haus zu Haus. Vielleicht war ich der erste Lieferservice in Hannover und deutschlandweit auf diesem Gebiet sicherlich ein kleiner Pionier. Innerhalb kurzer Zeit kam ich mit meinem Ein-Mann-Betrieb auf einen Monatsumsatz von 5000 D-Mark. Abzüglich des Wareneinsatzes blieb mir ein Gewinn von 500 D-Mark. Steuerfrei! Es mag naiv klingen, aber was es mit Steuern auf sich hatte, war mir – noch – fremd. Für einen Zwölfjährigen waren 500 D-Mark ein Vermögen.

Irgendwann verlor ich jedoch die Lust daran, die Waren auszuliefern, und fragte meinen Bruder, ob er ins Geschäft einsteigen wolle. Axel war mein erster Angestellter – heute sind es mehr als 50 000. Für seine Arbeitskraft gab ich meinem Bruder 3 Prozent vom Umsatz ab. Aber nach ein paar Monaten schmiss er hin, ihm war der Job zu doof, also musste ich wieder ran. In dieser Zeit ging es auch mit meinen ersten Investitionen los. Ich kaufte zum Beispiel Briefmarken der Bundesrepublik Deutschland in kompletten Sätzen, weil ich ahnte, dass sie schnell an Wert gewinnen könnten. Und mit vierzehn erwarb ich für 800 D-Mark Bayer-Optionsscheine, dieser Kauf war mein Einstieg ins Aktiengeschäft. Das Spekulieren sollte noch ein wichtiges Thema in meinem Leben werden.

Eine weitere wichtige Einnahmequelle ergab sich durch die Messen, die in Hannover stattfanden. Tausende Besucher strömten dann in die Stadt und suchten eine Unterkunft. Hotels gab es längst nicht so viele wie heute, und die wenigen waren schnell ausgebucht. Zahlreiche Hannoveraner machten ein gutes Geschäft damit, Zimmer an Messegäste zu vermieten. Auch wir. Immer wenn in Hannover eine Messe anstand, bezog ich mit einem Pappschild Position an der Bundesstraße 3, um potenzielle Übernachtungsgäste auf uns aufmerksam zu machen. Unser Haus am Stadtrand war groß genug, um mehrere Leute einzuquartieren. Waren wir ausgebucht, zogen wir selbst in den Keller und schliefen auf Luftmatratzen. Manchmal bis zu vierzehn Tage lang, denn die Vermietung war sehr lukrativ. Während der Messezeiten verdienten wir dann 1200 D-Mark. Das war nicht schlecht.

Von Beruf Drogist

Nachdem ich mit vierzehn die Schule beendet hatte, fand ich eine Lehrstelle bei einem Drogisten am Moltkeplatz. Wie kann ich meine Ausbildung am treffendsten beschreiben? Also, nach zweieinhalb Jahren wusste ich, wo die Tempotaschentücher im Laden standen, und ich war sehr gut darin, Wein aus Achthundert-Liter-Fässern in Flaschen abzufüllen. Auch wenn Lehrjahre keine Herrenjahre sind, etwas lernen sollte man schon. Was das anging, war meine Lehre ein völliger Fehlgriff. Ich war vielmehr ein Produktionsarbeiter, dessen Hauptaufgabe darin bestand, die Lieferungen von 800-Liter-Fässern mit Wein in den Keller zu rollen und dort in Flaschen abzufüllen, die dann im Laden verkauft wurden. Das Umfüllen funktionierte so, dass ich den Wein mit dem Mund durch einen Schlauch aus dem Fass erst ansaugen und dann in die Flaschen fließen lassen musste. Anschließend verkorkte und etikettierte ich die Flaschen. Und jetzt kommt's: Den Weinflaschen – obwohl deren Inhalt aus demselben Fass Fusel stammte – musste ich unterschiedliche Weinetiketten aufkleben. Ein und derselbe Wein wurde unter fünf verschiedenen Namen verkauft. Die Flaschen der Sorte »Liebfrauenmilch« kosteten 1,39 D-Mark und der »Oppenheimer Krötenbrunnen« 3,99 D-Mark.

Anstatt etwas zu lehren, benutzte man mich kleinen Lehrling also als Helfer bei Betrügereien. Aufgeflogen ist der Schwindel übrigens nie. Im Gegenteil, es war lustig anzuhören, wenn Kunden vor dem Weinregal standen und darüber fachsimpelten, dass sich der Kauf des teureren Weines lohne, man schmecke doch einen deutlichen Unterschied zum billigeren, er sei einfach feiner im Geschmack. Herrlich, was die Leute alles erzählten. Nur weil sie glaubten, etwas Teures müsse besser sein.

Damals ging ich, wie so jeder in meinem Alter, zum Tanzunterricht. In die Tanzschule Hagemeister, immer samstags. Eine ganz furchtbare Erfahrung. Weil ich auch samstags arbeiten musste und nie rechtzeitig aus der Drogerie wegdurfte, kam ich fast immer eine halbe Stunde zu spät zum Unterricht. Ich fühlte mich nur gehetzt und gestresst und war obendrein verklemmt. Die Tanzschule bestand aus einem großen viereckigen Raum, in dem sich Jungs und Mädels gegenübersaßen, jeweils auf einer langen Bank, dazwischen befand sich die Tanzfläche. Die Jungen forderten die Mädchen zum nächsten Tanz auf, was jedes Mal zu einem wahren Wettlauf um die hübschesten Tänzerinnen ausartete. Weil mir dieses Gebaren zu blöd war, stand ich in aller Ruhe auf und bekam manchmal keine Partnerin mehr ab – oder diejenige, mit der niemand sonst tanzen wollte. Und einmal, weil ich wegen meines späten Erscheinens so aufgeregt war, fiel ich der Länge nach mitten auf der Tanzfläche hin und lag da auf dem Boden, mit einem Riss in meiner Hose. Die anderen lachten hämisch. Danach ging ich nie wieder zu Hagemeisters.

Besser erging es mir in der Berufsschule, die ich zweimal in der Woche parallel zu meiner Lehre besuchte. Und hier passierte eine eigenartige Geschichte, eigenartig insofern, da ich eher schüchtern veranlagt und unsicher war. In meine Klasse ging ein Mädchen, dessen Eltern eine Drogerie auf dem Land führten, wir freundeten uns nach kurzer Zeit an. Eines Morgens kam ich eine Viertelstunde zu spät in den Unterricht, betrat den Klassenraum, setzte mich aber nicht gleich auf meinen Platz, sondern fühlte mich plötzlich ganz verwegen und mutig. Ich ging zu besagter Mitschülerin und gab ihr einen Kuss auf die Wange.

»Hallo«, sagte ich noch zu ihr, dann erst begab ich mich zu meinem Platz.

»Was soll das denn?«, fragte der Lehrer. »Du kommst zu spät, Dirk, und küsst ein Mädchen?«

Wie kann ich mein Verhalten erklären? Ich hatte ein eigenartiges Selbstbewusstsein. Mal völlig verschüchtert – und dann so was.

Meine Lehre am Moltkeplatz hätte drei Jahre dauern sollen. Aber nach zweieinhalb Jahren schmiss ich hin. Ich hatte keine Lust mehr auf den Etikettenschwindel, was diese Ausbildung in mehrfacher Hinsicht war. Irgendwann sagte ich: »Jetzt reicht es, jetzt reicht es aber wirklich.« Es gibt im Leben diese Situationen, in denen man weiß: bis hierhin und nicht weiter. An diesem Punkt war ich. Und ich hatte eine Entscheidung getroffen, die ich meiner Mutter augenblicklich mitteilte: Ich würde ab sofort die restliche Zeit meiner Lehre bei ihr verbringen, in unserer kleinen Drogerie.

»Und nicht ein einziges Mal gehe ich noch dahin«, verkündete ich. »Ich bitte dich aber noch um eine Sache: Morgen früh gehst du zu meinem Chef am Moltkeplatz und sagst ihm, dass nach zweieinhalb Jahren Weinabfüllen Feierabend ist. Und dass ich den Rest der Lehre bei uns mache.«

Meine Mutter wiegelte ab, ich solle mich nicht so anstellen, die wenigen Monate würde ich doch wohl noch schaffen. Und wieder erfolgte der Spruch: Lehrjahre seien schließlich keine Herrenjahre.

»Mama«, sagte ich ernst, »wenn du da morgen früh nicht hingehst, dann habe ich keine Achtung mehr vor dir!«

Meine Mutter war geschockt, dass ich so bestimmt auftrat, und sie wurde ganz weiß im Gesicht.

Am nächsten Tag aber marschierte sie zu meinem Lehrherrn und beendete mein Arbeitsverhältnis. Was genau sie meinem früheren Chef mitteilte, weiß ich nicht. Aber sie hatte zu mir gehalten. Dafür war ich ihr dankbar.

Heute bildet mein Unternehmen im Jahr etwa 1600 junge Frauen und Männer in ganz Deutschland in den unterschiedlichsten Berufen aus. Einmal im Jahr kommen die neuen Azubis, insgesamt 700, für drei Tage nach Burgwedel. Auf Informationsveranstaltungen stellen sich unsere Abteilungen vor, damit die jungen Leute das Unternehmen kennenlernen. Und abends heißt es: Party. Die meisten der Auszubildenden möchten ein Selfie mit mir machen. Man kann sich bei der Anzahl leicht ausrechnen, wie lange das Fotoshooting dauert. Aber ich mache das gerne mit. Wenn sich Menschen für etwas begeistern, bin ich auch begeistert. Bei diesen Treffen halte ich immer eine Rede. Unter anderem berichte ich von meinen Erfahrungen, die ich machte, als ich damals in die Lehre ging, auch erzähle ich davon, wie aus Fusel teurer Wein wurde. Und wenn ich mit den Worten ende: »Eines kann ich euch versprechen, bei uns müsst ihr keinen Wein abfüllen«, ist der Jubel groß.

Die Einkünfte aus dem Nachbarlieferservice waren mein Startkapital, hinzu kamen die Zahlungen durch Onkel T., so konnte ich mit sechzehn jene schon erwähnte Eigentumswohnung finanzieren, in einem Haus in der Liliencronstraße, eine Zweizimmerwohnung im zweiten Stock. Der Kaufpreis lag bei 66 000 D-Mark; ich selbst hatte im Laufe der Zeit 20 000 D-Mark gespart, für die fehlende Summe musste ich einen Kredit aufnehmen. Das alles mag recht großartig klingen, doch unsere Verhältnisse waren immer noch bescheiden. Dennoch, es ging langsam aufwärts.

Die nächsten Jahre lebte ich mit meiner Mutter zusammen in der Zweizimmerwohnung. Wir hatten eine Arbeitsteilung: Bis nachmittags um vier stand ich in der Drogerie, dann löste meine Mutter mich ab und übernahm bis zum Ladenschluss. Um sie entlasten zu können, machte ich mit sechzehn den Führerschein, wozu wir eine Sondergenehmigung einholen mussten, wovon ich schon berichtete. In der Fahrschule machte ich mich gut, die Führerscheinprüfung hätte ich aber fast vermasselt. Auf der Hildesheimer Straße gab mir der Prüfer die Anweisung, ich solle links rüberfahren. Ich riss das Lenkrad herum, schoss auf die andere Fahrbahn. Reifen quietschten, der Gegenverkehr musste eine Vollbremsung hinlegen.

Mein Fahrlehrer sagte ganz ruhig: »Tja, das war's mit der Prüfung. Nicht bestanden.«

Ich guckte ihn an, und vielleicht kullerte mir sogar eine Träne die Wange hinunter. Irgendwie konnte er mein Leid wohl nicht ertragen. Die nächste Dreiviertelstunde kurvte er mit mir durch Hannover, und ich machte nicht einen einzigen Fahrfehler. Anschließend war ich stolzer Besitzer des Führerscheins. Allerdings bis zur Volljährigkeit eingeschränkt auf den Raum Hannover. Mein erster Wagen war der Pkw meiner Mutter, ein gebrauchter orangefarbener VW Käfer, den sie sich dann doch angeschafft hatte.

1964 wurde ich achtzehn. Inzwischen war ich auch ein bisschen lockerer geworden. Haare und Bärte wurden immer länger, gelbe Hemden waren der letzte Schrei. In der Sowjetunion wurde Nikita Chruschtschow abgesetzt, und in den USA unterzeichnete Präsident Lyndon B. Johnson ein Gesetz gegen die Rassentrennung. Der deutsche Alltag war geprägt von der Ost-West-Trennung und der Berliner Mauer.

Ich hatte mittlerweile nicht viele, aber ein paar gute Freunde gefunden, mit denen ich regelmäßig in den »Maulwurf« ging, eine legendäre Kneipe in Hannover. Sie befand sich in einem alten Wohnhaus, ein paar Stufen ging es nach oben, dann stand man im Schankraum. Der »Maulwurf« war verqualmt, dunkel, ein bisschen schmuddelig. Ein Szenetreff, wo Unikate aus Hannover verkehrten, ein bunter Haufen, lebendig und tolerant. Hier wurden die Nächte durchgezecht, und ich mittendrin. Ein halber Liter Bier kostete 90 Pfennig.

Die Zeit zwischen 20 und 25 (1967 – 1972) waren geprägt durch wechselnde Freundinnen, nicht wechselnde Freunde, viel Zeit, wenig Geld, einen Kopf voller Träume, Fantasien und Pläne, Skat, Schach und Tennis und Lesen, Lesen, Lesen. Meine große Liebe, die Literatur des 19. Jahrhunderts. Ganz oben Balzac und Dostojewski und mit etwas Abstand Zola, Goethe und Fontane. Dabei las ich Schriftsteller, nicht einzelne Bücher. Von Honoré de Balzac hatte ich wohl an die sechzig Romane im Kopf, fast seine gesamte menschliche Komödie. Natürlich sollte mein Leben nicht weniger aufregend, zupackend und abenteuerlich verlaufen als das der Balzac'schen Protagonisten. Doch halt: Fjodor Dostojewski ermahnte mich, nicht nur in die Welt da draußen zu sehen, vielmehr sei es wichtig, die Tiefen, Abgründe und Gefahren des Lebens zu erkennen und anzunehmen – ja, anzunehmen. Ausweichen ist eher was für Feiglinge – also nichts für mich, der in der Balzac'schen Abenteuerwelt lebte. Ich wurde regelrecht süchtig, Balzacs Kosmos zu durchdringen, der ins Unendliche ausuferte.

Irgendwann las ich Émile Zolas *Germinal*. Der Roman spielt im französischen Bergarbeitermilieu um 1860. Schon zehnjährige Kinder mussten in die Grube einfahren und die Arbeit von Erwachsenen machen. Die Löhne waren kümmerlich, es reichte gerade einmal, um nicht zu verhungern. Dreck, Armut und Gewalt, der Versuch, mit Alkohol zu vergessen, dann ein niedergeknüppelter, niedergeschossener Aufstand und noch mehr unvorstellbares Elend. Diese Bilder änderten jedoch nichts an meinem Willen, einmal sehr reich zu werden. Doch sagte ich mir auch: »Nur volle Hände können geben, und wer nichts hat, kann nicht teilen.« Dann begegnete ich Zolas Roman *Das Geld*. Hier wurde wie der Teufel von Hasardeuren spekuliert. Im Mittelpunkt darin eine Figur, die Baron Rothschild nachempfunden ist. Diesmal wurden ganz andere Regionen in meinem Herzen und Hirn angesprochen. Rasch identifizierte ich mich mit dem erfolgreichsten Spekulanten, und der kleine Unterschied zwischen Traum und Tat verlor sich in der Tiefe und Weite meiner Fantasie.

Den aber wohl nachhaltig stärksten Abdruck in meiner Seele hinterließ Fürst Myschkin, jene zentrale Person in Dostojewskis Roman *Der Idiot*. Myschkins Wesen – behutsam, achtsam, sensibel, unangepasst – steht im krassen Widerspruch zum schneidigen Petersburger Offizier des 19. Jahrhunderts. So erlebt er, wenn nicht barsche Ablehnung, doch ständig kleine Kränkungen oder unausgesprochene Verachtung. Myschkin unterwarf sich nicht gesellschaftlichen Gepflogenheiten und Ritualen, lebte nicht so, wie es die Gesellschaft von einem adeligen, jungen Mann erwartete, sondern war nur er selbst. Das

Buch *Der Idiot* habe ich bereits viermal gelesen. So etwa alle fünfzehn Jahre lese ich es wieder – jedes Mal mit anderen Bildern und Gedanken.

Nachdem ich mich vor einiger Zeit im Fischereihafenrestaurant in Hamburg mit dem Psychologen Friedemann Schulz von Thun zum Essen verabredet hatte, las ich sein Buch *Miteinander reden, Band 3: Das »Innere Team« und situationsgerechte Kommunikation* – und war begeistert. Egal ob 19. oder 21. Jahrhundert, gute Literatur erweitert unsere Sicht auf die Welt. Vor vielleicht acht Jahren lernte ich zufällig auf einem Weingut in Myanmar den Autor Jan-Philipp Sendker kennen. Sein Buch *Das Herzenhören* ist mittlerweile millionenfach verkauft und in fünfunddreißig Sprachen übersetzt – UNBEDINGT LESEN! Und außerdem sei noch Yuval Noah Hararis *Homo Deus. Eine Geschichte von Morgen* empfohlen.

Dem Lesen und der Schriftstellerei ist nun genug gehuldigt. Menschen sind es, die meinem Leben immer wieder Freude und Lebendigkeit eingehaucht haben. Manche kommen in diesem Buch viel zu kurz. Da sind aus Hamburg die Breckwoldts und Möllers oder aus Barnstedt die von Estorffs. Horst Möller ist heute dreiundachtzig, und ich weiß nicht, wie viele Stunden ich mit ihm Schach und Tennis gespielt habe. Beides konnte er immer viel, viel besser als ich – das hat dem Spaß aber keinen Abbruch getan. Im Schach gewinne ich heute ungefähr jedes siebte Spiel. Eigentlich ist das gar nicht so schlecht, denn Horst hat schon siebenmal gegen den legendären Weltmeister Bobby Fischer gespielt, davon sogar einmal remis.

Die von Estorffs leben seit 900 Jahren in Barnstedt, und Christian von Estorff hat die gesamte Familiengeschichte seit dem 11. Jahrhundert im Kopf und auf der Zunge. Lebendiger kann Geschichtsunterricht kaum sein.

Doch zurück zu meinen Anfängen als Unternehmer. Nach ein paar Jahren drückten die Schulden nicht mehr so wie früher. Ich hätte mir eine eigene Wohnung leisten können, wohnte aber weiterhin mit meiner Mutter zusammen. Ich wollte mein Geld lieber einsetzen, um nach vorne zu kommen. Unsere Wohnverhältnisse waren jedoch nicht unbedingt vorteilhaft, wenn ich als junger Mann mal eine Freundin mitbringen wollte. Mit der Mutter zusammenzuwohnen galt nicht gerade als cool. Aber was das weibliche Geschlecht betraf, hatte ich ein ganz anderes Problem: Ich fand immer die Mädchen toll, die ich nicht haben konnte, weil sie mit mir nichts zu tun haben wollten. Und die Mädchen, die mich mochten, waren nicht die, in die ich mich verliebte.

Mitunter kam es zu, sagen wir mal, peinlichen Situationen. Ich ging damals ab und an zu den Spielen des Fußballvereins Arminia Hannover. Hannover 96 und Arminia waren damals in etwa gleich stark. Bei einem dieser Spiele lernte ich Renate kennen, die Schwester eines Spielers, der es später sogar für kurze Zeit in die Nationalmannschaft schaffte. Renate war klug und sah sehr gut aus, hatte schwarzes Haar und hing immer mit ihrer Clique ab. Ich war hin und weg von ihr. Irgendwie machte ich Renates Adresse ausfindig und verfasste einen langen Liebesbrief, mit allem Drum und Dran. Ich schrieb meiner Angebeteten, ich wolle sie sehen und schlug auch einen Treffpunkt vor. An einem bestimmten Tag zu einer bestimmten Uhrzeit würde ich auf sie unter der Kröpcke-Uhr warten. Die Kröpcke-Uhr ist ein traditioneller Treffpunkt in der Innenstadt von Hannover. Zu dem angegebenen Zeitpunkt stand ich also dort. Eine Antwort auf meinen Brief hatte ich nicht erhalten. Zehn Minuten vergingen, zwanzig Minuten, dreißig, und auch nach einer vollen Stunde ließ sich Renate nicht blicken. Natürlich nicht. Sie hatte bestimmt gedacht, was für ein Idiot ist das denn, der mir so einen kitschigen Liebesbrief schreibt? Ich jedenfalls war ziemlich niedergeschlagen.

Ein Jahr später. Während meiner Ausbildung zum Drogisten hatte ich mich mit Karl-Heinz angefreundet, ab und zu unternahmen wir etwas zusammen. Eines Tages sagte er, er habe eine neue Freundin, ein ganz tolles Mädchen, das er mir vorstellen wolle. Ich könne doch am Abend mit ihnen in die Disco gehen. Karl-Heinz holte mich ab. Ich setzte mich in seinen kleinen VW nach hinten, weiter ging es zu seiner Freundin. Man ahnt, was kommt: Diese Freundin war Renate, die mich versetzt hatte. Die mich eine Stunde lang wie einen Deppen an der Kröpcke-Uhr hatte warten lassen. Als sie jetzt ins Auto stieg und mich sah, stutzte sie kurz. Sie hatte mich sofort erkannt und meinte nur: »Der da ist dein Freund?« Ich versank vor Scham im Boden. Später war sie ganz nett zu mir, aber was für eine Demütigung.

Erlebnisse wie diese waren nicht dazu angetan, mein Selbstbewusstsein zu stärken. Ich war klein, ein wenig pummelig, und mir fielen schon die Haare aus. In der Schule hatten sie mich »Dicki« genannt. Wirkliches Selbstwertgefühl bekam ich erst später. Aber es soll hier nicht der Eindruck entstehen, ich sei immer nur abgeblitzt.

Einige Jahre später passierte dies: Wir hatten eine Kundin, die regelmäßig in unserer Drogerie einkaufte. Manchmal brachte sie ihre hübsche Tochter mit, und die zeigte eines Tages Interesse an mir. Wir beide waren Anfang zwanzig. Und sie mochte mich! Sie war damals eine sehr erfolgreiche Eiskunstläuferin, auf dem Sprung, eine große Karriere zu machen. Sie hatte sogar ein Angebot von *Holiday on Ice*, mit einer halben Million D-Mark Jahresgage, das aber schlug sie aus. In der Zeit, in der ich mit ihr zusammen war, jobbte ich drei Wochen lang an der Nordsee, in Büsum, als Tennistrainer. Tennisspielen konnte ich ja gut, hier stand ich von morgens bis abends auf dem Platz und gab Unterricht. Ich weiß noch, dass meine Freundin mich in Büsum besuchte und mir Autolederhandschuhe schenkte. Ich fuhr damals einen Triumph Spitfire, ein Cabrio, mein ganzer Stolz. Da saßen wir nun, und ich machte einen auf Tennistrainer mit einem wunderschönen Mädchen neben mir …

Eigentlich hätte alles gut laufen können. Wir waren verliebt, jung und ungestüm, und dennoch hielt die Beziehung nur ein

Jahr. Diesmal ging die Trennung mehr von mir aus. Meine Freundin war gescheit, aber zu wirklichen Gesprächen, zu einem geistigen Austausch, kam es zwischen uns nicht. Ich selbst war ja eine Leseratte und suchte eine Partnerin, die mich auch intellektuell mehr forderte und inspirierte. Möglicherweise waren für mich damals – unbewusst – meine Großeltern Wilkens ein Vorbild, sie konnten sich nämlich herrlich streiten. Sie hatten sich immer etwas zu sagen, und das ist das Salz in der Suppe.

Los geht's – die Erfindung meines Lebens

Als ich mein erstes eigenes Geschäft eröffnete, hätte keine Menschenseele, ich am allerwenigsten, im Traum daran gedacht, dass daraus einmal ein Imperium erwachsen würde. Auch wenn ich den großen Unternehmern Bahlsen, Beindorff und Sprengel nacheifern wollte: Am Anfang stand kein Plan. Einfach machen, umsetzen, improvisieren – darum ging's.

Wo stand ich mit Mitte zwanzig? Ich hatte ein bisschen Geld gespart und meine erste große Bewährungsprobe – die Sache mit der Bundeswehr – bestanden. Für mein Selbstbewusstsein war dieser Kampf extrem wichtig gewesen, so hatte ich mir bewiesen: Ich kann mich durchsetzen, wenn ich es will. Ich ließ mir einen Vollbart wachsen. Abends ging ich weiterhin in den »Maulwurf«, tagsüber stand ich in der Drogerie meiner Mutter. In der Kneipe traf ich Peter Anhoeck aus unserer früheren Nachbarschaft wieder. Seine Eltern hatten in der Nähe der Rubensstraße gewohnt und waren Kunden in unserer Drogerie. Peter ging zur Bundeswehr, und als er seinen Dienst dort abgeleistet hatte, suchte er einen Job. Ich vermittelte ihn an meine Mutter, wir suchten gerade eine Aushilfskraft. Drei Jahre später arbeitete er mit, als ich meinen ersten eigenen Laden eröffnete, und er blieb vier Jahrzehnte in meinem Unternehmen.

Und dann kam eine entscheidende Wende. Die sozialliberale Bundesregierung beschloss Anfang der Siebziger, die Preisbindung für Drogeriewaren abzuschaffen. Ich dachte: Hallo, wenn das passiert, ändert sich das Spiel komplett. Selbstbedienungsläden existierten damals im Einzelhandel nur für Lebensmittel, nicht aber für Drogerieartikel. Um die 18 000 Drogerien gab es in Westdeutschland, sie sahen aus wie Apotheken. Der Kunde betrat das Geschäft, bestellte am Tresen, und die Waren wurden über den Tresen verkauft. So lief es auch in der Drogerie meiner Mutter ab. Auf diese Weise konnten wir auf keinen grünen Zweig kommen und viel Umsatz machen. Unsere prozentualen Kosten – bezogen auf den Umsatz – waren viel zu hoch, um wirklich billig zu sein. Andere Kostenstrukturen müssen her, sagte ich mir.

Niedrigere Preise waren möglich, sobald die Preisbindung fiel. Und hohe Umsätze, die erzielte man nicht durch den herkömmlichen Verkauf über den Tresen. Selbstbedienung, das war das Zauberwort. Ich beschloss, einen eigenen Laden zu eröffnen. Einen, der ganz anders und etwas völlig Neues sein sollte. Dass man mehr Umsatz mit Niedrigpreisen macht, hatte ich bereits mit einigen Testläufen in unserer Drogerie bewiesen. Ich hatte monatliche Preisaktionen eingeführt. Wie aber lockte ich Kunden an? Indem man sie über die Angebote informiert.

Mit Peter Anhoeck druckte ich Handzettel auf einem Vervielfältigungsdrucker, der Peters Vater, einem Versicherungsmakler, gehörte. Abends zogen wir durch die Nachbarschaft, von Haus zu Haus, klingelten überall und verteilten unsere Handzettel in den Briefkästen. Im November 1970 starteten wir mit der ersten Aktion dieser Art: »Rossmann's Discount-Drogerie ist das Tagesgespräch in der List. Kleiner Laden, tolle Auswahl, nette Bedienung und über 1000 Minipreise auf bekannte Markenartikel« – so lautete unser – noch etwas holpriger – Werbespruch.

Da die Aktion gut ankam, war mir klar: Ein neues Verkaufskonzept würde Zukunft haben. Rund 20 000 D-Mark hatte ich in den letzten Jahren zur Seite legen können; abgesehen von der Anschaffung meines Cabriolets hatte ich bescheiden gelebt. Ich wusste: Das Geld, das ich spare, wird eines Tages der Weg in meine Unabhängigkeit sein. Und dieser Moment war nun gekommen. Die 20 000 D-Mark reichten aber noch längst nicht für Anmietung, Ausbau und Aufbau eines Geschäfts. Meine Mutter gab mir den Tipp, eine Bekannte zu fragen, von der sie wusste, dass sie ein bisschen Geld auf der hohen Kante hatte;

ihr Leben lang hatte sie als Haushaltshilfe gearbeitet. Sie lieh mir weitere 20 000 D-Mark, zu 8 Prozent Zinsen.

Als Nächstes machte ich einen Termin bei der Stadtsparkasse Hannover, wo ich nochmals die gleiche Summe als Kredit erhielt. 60 000 D-Mark waren beisammen, mein Startkapital, damit musste ich hinkommen. In der Jakobistraße 6, am Lister Platz, war ein Ladenlokal zu mieten, mit 120 Quadratmetern Verkaufsfläche. Gigantisch groß im Vergleich zur Drogerie meiner Mutter. Der Besitzer der Immobilie, Herr Böhmecke, war von Beruf Bestatter. Sein Beerdigungsunternehmen befand sich genau neben der Ladenfläche, die ich anmieten wollte. Mit Herrn Böhmecke wurde ich schnell handelseinig. Noch Ende 1971 unterschrieb ich meinen ersten Mietvertrag. Im darauffolgenden Frühjahr wollte ich den Laden eröffnen.

Nichts im Leben verläuft geradlinig oder ist planbar. Und manchmal frage ich mich, was wäre geschehen, wenn … Ja, wenn ich damals, 1971/1972, ein äußerst verlockendes Angebot angenommen hätte, das mir auf dem Silbertablett gereicht wurde. Meine Mutter hatte in jungen Jahren ja die Höhere Töchterschule in Hannover besucht und sich dort mit einem Mädchen namens Lotte Bittner angefreundet. Bis an ihr Lebensende war Lotte Mamas beste Freundin. Lotte stammte ursprünglich aus Düsseldorf, später zog sie wieder dort an den Rhein. Die Distanz tat der engen Freundschaft jedoch keinen Abbruch. Meine Mutter und Lotte telefonierten häufig, wir besuchten sie in Düsseldorf, oder Lotte kam zu uns. Sie war verwitwet, ihr Mann war im Krieg gefallen, die beiden hatten keine Kinder gehabt. Ihr Bruder Otto Bittner war Deutschlands berühmtester Konditor, vergleichbar vielleicht heute mit Leysieffer, obwohl er nur zwölf Konditoreien in Düsseldorf und Umgebung betrieb. Seine Kuchen und Torten waren legendär und wurden bis nach Australien und in die USA exportiert. Die größte Konditorei befand sich natürlich in allerbester Düsseldorfer Lage, auf der Kö, der noblen Königsallee. Die Produktionsstätte war in der Kaiserstraße untergebracht. Das Ehepaar

Bittner hatte zwei Kinder, Tochter und Sohn. Lotte wohnte in einer Villa in einem Nobelviertel am Rande von Düsseldorf. Bruder und Schwägerin lebten in der Nachbarschaft. Sie besaßen Ferienhäuser in Kampen auf Sylt und in Saint-Tropez.

1971 geschieht etwas Tragisches: Ottos Tochter studierte in Frankreich Philosophie. Sie verliebte sich in den Bürgermeister einer Kleinstadt, der aber verheiratet war und sich nicht, wie sie hoffte, scheiden lassen wollte. Darüber war sie so verzweifelt, dass sie sich auf dem Dachboden des Wohnhauses ihres Geliebten erhängte. Dieses Drama geschah im April 1971. Im Herbst desselben Jahres fuhr Ottos Sohn mit dem Porsche von Düsseldorf nach Lübeck, um bei Niederegger, dem berühmtesten Marzipanhersteller der Welt, einen Weiterbildungskurs zu machen. Von einer Autobahnbrücke sprang eine Frau auf die Fahrbahn und fiel genau vor den Porsche; der Sohn der Bittners starb bei diesem Unfall. Dezember 1971: Es ist Sonntagvormittag, meine Mutter telefonierte wie immer lange mit ihrer Freundin Lotte. Und nach einer Stunde sagte Lotte: »Hilde, ich muss jetzt Schluss machen. Ich muss rüber zu Otto, wir wollen gemeinsam zu Mittag essen.«

Am nächsten Tag, ein Montag, ging ich zum Kiosk in der Podbielskistraße und kaufte dort wie jeden Montag den *Spiegel*. Dabei fiel mein Blick auf die Schlagzeile der *Bild*-Zeitung: »Tragödie in Düsseldorf. Berühmter Konditor erschießt erst seine Frau und anschließend sich selbst.« Nachdem Lotte das Telefonat mit meiner Mutter am Vortag beendet hatte, war sie, wie angekündigt, nach nebenan in die Villa ihres Bruders gegangen. Und fand dort ihn und ihre Schwägerin im Schlafzimmer tot auf, beide erschossen. Sie hatten auf so tragische Weise nicht nur ihre Kinder, sondern auch ihren Lebensmut verloren.

Was hat diese traurige Geschichte mit mir zu tun? Eine ganze Menge. Nur eine Woche nach diesen Ereignissen rief mich Lotte an und machte mir ein Angebot. Sie sagte: »Dirk, du kommst nach Düsseldorf und übernimmst ab sofort Ottos

Firma. Außerdem bekommst du die Anwesen in Saint-Tropez und auf Sylt. Du leitest das Unternehmen, kannst schalten und walten, wie du magst. Ich will von dir nur so viel Geld, dass ich davon weiterhin gut leben kann. Mit allem anderen möchte ich nichts, aber auch gar nichts mehr zu tun haben. Du machst das schon! Pass nur gut auf, in der Kaiserstraße, wo die Produktion ist, da wird viel Butter geklaut, ansonsten läuft alles ohne große Probleme.«

Ich musste schlucken. Was für ein Angebot! Das musste ich erst einmal verdauen. Ich bat Lotte um ein paar Tage Bedenkzeit. Auf der einen Seite hatte ich meine eigenen Pläne, die Idee des Drogeriemarktes. Der Mietvertrag war unterschrieben, und schon bald sollte es losgehen. Auf der anderen Seite konnte ich mich praktisch ins gemachte Nest setzen. Zwölf Konditoreien, ein großer Name, zig Millionen D-Mark Umsatz im Jahr, und ich, der kleine Drogist, sollte diesen Betrieb mit 300 Angestellten leiten, ohne Studium, ohne betriebswirtschaftliche Kenntnisse, die über die Führung einer Drogerie hinausgingen. Lotte allerdings war felsenfest davon überzeugt, dass ich dieser Aufgabe gewachsen wäre. Sie hatte Vertrauen zu mir! Nach mehreren Tagen des Abwägens aller Vor- und Nachteile hatte ich mich entschieden. Ich lehnte das Angebot ab. Am Ende war es so wie bei allen wichtigen Entscheidungen, die ich in meinem Leben traf: Ich hörte immer mehr auf mein Bauchgefühl als auf meinen Kopf.

Der 17. März 1972 nahte, der Tag der Eröffnung des »Marktes für Drogeriewaren«. So nannte ich mein Geschäft. Die Wochen zuvor war ich völlig eingespannt gewesen mit den Vorbereitungen. Das Ladenlokal musste auf Vordermann gebracht und eingerichtet werden. Die 120 Quadratmeter waren ja leer, da war nichts, und alles, was zu tun war, war Neuland für mich. Waren mussten eingekauft, das Lager bestückt werden. Und ich musste für Werbung sorgen. Den Laden bewerben, Leute ins Geschäft locken, das war das A und O. Mit Peter Anhoeck druckte ich nicht nur Flugblätter, sondern auch Prospekte, tagelang zogen wir weiße Papierblätter durch eine Eisenrolle. Kosten durften diese Prospekte nicht viel, also machten wir alles selbst.

Zum ersten Mal sollten nun Drogeriewaren in Deutschland in einem Selbstbedienungsmarkt angeboten werden. Der Termin der Eröffnung war heikel, denn das Gesetz über den Wegfall der Preisbindung war zwar beschlossen, die Preisbindung selbst aber noch nicht gefallen. Doch ich war guten Mutes und dachte: Wird schon gut gehen. 20 000 Prospekte hatten wir vor dem Eröffnungstag verteilt. Ich glaube, es gab keinen Briefkasten im Stadtteil List, in dem keiner steckte. Darin priesen wir die Sensation an: Alles, jedes Produkt, war deutlich billiger. Am Vorabend der Eröffnung ging ich in den »Maulwurf« und sagte denen, die es noch nicht wussten: »Morgen mach ich was Neues auf. Einen Drogeriemarkt mit Selbstbedienung. Gibt's in ganz Deutschland noch nicht. Schaut doch mal vorbei. Um acht geht's los.«

Zwei Mitarbeiter hatte ich für das neue Geschäft eingestellt. Keiner wusste, was auf uns zukommen würde. Am Morgen der Eröffnung war der Lister Platz schon lange vor acht brechend voll. Eine Menschenmenge drängelte sich vor dem Laden, schätzungsweise tausend Leute. Die Polizei rückte an, um die Masse im Zaum zu halten. Meine Freunde, die aus Neugier vorbeigekommen waren, mussten einspringen und mir helfen, indem sie sich von innen gegen die Schaufensterscheiben stemmten. Wir hatten Angst, dass die Menschen die Scheiben eindrücken könnten. Der Laden selbst war, auch wenn wir die Kunden nur nach und nach einließen, durchgehend zum Bersten voll. Als Pointe des Tages flatterte mir an diesem Vormittag auch noch eine einstweilige Verfügung ins Haus. Jemand, dem meine Werbesprüche nicht passten, hatte mich angezeigt. Der Vorwurf lautete, ich würde auf die Menschen einen psychologischen Kaufzwang ausüben, weil ich mit Slogans warb wie: »Sehen, staunen, zugreifen«. Ich legte sofort Widerspruch ein, und bekam auch recht.

Mein Geschäftsmodell übertraf alle noch so kühnen Erwartungen. Der Laden war die Rakete schlechthin! Einige meiner Freunde, die bis dahin ganz andere berufliche Pläne verfolgten, schmissen alles über den Haufen und beschlossen, bei mir anzufangen. Wir waren das, was man heute ein erfolgreiches Start-up nennen würde. Nur dass wir – im Gegensatz zu vielen Start-ups der jetzigen Zeit – gleich am ersten Tag eine volle Kasse hatten.

Peter Anhoeck saß den ganzen Eröffnungstag an dieser Kasse. Wir hatten auch nur eine, und weil die nicht ausreichte, machten wir, was wir am besten konnten: Wir improvisierten und bauten uns eine Notkasse aus einem Rechner auf einem Persil-Karton. Die Kunden kauften wie verrückt. Ich erinnere mich an eine Szene, die möglicherweise einiges über mich aussagt, denn oftmals tue ich genau das Gegenteil von dem, womit die anderen rechnen. Bereits gegen Mittag wusste ich, dass ich das Geschäft meines Lebens machte. Ich hatte Peter an der Kasse abgelöst. Eine Frau mit zwei kleinen Kindern schob ihren Einkaufswagen, der übervoll war, heran, Waren im Wert von etwa 150 D-Mark. Die Kundin stand vor mir, schaute mich erwartungsvoll an, wartete, dass ich anfangen würde, die Preise einzutippen. Aber ich machte keine Anstalten.

Ich sagte nur: »Bitte schön, Sie können durchgehen.«

»Nein, nein, ich muss erst bezahlen«, protestierte sie.

»Müssen Sie nicht, Sie können weitergehen.«

Die Kundin war wie in Schockstarre. Und sie beharrte darauf, dass sie doch bezahlen müsse.

»Sind Sie hier der Chef oder ich? Ich bin hier der Chef«, erklärte ich. »Das ist mein Eigentum, und ich sage, Sie zahlen heute nicht.«

»Aber das geht doch nicht«, erwiderte die verwirrte Frau.

»Doch, heute geht's«, sagte ich. »Denn heute ist *mein* Glückstag, und ich möchte, dass es auch *Ihr* Glückstag ist. Sie zahlen nicht!«

Dankend, aber immer noch ein wenig irritiert, packte sie die Sachen ein und verließ den Laden. Die anderen Kunden, die diese Szene mitbekommen hatten, waren sprachlos. Da saß dieser komische Kerl an der Kasse und schenkte einer wildfremden Frau einen ganzen Einkaufswagen voll mit Unmengen von Tuben, Cremes und Putzmitteln? Wer machte denn so etwas? Ich. Ich mache viele Dinge, die andere nicht machen. Ich hatte immer das Bedürfnis, wenn es mir gut geht, soll es auch anderen Menschen gut gehen.

Am Nachmittag mussten wir noch einen VW-Transporter anmieten, denn wir benötigten dringend Nachschub. Die Regale waren leer, das Lager ebenso, wir mussten zum Großmarkt und Ware nachkaufen.

Dieser 17. März endete so bombastisch, wie er begonnen hatte. In meinen Kalkulationen hatte ich mit 40 000 D-Mark Umsatz im Monat gerechnet, jetzt hatten wir 20 000 D-Mark bereits am Eröffnungstag in der Kasse. Wir schwammen in Geld, konnten unser Glück kaum fassen, sind in den Keller gegangen, haben das Geld in die Luft geworfen. Wie in einer Filmszene. Wir riefen: »Ist ja Wahnsinn!« Und als ich das alles so beobachtete, dachte ich mir: Das ist die Geburtsstunde des Drogeriemarkts.

Für die damalige Zeit waren unsere Werbemaßnahmen schon sehr pfiffig und sorgten für Aufsehen – und manchmal Ärger, wie die erwähnte einstweilige Verfügung bewies. Werbeanzeigen in der örtlichen Presse konnte ich mir noch nicht leisten. Heute, wo wir rund fünfzig Rossmann-Filialen allein im Großraum Hannover betreiben, sieht das natürlich völlig anders aus. Aber einer erfolgreichen Werbung liegt sowieso immer eins zugrunde: eine gute, eine zündende Idee.

Mir fielen die besten Ideen oft nachts ein. Die verrücktesten Dinge. Einige Monate nach der Eröffnung startete ich folgende Werbekampagne: »Rossmann nimmt Ihre Zahnbürste in Zahlung! Wenn Sie eine neue kaufen, geben wir Ihnen eine Mark für Ihre alte Zahnbürste.« Unsere Zahnbürsten kosteten zwischen 1,30 und 1,50 D-Mark. Vor der Kampagne erhöhte ich die Preise aber noch schnell auf 1,95 D-Mark. Am Tag der Zahnbürstenaktion war der Teufel los! Die Kunden rannten uns wirklich die Bude ein. Sie brachten uns ihre alten Zahnbürsten, bekamen – wie versprochen – eine Mark für die gebrauchte und kauften eine neue. Am Abend türmten sich mehrere Tausend Zahnbürsten im Laden, einige Kunden hatten sogar ihre Gebisse in Zahlung gegeben. Auch die erhielten eine Mark. Völlig verrückt. Keine Rolle spielte, wie viel Verlust wir mit dem Verkauf der Zahnbürsten gemacht hatten.

Die Aktion hatte sich wie ein Lauffeuer in der ganzen Stadt herumgesprochen, Rossmann war in aller Munde, geradezu wörtlich. Ach ja, und dann geschah was? Schon wieder eine einstweilige Verfügung, dieses Mal vom Ordnungsamt. Aus Gründen der Hygiene verbot man mir weitere Aktionen dieser Art. Aber das war mir egal, ich hatte Aufsehen erregt.

Immer wieder, in all den Jahren, ließen wir uns etwas einfallen. Manches funktionierte gut, anderes würde man heute vielleicht nicht mehr machen. 1974 brachten wir eine Schallplatte mit einem Rossmann-Song heraus. Interpret war Thomas Voigt von der Bourbon Skiffle Company aus Hannover, die mit ihrem größten Hit »Giff Mi Kalk« 1980 sogar in der *ZDF-Hitparade* auftraten. Der Rossmann-Song wurde zunächst in limitierter Auflage von 10 000 Stück als Single veröffentlicht, die Schallplatte kostete elf Pfennig. Der Song erhielt später immerhin Goldstatus. Über Geschmack lässt sich trefflich streiten. Wir fanden den Text toll:

> *Überall in Norddeutschland*
> *kennt man sie in Stadt und Land:*
> *Man nennt sie Rossmann-Drogerien.*
> *Wer hier sieht das Angebot,*
> *der schlägt seinen Nachbarn tot,*
> *ein jeder möchte gern der Erste sein.*

Rossmann Rossmann Drogerien
alles können sie bei ihm beziehn.
Rossmann Rossmann Drogerien
Rossmann bietet den Beweis:
Qualität zum kleinen Preis.

Seifenpulver, Babykost,
Hundefutter, Apfelmost,
bietet man zu tiefsten Preisen an.
Lockenwickler, Haarshampoo
und ein bisschen Creme dazu,
alles für Familie Saubermann.

Als ich schon ein wenig expandiert hatte, kam einmal ein Lieferant auf mich zu. Er sitze auf einer Riesenmenge von Tuben mit einer völlig unbekannten Haarcreme, berichtete er. Die werde er einfach nicht los. Er wisse nicht, wohin mit ihnen, die würden nur sein Lager blockieren, klagte er und schlug vor: »Das Zeug können Sie umsonst haben, komplett.«

»Na gut, liefern Sie sie mir«, antwortete ich.

Am nächsten Tag stand ein ganzer Lkw mit Haarcreme auf unserem Hof. Ich bot sie an für den unschlagbaren Preis von nur einem Pfennig die Tube! Der Normalpreis war ursprünglich 1,95 D-Mark gewesen, doch kein Mensch wollte diese Paste kaufen. Aber durch meinen Knallerpreis mutierte der Ladenhüter auf einmal zum absoluten Renner. Jeder Kunde durfte maximal drei Tuben erwerben. Damit wurde das Produkt noch attraktiver. Die Läden waren brechend voll. Alle kauften die Haarcreme, die eigentlich kaum jemand brauchte, aber sie war halt billig, und wenn Menschen das Gefühl haben, etwas ist günstig, sie können ein Schnäppchen machen, ist es um sie geschehen. Manche können dann gar nicht genug bekommen.

Eine unserer verrücktesten Werbeaktionen, die sogar bundesweit Schlagzeilen machte, war die mit Holly, dem Kanzlerhund. Aus seiner Zeit als Ministerpräsident in Niedersachsen kannte ich Gerhard Schröder recht gut. Wir waren uns im Lauf der Jahre immer wieder begegnet, ich hatte ihn als einen herzlichen und achtsamen Menschen schätzen gelernt. Mitte der Neunzigerjahre begleitete ich ihn einmal als Mitglied seiner Delegation – mit anderen niedersächsischen Unternehmern – auf eine Reise nach Polen. 2001, Schröder war seit drei Jahren Bundeskanzler, bat ich ihn bei einem Treffen im Berliner Kanzleramt darum, unser neues Logistikzentrum in Landsberg bei Halle einzuweihen, das gerade fertiggestellt wurde. Mit dem Logistikzentrum schufen wir in einer strukturschwachen Region Sachsen-Anhalts mehrere Hundert Arbeitsplätze. Das, so dachte ich, müsse dem Kanzler doch gefallen. Ich fragte ihn, Schröder war einverstanden. Damals befand er sich im Zenit seiner Macht, war außerordentlich populär, entsprechend groß war das Medienaufgebot, als der Kanzler nach Landsberg kam.

Ihn kannte ich, wie gesagt, aus seiner Zeit in Hannover. Seiner damaligen Frau, Doris Schröder-Köpf, hingegen war ich noch nie persönlich begegnet. Eines Tages rief überraschend das Büro der Kanzlergattin in meinem Büro in der Firmenzentrale in Burgwedel an. Frau Schröder-Köpf würde sich freuen, wenn ich sie zu Hause besuchen würde. Wann ich denn Zeit hätte? Ein Termin wurde gesucht und gefunden. Die Einladung nahm ich gerne an. Die Schröders wohnten damals im Hindenburgviertel von Hannover. Fast so bekannt wie Schröder und seine Frau war ein weiteres Mitglied des Kanzlerhaushalts: Hund Holly, ein Border Terrier, denn über ihn, den »First Dog«, berichtete die Presse damals regelmäßig.

Vor dem Treffen mit Doris Schröder-Köpf wurde ich ein bisschen nervös, denn ich hatte keine Ahnung, aus welchem Anlass sie den Termin überhaupt wollte. Als kleines Mitbringsel hatte ich mir ein Paket mit verschiedenen Produkten unserer Rossmann-Eigenmarken zusammenstellen und schön verpacken lassen. Irgendetwas, dachte ich, müsse ich schließlich mitbringen, wenn ich bei Frau Schröder-Köpf eingeladen bin. Blumen oder Pralinen fand ich zu langweilig.

Bepackt mit dem Präsent fuhr ich mit meinem Fahrer vor dem Haus des Kanzlers vor. Die Straße war abgesperrt. Überall standen Sicherheitsleute. Ein durch und durch bewachtes Leben, dachte ich, wie in einer Festung. Ob das so erstrebenswert war? Mehrfach wurden wir angehalten und gecheckt. Schließlich aber stand ich vor Schröders Haustür und klingelte. Erst einmal passierte gar nichts. Ich klingelte ein weiteres Mal.

Plötzlich hörte ich sie – wie aus der Ferne – durch die Tür rufen: »Herr Roßmann, ziehen Sie mal bitte ganz fest!«

Ich stellte mein Paket auf den Boden und zog mit aller Kraft an der schweren Stahltür, die sich jetzt langsam öffnete. Dahinter stand Doris Schröder-Köpf. Sie begrüßte mich herzlich. Im Inneren war es völlig leise, als sei man von der Welt abgeschnitten.

»Man hört hier ja rein gar nichts«, sagte ich.

»Schauen Sie, wie dick das Fensterglas ist«, antwortete sie, »da käme nicht einmal eine Stinger-Rakete durch, geschweige denn ein Ton von draußen.«

Das Haus war tatsächlich wie eine Festung. Nun saßen wir zusammen auf dem Schröder'schen Wohnzimmersofa und plauderten. Und immer wieder kam Frau Schröder-Köpf auf Holly, ihren Hund, zu sprechen. Die ganze Zeit über grübelte ich, warum sie mich eigentlich eingeladen hatte. Schließlich fragte sie mich, ob es nicht eine tolle Idee wäre, wenn wir für unsere Drogeriemärkte ein eigenes Sortiment mit Hundezubehör entwickeln würden. Sie selbst habe, seitdem Holly mit ihnen lebe, nur schlechte Erfahrungen mit gängigem Hundespielzeug und Hundeaccessoires gemacht. Aus diesem Grunde habe sie große Lust, an einer neuen Produktlinie mitzuwirken. Genaue Vorstellungen habe sie auch schon. Das neue Sortiment solle Leinen, Kau- und Beißsachen und Hundeshampoo umfassen, und überhaupt alles, was das Hundeherz – oder das seines Besitzers – höherschlagen lässt.

Blitzschnell überlegte ich, was dieses Angebot für uns bedeuten konnte.

»Könnten Sie sich denn vorstellen, dass Holly für das neue Sortiment wirbt und die Serie ›Holly‹ heißt?«, wollte ich wissen. Ich witterte die enorme Werbekraft dieser Idee.

»Ja, kein Problem«, meinte sie, »darüber habe ich bereits mit meinem Mann gesprochen. Er wäre einverstanden.«

Drei Monate später tauchte Doris Schröder-Köpf einmal in der Woche in unserer Firmenzentrale auf, um tatkräftig an der Entwicklung und Kreation der neuen Hundeprodukte mitzuwirken. Holly brachte sie jedes Mal mit. Der Border Terrier musste die Beißringe probebeißen und Kauknochen probekauen.

Ende 2004 kam das Sortiment in den Handel. Hollys Konterfei zierte Hundeshampoo, Leinen, Näpfe – die »Winston Holly Linie« umfasste mehr als vierzig unterschiedliche Artikel. Schon bald war Holly der berühmteste Tiermarkenname Deutschlands, die Medien berichteten umfassend darüber. Durchaus auch kritisch: Darf die Kanzlergattin denn so was tun? Und was sagt Holly dazu? Und so weiter und so fort. Man kennt das ja.

Für uns war die Holly-Kampagne eine Wahnsinnswerbung. Doris Schröder-Köpf erhielt für ihre Arbeit übrigens nicht einen einzigen Cent, sie hatte auch nie etwas verlangt. Darauf hatten wir uns von Anfang an verständigt. Stattdessen einigten wir uns darauf, eine größere Geldsumme an eine Tierschutzorganisation zu spenden. Holly trug von dem Medienhype keinen Schaden davon. Sie starb erst viel später, Anfang 2017, im hohen Hundealter von vierzehn Jahren.

Heute geht die Werbung völlig andere Wege. Von der Tausche-gebrauchte-in-neue-Zahnbürste-Aktion der frühen Siebziger bis zum YouTube-Spot »Duracell rettet Weihnachten« aus jüngster Vergangenheit war es ein langer Weg. Ich mache keinen Hehl daraus, dass mir die Welt der neuen Medien und alles, was mit Social Media zu tun hat, völlig fremd ist. Aber ich hatte immer die richtigen Leute an der Hand, die Ahnung von dem haben, was sie tun. Martin Kind sagte einmal zu mir: »Du delegierst meisterhaft und vertraust den Menschen, das können viele in deiner Position nicht.« Was er eine besondere Führungsfähigkeit nennt, war für mich immer ein Stück Joballtag. Wenn ich das Gefühl habe, dass jemand etwas von seiner Arbeit versteht, dann lasse ich denjenigen machen.

Bei dem Duracell-YouTube-Spot Weihnachten 2017 war mein Sohn Raoul maßgeblich involviert. Die Story des Werbefilms: Alle Geschenke sind gekauft, schön verpackt und unter dem Weihnachtsbaum verstaut. Doch beim Auspacken fällt auf, dass einige der Geschenke keine Batterien enthalten und im ganzen Haushalt auch keine mehr zu finden sind. In diesem Fall konnten sich die Berliner, hier wurde der Film gedreht, entspannt zurücklehnen und den »Bunny X-MAS Express in Kooperation mit ROSSMANN« anrufen, der am Heiligabend und ersten Weihnachtsfeiertag fleißig unterwegs war: Über vierhundertmal machte sich der berühmte Duracell-Hase auf den Weg, um in kürzester Zeit die fehlenden Batterien zu liefern. Einige dieser Momente, in denen der Duracell-Hase das Weihnachtsfest rettete, wurden von der Kamera eingefangen und ab dem zweiten Weihnachtsfeiertag als Video ins Netz gestellt. Bei YouTube und auf Facebook wurde der Clip mehr als sieben Millionen Mal angeklickt. Am Ende des Films stehen die Hasen vor dem Berliner Rathaus, und einer von ihnen zieht den Kopf des Hasenkostüms aus. Zum Vorschein kommt mein Sohn Raoul, der in die Kamera lacht. So funktioniert Werbung heute. Für uns war diese Aktion ein Riesenerfolg.

Nochmals zurück in das Jahr 1972, ein für mein weiteres Leben ganz entscheidendes Jahr. Nachdem mein Drogeriemarkt eingeschlagen war wie eine Bombe, sollte sich auch privat einiges ändern. Zunächst einmal zog ich bei meiner Mutter aus und nahm mir ein kleines Apartment, das aus nur einem Zimmer bestand und sich praktischerweise direkt über meinem Laden befand. Mein Vermieter Lienhard Böhmecke betrieb sein Bestattungsunternehmen im selben Gebäude wie ich meine Drogerie. Seine Tante kannte übrigens meine Mutter seit ihrer Jugend, beide hatten sie die »Höhere Töchterschule« besucht. Der Kontakt zur Familie Böhmecke ist bis heute nicht abgebrochen.

Um unsere alte Drogerie kümmerte sich meine Mutter zusammen mit drei Mitarbeitern. Sie stand noch viele Jahre im Geschäft, etwa bis zu ihrem siebzigsten Lebensjahr. Irgendwann wurde es ihr aber zu beschwerlich, und aus finanziellen Gründen hätte sie schon längst nicht mehr arbeiten müssen. Im Alter wollte sie nicht mehr allein leben und überlegte, in ein Seniorenheim zu ziehen.

»Mama, wenn du in einem Stift wohnen willst, dann ist das möglich. Mach dir keine Sorgen, ich kümmere mich um alles«, versicherte ich ihr. »Du gehst in das beste Altenheim der Stadt, ins Eilenriedestift.«

Meine Mutter war, auch wenn sie natürlich wusste, dass ich mittlerweile gut verdiente, immer eine bescheidene Frau geblieben, zufrieden mit dem, was sie hatte. Sie wollte niemandem zur Last fallen. Nachdem sie ins Eilenriedestift gezogen war, zeigte sich einmal mehr, wie das Leben eigene Wege geht. Denn im selben Altenheim lebte zufälligerweise auch Elfriede, Mamas frühere Nachbarin, die Witwe von Onkel T., meinem biologischen Vater. Ich weiß nicht, wie sie es schafften, aber die beiden Frauen gingen sich in dem Stift fünf Jahre lang komplett aus dem Weg. Meine Mutter sagte immer, sie habe Hemmungen, Elfriede anzusprechen.

»Und auch Elfriede vermeidet es, dass wir uns begegnen«, erklärte sie weiter. »Wenn wir uns auf dem Gang von Weitem sehen, weichen wir einander aus. Wenn es zu spät dafür ist, sagen wir nur kurz Guten Tag oder Ähnliches. Darüber hinaus gibt es keinerlei Kontakt, kein Gespräch, nichts.«

Auch wenn es nie offiziell geworden war und ich mich an mein Schweigeversprechen gehalten hatte, so muss Elfriede doch etwas gewusst oder zumindest geahnt haben. Eines Tages rief mich meine Mutter ganz aufgeregt an und berichtete, dass etwas ganz Komisches passiert sei.

»Ich habe Elfriede getroffen, und dieses Mal ging sie mir nicht aus dem Weg. Stattdessen hat sie zu mir gesagt: ›Du, Hilde, ich hab mir überlegt, eigentlich ist es doch albern, wie wir uns verhalten. Hast du nicht Lust, am Freitagnachmittag zu mir zum Kaffee zu kommen? Dann können wir reden.‹«

Und meine Mutter antwortete: »Elfriede, ich komme gerne zu dir. Sehr gerne sogar.«

Dieses Gespräch fand an einem Mittwoch statt. Und am Freitagvormittag, wenige Stunden vor der Verabredung, erhielt meine Mutter eine schriftliche Nachricht, sie möge bitte doch nicht zum Kaffee erscheinen. Ohne Begründung. Ohne eine Entschuldigung. Später hörte meine Mutter, dass eine der Nichten von Elfriede am Vormittag zu Besuch gekommen war, und wahrscheinlich hatte sie ihrer Tante verboten, sich mit meiner Mutter zu treffen. Elfriede hatte das Vermögen meines leiblichen Vaters geerbt, und die Angehörigen hatten womöglich Angst, dass ich, Theodors leiblicher Sohn, plötzlich doch noch Erbansprüche geltend machen könnte. Was ich nie getan hätte. Wenige Jahre später starb meine Mutter im Alter von zweiundachtzig Jahren. Auch Elfriede lebte bis zu ihrem Tod in dem Stift. Zu einer Aussprache aber ist es nie gekommen. Manchmal ist es schon seltsam, wie sich ein Lebenskreis schließt.

Was habe ich meiner Mutter zu verdanken, was hat sie mir für mein Leben mitgegeben? Ein Kind sucht nach Nähe und Vertrauen, und ich glaube, dass meine Mutter mir dieses Vertrauen immer entgegenbrachte. Ich wurde von ihr nicht erzogen im Sinne von: »Mach dies, lass das.« Ich konnte immer das tun, was ich tun wollte. Ohne Druck seitens des Elternhauses, ohne zu viel Gebote oder Verbote, aber leider auch ohne eine geistige Förderung. Diese musste ich mir selbst suchen. Eltern sollten etwas vorleben, den Kindern ein Wertesystem vermitteln. Meine Mutter wurde 1909 geboren, sie erlebte zwei Weltkriege. Oft ging es nur ums Überleben. Diese Erfahrungen haben sie geprägt, und ich kann ihr nichts vorwerfen, weil ich weiß, dass sie ihr Bestes gegeben hat. Meine Mutter hatte ein ganz großes Herz, und das, was sie mir mit auf den Weg gab, war eine Herzensbildung, die am Ende wahrscheinlich wichtiger ist als jede schulische Bildung. Auf die Herzensbildung kommt es an im Leben. Vieles, was bei mir als Kind in der Erziehung versäumt wurde, habe ich später durch das Lesen der großen Klassiker und eine zehnjährige Therapie aufgearbeitet.

Teil II
WACHSEN

Ein Mann will nach oben

Meiner ersten Filiale folgte bald schon die nächste und die nächste und nächste. Wir suchten nach immer neuen Ladenflächen, schlossen Mietverträge im Akkord ab. Jedes weitere Geschäft brachte uns mehr Umsatz, aber wir mussten auch ständig investieren, brauchten neues Personal. Die Belieferung der Läden musste organisiert werden, wir benötigten ständig größere Lagerräume. Die erste Firmenzentrale befand sich noch über der Filiale am Lister Platz, hier wohnte ich auch. Improvisation war alles, eine Lösung wurde stets gefunden. 1974 fanden wir ein neues Lager mitsamt Büro in der Berliner Allee. Gleich auf der Rückseite gab es eine Wirtschaft namens »Kaulquappe«, sie löste den »Maulwurf« als Stammkneipe ab.

Die Logistik wurde zum A und O des Erfolgs meines Unternehmens. Datenverarbeitung war Neuland, für die meisten überhaupt ein Fremdwort. Für mich auch. Ich gebe es zu: Den Sinn einer EDV-Anlage wollte ich anfangs überhaupt nicht einsehen. Peter Anhoeck meinte, ohne eine solche wären wir schon bald nicht mehr konkurrenzfähig. Unser Filialnetz breite sich immer mehr aus, da bräuchte man eine solche. Ende 1975 zählten wir fünfundzwanzig Läden. An Heiligabend verkündete Peter, er habe – auf eigene Kappe – eine EDV-Anlage bestellt, die Kosten für Technik und Betrieb in den nächsten Jahren würden sich auf 600 000 D-Mark belaufen. Ich glaubte, verrückt zu werden. Und feuerte Peter. Aber nur für drei Stunden. So lange dauerte es, bis er mich von den Vorteilen dieser Anschaffung überzeugt hatte. Als unsere EDV-Anlage neun Monate später angeliefert und eingerichtet wurde, war sie nötiger denn je. Zwischenzeitlich hatten Dutzende weiterer Geschäfte aufgemacht.

Vier Jahre nach der ersten Ladeneröffnung zog ich mit der Firmenzentrale von Hannover nach Burgwedel. Von hier aus koordinierte ich fortan die gesamten Unternehmenstätigkeiten. Bald schon, 1977/1978, arbeiteten aufgrund der vielen Filialen fünfzig Angestellte in der Verwaltung. Es kam vor, dass ich nachmittags um zwei sagte: »Feierabend, Leute, heute wird nichts mehr gemacht, alle Termine werden abgesagt.«

»Chef, wieso?«

»Wir gehen jetzt Gokart fahren.«

Daraufhin machten wir uns gemeinschaftlich auf den Weg zur Gokart-Bahn vor den Toren Hannovers.

»Damit es nicht zu langweilig wird«, sagte ich, »schlage ich vor, die eine Hälfte von uns fährt links herum und die andere Hälfte rechts, und irgendwie trifft man sich dann ja.«

Oh, das sei ja toll, riefen alle und freuten sich wie Kinder.

Am nächsten Tag arbeiteten alle freiwillig bis zehn Uhr abends, um das Pensum wieder aufzuholen, und keiner fragte nach Überstunden. Es war eine völlig verrückte Zeit. Eine Kleiderordnung gab es in meinem Unternehmen übrigens nie, bis heute nicht. Kein Krawattenzwang, keine Anzugpflicht. Leger soll es sein, so wie ich es selbst am liebsten mag.

Aber nicht alles war rosig. Es kam in den Anfangsjahren auch zu Rückschlägen. Mein Ausflug Ende der Siebziger nach Österreich war ein Desaster. Ich hatte mir mal wieder etwas in den Kopf gesetzt: Ich wollte ins Ausland expandieren. In kurzer Zeit eröffneten wir zehn Läden in Wien und bewerkstelligten die ganze Arbeit mit unserer ohnehin knappen Mannschaft in Burgwedel. Das sollte nicht funktionieren, wir scheiterten grandios. Andere Gesetze, eine andere Währung, schwierige Logistik, eine komplett andere Mentalität – Probleme, wo man nur hinsah. Nach einem Jahr zog ich mich vom österreichischen Markt wieder zurück. Aus den Fehlern lernte ich für die Zukunft.

Ein Meilenstein für den weiteren Ausbau des Filialnetzes war der Einstieg eines Risikokapitalgebers, die Hannover Finanz Gruppe, die sich mit zunächst 10 und später rund 40 Prozent am Unternehmen beteiligte. Dank der Finanzspritze konnte ich die Modernisierung bestehender Filialen und eine weitere Expansion voranbringen. Anfangs war ich furchtbar aufgeregt – war es gut, ein fremdes Unternehmen an meinem eigenen zu beteiligen? Ich fürchtete, zu viel Kontrolle abgeben zu müssen, wusste nicht, was auf mich zukommen würde. Aber ich hatte Vertrauen zu meinem Freund Claus Bingemer, der die Beteiligung eingefädelt hatte. Ihn und seine Frau Beate lernte ich durch meine erste Frau kennen, die ich im Alter von siebenundzwanzig Jahren geheiratet hatte. Unsere Ehe hielt nur vier Jahre. Die Freundschaft zu den Bingemers hingegen hatte ein Leben lang Bestand. Claus war viele Jahre Vorstandsvorsitzender der Hannover Rück, des heute drittgrößten Rückversicherers der Welt. Meine damalige Frau war mit den Töchtern der Bingemers eng befreundet. Deswegen verbrachten wir sehr viel Zeit bei ihnen zu Hause. Fast war es so, als würden wir bei ihnen wohnen. Es war ein offenes Haus, auch für die ganze Nachbarschaft. Beate und Claus gaben sich stets locker und gastfreundlich, bewirteten ihre Gäste großzügig.

Anfangs hatte mich Claus überhaupt nicht beachtet, er hatte in mir wohl irgendeinen dieser unzähligen Freunde und Bekannten seiner Töchter gesehen, die ein und aus gingen. Eines Tages ging Claus in seinen Keller, und da stand plötzlich eine nigelnagelneue Tischtennisplatte mitten im Raum. Denn wir alle waren begeisterte Tischtennisspieler. Claus fragte in die Runde, wo denn die Platte herkomme, die würde ja einiges kosten. Weil die Bingemers mich so großzügig aufgenommen hatten, ich ständig auf ihre Kosten gegessen und ihren Wein getrunken hatte, hatte ich mich mit einem Geschenk erkenntlich zeigen wollen.

»Der Dirk hat die Tischtennisplatte gekauft«, sagte jemand. Und Claus hatte sich daraufhin gedacht, dass er sich diesen Dirk mal näher anschauen sollte. So lernte ich ihn kennen, und von diesem Moment an waren wir sehr eng befreundet. Claus war etwa zwanzig Jahre älter als ich, ein Mensch, der mir damals, als ich mein Unternehmen aufbaute, am meisten gab, menschlich und geistig, der mich entscheidend prägte. Zeit seines Lebens war er ein wichtiger Mann in der Wirtschaft, mit der Hannover Rück hatte er ein börsennotiertes Milliardenunternehmen aufgebaut. Das hatte mir als noch sehr kleinem Unternehmer imponiert. Meine Mutter war fleißig und hatte versucht, Familie und Drogerie über Wasser zu halten, dafür zollte ich ihr großen Respekt, aber ich konnte mit ihr keine tiefgründigen Gespräche führen. Jedes Kind wünscht sich, die eigenen Eltern wären vollkommen, aber irgendwann erkennt man: Sie sind nicht perfekt. Und man muss akzeptieren, dass sie Schwächen haben, Eigenschaften, die man nicht mag. Und das fehlende Interesse meiner Mutter an einem intensiveren Gedankenaustausch war eine Enttäuschung, die mich traurig machte. Beate und Claus nahmen mich an die Hand und zeigten mir eine bis dahin unbekannte Welt. Auf eine gewisse Art wurden sie zu meinen Ersatzeltern. Ich wollte lernen, ich hatte immer den Antrieb, mit Menschen zusammenzukommen, von denen ich etwas lernen konnte.

Claus starb im März 2018 im Alter von zweiundneunzig Jahren. Alice und ich schrieben in der Traueranzeige:

Du hast als Jugendlicher mit Glück und Chuzpe den Krieg überlebt, warst über sechzig Jahre die prägende Persönlichkeit einer großen Familie, Dir war humanistische Bildung in vielen Facetten vertraut. Du hast, von null beginnend, über fünfundzwanzig Jahre die Hannover Rück, den drittgrößten Rückversicherer der Welt, aufgebaut und warst mehr als drei Jahrzehnte Vorsitzender unseres Beirats. Du warst uns immer ein Freund, wie man sich keinen besseren wünschen kann. Du lässt uns zurück mit einem riesigen Schatz an Erinnerungen und Einsichten, die wir ohne Dich kaum gewonnen hätten.

Wir sprachen häufig über die deutsche Vergangenheit, Beate und Claus waren Zeitzeugen der nationalsozialistischen Diktatur. Eine ihrer zentralen Aussagen über die Nazizeit lautete: »1933 wussten alle gebildeten Deutschen, was passieren könnte und wozu Hitler fähig war. Jeder, der hinterher behauptete, man hätte nichts geahnt, der sagte nicht die Wahrheit.« Chuzpe hatte Claus wirklich gehabt, sie rettete ihm in den letzten Kriegstagen das Leben. Er sollte noch an die Front, Hitlers letztes Aufgebot. Claus schaffte es, krank zu werden, indem er eine Zigarette nach der anderen rauchte. Ihm ging es so hundeelend, dass er zunächst einmal seine Krankheit auskurieren sollte. Das war seine Rettung, viele andere aus seinem Jahrgang kamen ums Leben.

Mein Rettungsanker Psychologie

Nachdem ich mir als Jugendlicher mit Schopenhauer ein bisschen die Grundlagen der Philosophie angeeignet hatte – später
folgten Nietzsche und die Werke anderer großer Denker –, waren es die Bingemers, durch die sich mir eine völlig neue Welt
öffnete: die Welt der Psychologie. Seit damals spielt sie eine
ganz wesentliche Rolle in meinem Leben. Ohne die Psychologie wäre ich heute nicht dort, wo ich bin, und mein Unternehmen wäre niemals so erfolgreich geworden. Sie hat mir die Augen für vieles geöffnet. Nach dem Scheitern meiner ersten
Ehe – wir hatten jung geheiratet und passten nicht zusammen –
halfen mir die Bingemers mit wertvollen Ratschlägen. Edeltrud
Meistermann, die Mutter von Claus, war eine bekannte Kölner
Psychoanalytikerin. Einige Jahre lebte sie mit dem berühmten
Psychoanalytiker Alexander Mitscherlich zusammen. Mit-
scherlichs Buch *Die Unfähigkeit zu trauern* war eines der großen Standardwerke der deutschen Nachkriegszeit. Zum Freundeskreis von Edeltrud Meistermann gehörte unter anderem
auch Heinrich Böll.

Nach der Trennung von meiner ersten Frau 1978 ging es mir
nicht gut – sie trennte sich von mir –, und ich fiel regelrecht in
ein Loch. Damals empfahl mir Beate, ich solle es mal mit einer
Gesprächstherapie versuchen. Und da sie sich mit solchen Dingen gut auskannte, dachte ich: Okay, versuche ich es einfach.
Tagsüber ging es mir gut, dann war ich zu 100 Prozent im Job
eingespannt und hatte keine Zeit zum Grübeln. Aber das Al-
leinsein abends zu Hause fiel mir sehr schwer. Der Mensch ist
eben nicht gerne allein. Damals wohnte ich in einer Eigentumswohnung in einem Hochhaus in Hannover, im zwölften Stock.

Als Therapeutin empfahl mir Beate eine gute Bekannte, sie
meinte, der könne ich vertrauen. Ich hatte überhaupt keine Ah-

nung, was es mit einer Therapie auf sich hatte, als ich damit begann. Ein- oder zweimal, manchmal sogar dreimal die Woche ging ich hin. Und nach jeder Sitzung stellte ich fest: Ich habe noch so unendlich viel zu lernen, am allermeisten über mich selbst. In der allerersten Sitzung händigte mir die Therapeutin einen Zettel aus, ich solle alles aufschreiben, was ich an meiner Mutter gut, aber auch schlecht fände. Ebenso das, was mir an meinem Vater gefallen und missfallen hätte. Das war ihre Herangehensweise, um sich ein Bild von mir zu machen.

Anschließend sagte Ingrid, so hieß meine Therapeutin: »Wir beginnen mit vier Sitzungen, jeweils eine Stunde lang, und nach diesen vier Sitzungen entscheiden wir beide, ob wir weitermachen sollen oder gar nicht erst anfangen. Wir müssen uns erst einmal ein bisschen kennenlernen. Und wenn wir nach vier Sitzungen beschließen, wir machen die Therapie, dann gehen wir gemeinsam durch dick und dünn. Das wird nicht immer einfach sein.«

So lauteten ihre Spielregeln. Nach den vier Sitzungen beschlossen wir, mit der Therapie zu beginnen. Für mich war die ganze Situation extrem spannend. Es ging mir nicht darum, herauszufinden, was ich doch für ein verstörter Mensch sei. Sondern ich empfand die Jahre der Therapie insgesamt als eine ganz wichtige Lernphase, weil die Therapeutin viele Dinge anders sah als ich und mir dadurch die Augen öffnete. Damals fing ich auch zu meditieren an. Hinzu kam autogenes Training, drei Jahre lang jeden Tag. Und ich las viele psychologische Fachbücher. Heute werden oft schnell, in manchen Fällen vielleicht zu schnell, Medikamente verschrieben. Ich halte einen inneren Klärungsprozess für unabdingbar, um nachhaltig Projektionen und Ängste zu überwinden. Beides zusammen, die Gesprächstherapie und das Meditieren, haben mir damals sehr geholfen. Vor allem aber habe ich erkannt, welch großartige Möglichkeiten die Psychologie bietet und wie man sie sinnvoll für Mitarbeiter in einem Unternehmen wie dem meinen einsetzen konnte. Zu Beginn der Achtziger begannen wir damit, den Mitarbeitern Seminare zur persönlichen Weiterentwicklung anzubieten.

Nach zwei Jahren Einzeltherapie sagte meine Therapeutin zu mir, ich sei jetzt bereit für den nächsten Schritt, ich solle überlegen, ob ich an einer Gruppentherapie teilnehmen wolle. Davor hatte ich jedoch eine Heidenangst. Ich wollte nicht vor Fremden, einer Gruppe von fünfzehn bis zwanzig Teilnehmern, über meine Probleme reden. Wie würden sie reagieren, wenn sie hören, da kommt dieser Kapitalist Roßmann? Ich wollte nicht bewertet werden, fühlte mich unwohl bei dem Gedanken, mein Innerstes nach außen zu kehren. Aber schließlich überwand ich mich. Und lernte, dass mein Unwohlfühlen auch ein Zeichen von Angst war. Eine Projektion.

Ein Gruppenleiter sagte mir: »Ich erkläre dir, was Selbstbewusstsein ist. Jemand, der nicht selbstbewusst ist, geht in eine Gruppe mit zwanzig Leuten, und neunzehn von ihnen mögen ihn. Das spürt er. Einer aus der Gruppe aber lehnt ihn ab. Und weil der eine ihn ablehnt, ist der Nicht-Selbstbewusste völlig irritiert und von der Rolle. Er kann einfach nicht verstehen, warum der eine ihn nicht mag. Nun kommt der Selbstbewusste in die Gruppe, neunzehn lehnen ihn ab und nur einer mag ihn, und der Selbstbewusste sitzt da und ist froh, weil es einen gibt, der ihn mag. Die neunzehn anderen, die ihm gegenüber negativ eingestellt sind, sind ihm total egal.«

Wenn man sich abhängig davon macht, was andere Menschen von einem denken oder wie sie einen sehen, ist man verloren. Das hört sich nach einer Binsenweisheit an, aber ich musste tatsächlich lernen, meine Einstellung zu ändern. Selbstbewusstsein macht den Menschen ein Stück freier. Dann hält man es auch aus, wenn andere einen ablehnen. Als ich an den Gruppensitzungen teilnahm, merkte ich, wie gut sie mir taten.

Was bringt eine Therapie? Ich lernte mich besser kennen, und ich wurde mit meinen Schwächen konfrontiert. In jungen Jahren war ich ein schwacher Chef, weil ich in vielen Situationen, die im Verantwortungsbereich eines Arbeitgebers liegen, schlichtweg scheiterte. Mir fehlte beispielsweise der Mut, jemanden zu entlassen, weil mir das ein schlechtes Gewissen bereitete. Im Grunde war ich verlogen. Auf der einen Seite wollte ich ein erfolgreiches Unternehmen führen, auf der anderen Seite aber wollte ich nicht die Konsequenzen tragen, wenn etwas unangenehm wurde. Mussten wir einen Mitarbeiter aus dem Management entlassen, aus welchen Gründen auch immer, hatte ich dafür meine »Kampfhunde«; sie erledigten das für mich. Nach dem Break Mitte der Neunzigerjahre, von dem ich noch erzählen werde, verstand ich endlich: Das muss ich selbst machen, ich muss Rückgrat zeigen. Innerlich war ich nicht stark genug gewesen, um zu meinen Entscheidungen zu stehen. Ich war vielen Dingen ausgewichen, weil ich ein Problem damit hatte, anderen Menschen wehzutun. Im Prinzip wollte ich, dass es allen gut ging. Hier war er wieder, der Widerspruch in mir: Einerseits hatte ich ein Unternehmen aufgebaut, andererseits war ich innerlich nicht gefestigt.

Aber wenn man dem Unangenehmen ausweicht, es fällt auf einen zurück. Die Seele gesundet erst, wenn man lernt, auch den traurigen und schwierigen Erfahrungen zu begegnen und sie anzunehmen. Durch die Gruppentherapie bekam ich die Chance, ein besserer Chef zu werden. Ein guter Chef muss berechenbar sein und ehrlich, muss Kontinuität zeigen, dann werden selbst harte Entscheidungen akzeptiert. Mein Führungsstil heute? Locker, aber konsequent; mal sehr ernst, mal lustig. Ich spüre, wenn ich unter Strom stehe oder schlecht drauf bin, wenn ich gerade kein so guter Vorgesetzter bin. Es kommt vor allem darauf an, authentisch zu sein, zu sagen: »Ich habe da jetzt ein Problem.« Mein Ziel ist es, dazu beizutragen, eine gute Gemeinschaft aufzubauen, in der Offenheit und ein faires Miteinander gelebt werden, wenn auch mit einer klaren Hierarchie. Was ich am allerwenigsten bin, ist ein klassischer Patriarch. Wenn ich wie einer handeln würde, wären wir längst pleite.

Ich denke, ein wirklich erfolgreiches Zusammenarbeiten von Menschen ist nur möglich in einer Atmosphäre wechselseitigen Vertrauens. Und die Grundlage für Vertrauen ist Ehrlichkeit. Menschen, die lange mit mir zusammenarbeiten, wissen, dass sie mir ihre Meinung sagen können. Wenn ich einem Mitarbeiter sage: »Nun erzählen Sie mir doch mal, was ich wohl von Ihnen denke«, sind die meisten erst perplex, aber ihre Antworten sind dann umso ehrlicher. Meine größte Qualität als Unternehmer, als Chef: Menschen zusammenbringen. Ich bin ein Integrator, spüre Unstimmigkeiten und spreche sie offen an. In den meisten Fällen habe ich damit Erfolg.

Eine weitere Erkenntnis der Therapie: Miteinander zu streiten muss nichts Schlechtes sein. Eine gesunde Auseinandersetzung, sei es mit der Partnerin, mit einem Freund oder einem Geschäftspartner, kann verbinden und muss nichts Trennendes sein. Ich glaube an die gesunde Kraft eines Streits, da er die Luft reinigt. All das und vieles mehr habe ich in der Therapie – zehn Jahre Einzeltherapie, dann die Gruppentherapie – erfahren.

Ich weiß nicht, ob ich auf Dauer so viel Herzblut und Leidenschaft für die Psychologie entwickelt hätte, wenn ich nicht einer außerordentlich klugen und geistreichen Frau begegnet wäre: Ruth Cohn. Sie ist die Begründerin der Themenzentrierten Interaktion. Ihre Lebensgeschichte hat mich bewegt: 1912 kam sie in Berlin zur Welt, als Kind einer assimilierten jüdischen Familie. 1931/1932 studierte sie Nationalökonomie und Psychologie an den Universitäten Heidelberg und Berlin. Als Studentin erlebte sie im Berlin der Zwanziger- und Dreißigerjahre, wie jüdische Mitstudenten während einer von ihr besuchten Vorlesung von Hitlers SA-Leuten verprügelt wurden. Diese Grausamkeit, diese Menschenverachtung prägten und beeinflussten Ruth Cohn nachhaltig.

Ihre persönlichen Erfahrungen führten letztlich mit zur Entwicklung der Themenzentrierten Interaktion. Die TZI zielt auf ein aktives und lebendiges Lernen und Arbeiten von Menschen. Sie strebt ein dynamisches Gleichgewicht an zwischen den Bedürfnissen der einzelnen Personen, der Gruppe, deren Aufgabe und dem Umfeld. Nach der nationalsozialistischen Machtergreifung flüchtete Ruth Cohn in die Schweiz, wo sie Psychologie studierte. Später wanderte sie in die USA aus, kehrte aber Mitte der Siebzigerjahre nach Europa zurück, da war sie längst eine international anerkannte Psychoanalytikerin. Sie fühlte sich verpflichtet, nach Europa zu kommen, da es hier, besonders in Deutschland, so viele von Krieg und Diktatur traumatisierte Menschen gab. Und da es weder finanziell machbar noch überhaupt ansatzweise realistisch war, dass sich jeder zweite Deutsche für ein Jahr auf die Couch legte, setzte sie auf die therapeutische Hilfe durch Gruppenarbeit. Ein Stück mehr über sich selbst zu erfahren, sich selbst sensibler wahrzunehmen, das war Ruth Cohns Mission. Sie sagte: »Wir müssen etwas tun für die Menschen. Sie müssen lernen, sich selbst besser wahrzunehmen und zu reflektieren.« Mit »wir« meinte sie ihre Kollegen und Mitstreiter Norman Liberman, Yitzchak Zieman und John Brinley, die sie schon Ende der Sechzigerjahre in den USA ansprach, und mit diesem Trupp Psychologen kam sie dann nach Deutschland.

Ruth Cohn zog später in die Schweiz und machte hier Gruppentherapien mit ganz »normalen« Leuten, aber auch für große Unternehmen, unter anderem für die Fluggesellschaft Swissair. Lernen, Wachstum, Persönlichkeitsentwicklung waren ihre Kernthemen. Wie verhalte ich mich in der Gruppe? Ein zentraler Punkt ihrer Arbeit hieß »lebendiges Lernen«, ein Begriff, den ich gern erwähne, weil lebendiges Lernen in meinem Leben von entscheidender Bedeutung ist. Lernen durch Erfahrung, durch Begegnung, durch soziales Miteinander.

Ruth Cohn entwickelte das »Vier-Faktoren-Modell«, auch als Ich, Wir, Es und Globe bekannt, das wir auch in den Gruppen für unsere Mitarbeiter anboten. Das *Ich* steht für die Kompetenzen des Einzelnen, das *Wir* für die Gesamtgruppe, das *Es* für Sachanforderungen und Aufgaben und *Globe* für das Umfeld. Ziel einer TZI-Gruppenleitung ist eine *dynamische Balance* zwischen diesen vier Faktoren, die als gleich wichtig angesehen werden. Die wichtigsten TZI-Regeln lauten: *Sei dein eigener Vorsitzender.* Das bedeutet: Jeder ist selbst für seine Handlungen verantwortlich. *Vertritt dich selbst in deinen Aussagen.* Das meint: Sprich in der Ich-Form, nicht als »wir« oder »man«. *Teile Fragen als Fragen mit und Meinungen als Meinungen.* Das heißt: Fragen können eine Möglichkeit sein, sich und seine Meinung nicht zu zeigen. *Es kann nur einer zur gleichen Zeit reden!* Wollen mehrere Personen zur gleichen Zeit sprechen, sollte die Gruppe immer erst eine Einigung über den Gesprächsverlauf herbeiführen. *Sei zurückhaltend mit Interpretationen anderer!* Denn: Die Interpretationen sind möglicherweise falsch. *Vermeide Verallgemeinerungen.* Diese könnten leicht den Gruppenprozess unterbrechen. *Störungen haben Vorrang.* Diese Regel hilft beispielsweise dabei, dass jemand, der verärgert oder frustriert ist, nicht am Gruppengeschehen teilnimmt. Daher sollte man Störungen Raum geben. *Werte dich und die anderen, deine Möglichkeiten und Fähigkeiten und die der anderen nicht ab.* Diese Regel ist selbsterklärend.

Warum hat mich Ruth Cohn so beeindruckt? Das liegt in unserer persönlichen Begegnung begründet. Meine Therapeutin Ingrid war auch in TZI ausgebildet. 1982 schlug sie mir vor, ich solle doch bei Ruth Cohn in der Schweiz einen Kurs belegen. Meine Therapeutin war überzeugt, dass Ruth Cohn mir guttun würde. Eigentlich hatte ich keine Lust, denn erst vor Kurzem hatte ich Alice kennengelernt, meine spätere Frau, und wäre lieber bei ihr geblieben. Dennoch meldete ich mich bei Ruth Cohn an und fuhr in die Schweiz.

Der Kurs dauerte zwölf Tage, das Programm war ziemlich anspruchsvoll und intensiv. Am zweiten Tag lud Ruth Cohn zwei Teilnehmerinnen und mich ein, sie zu Hause in ihrer privaten Wohnung zu besuchen. Sie war eine berühmte Psychologin, doch sie lebte sehr bescheiden in einem kleinen Apartment, mit einem herrlichen Ausblick. Ruth erzählte uns, in ein paar Monaten werde sie ihr neues Buch veröffentlichen. *Von der Psychoanalyse zur Themenzentrierten Interaktion* wurde später ein Standardwerk. Sie las uns daraus vor. Und dann erzählte sie uns eine Geschichte, ihre Geschichte, die mich bis heute berührt:

Es ist das Jahr 1933/1934, Ruths Familie wollte Deutschland verlassen, die Eltern verkauften ihr Hab und Gut. Und sie wollten ihre Tochter, damals Anfang zwanzig, mit 80 000 Reichsmark ins Ausland vorausschicken. Juden durften zu dem Zeitpunkt noch reisen. Ruth sollte mit dem Zug von Stuttgart nach Basel fahren und das Geld in die Schweiz bringen. Die Idee war: Sobald sie das Geld dort deponiert hatte, würde die Familie nachkommen. Auf Ruth ruhte also die ganze Hoffnung der Cohns, eine große Verantwortung für die junge Frau.

Nun saß sie mit dem Familienvermögen in einem Zugabteil, zusammen mit einem deutschen Major in Uniform. Eine geringe Summe war erlaubt, mit ins Ausland zu nehmen, alles darüber hinaus war strengstens verboten. Und 80 000 Reichsmark waren weit über dem Limit. Das Risiko, erwischt zu werden, war hoch, denn Reisende wurden durchsucht, sobald die Grenzbeamten einen Verdacht schöpften. Ruth war sehr aufgeregt und wurde immer nervöser, je näher sie der Grenze kamen. Die Angst, dass man sie, die Jüdin, filzen könnte, war groß und berechtigt. Etwa zwanzig Kilometer vor der Grenze hielt Ruth es nicht mehr aus. Sie sprach ihren Mitreisenden, den Major, an, der ihr vertrauenerweckend erschien. Denn sie hatte sich mit ihm schon während der Zugfahrt freundlich unterhalten.

»Herr Major«, sagte sie, »ich möchte ganz ehrlich zu Ihnen sein: Ich bin Jüdin, ich habe 80 000 Reichsmark in meinem Gepäck. Das ganze Vermögen meiner Familie. Ich möchte Sie um etwas bitten: Wären Sie bereit, das Geld an sich zu nehmen, bis wir in der Schweiz sind?«

Ruth wusste: Die Wahrscheinlichkeit, dass die Grenzbeamten einen Major in Uniform durchsuchen, war gering. Und was tat dieser Mann? Er nickte und nahm das Geld an sich. Nun gab es für Ruth zwei Risiken. So konnte der Major Ruth auffliegen lassen, sie verraten, dann würde sie verhaftet werden. Es konnte aber auch sein, dass er das Geld behielt und damit verschwand. An der Grenze kamen die Zollbeamten ins Abteil, kontrollierten die Reisenden, alles verlief ohne Zwischenfälle. Dann fuhr der Zug im Bahnhof von Basel ein. Ruth und der Major verließen den Waggon und traten auf den Bahnsteig. Der Major drehte sich zu Ruth um, schaute sie an und sagte: »Mein Fräulein, es war mir eine Ehre!« Er überreichte ihr das Paket mit dem Geld, nickte ihr zu, drehte sich um und tauchte in der Menge unter.

Dieses Geld ermöglichte es der Familie Cohn, Deutschland zu verlassen, in die USA zu gehen und dort ein neues Leben zu beginnen. Ruths damaliger Mut berührt mich ebenso wie das Verhalten des Majors, der in diesem Moment erkennt, dass das Schicksal der jungen Frau in seinen Händen liegt. Er bewies das, was im Leben so wichtig ist: Haltung!

Ruth Cohn verstarb 2010, damals lebte sie in Düsseldorf. Sie wurde siebenundneunzig Jahre alt. Nach unserer Begegnung 1982 habe ich sie leider nie wiedergesehen. In einem einzigen Satz beschrieb sie ihr Verständnis von Humanismus. Er lautet: »Zu wissen, dass ich zähle, zu wissen, dass du zählst. Zu wissen, dass jeder Mensch zählt, ob schwarz, weiß, rot, gelb oder braun. Die Erde zählt. Das Universum zählt. Mein Leid zählt. Dein Leid zählt.« Ein, wie ich finde, sehr kluger Satz, der mich durch mein Leben begleitet hat.

Nachdem ich gute Erfahrungen mit der Psychotherapie gemacht hatte, wollte ich mehr über die Psychologie erfahren, ich wollte lernen. Und begann sogar mit einer Ausbildung in Gestalttherapie und Themenzentrierter Interaktion. Einfach aus einem wirklichen Interesse heraus, ich war neugierig auf Menschen und darauf, Menschen, so unterschiedlich sie sind, zu verstehen. Das hatte mich seit jeher fasziniert, und deswegen machte ich die Ausbildung.

Gewissermaßen bin ich also ein halber Psychologe. Früher schrieb ich gelegentlich sogar in Fachzeitschriften über psychologische Themen. Ganz viel aufgenommen habe ich von Norman Liberman, einem US-amerikanischen Psychologen, der mit Ruth Cohn zusammengearbeitet hatte. Das Konzept der Gestalttherapie geht davon aus, dass unser Wahrnehmen und Verhalten eine Abfolge des Erlebens von »Figur« und »Hintergrund« ist, den ganzheitlichen Gestalten. Jedes Bedürfnis kann demnach aus dem Hintergrund heraustreten und zur Figur werden, wenn es denn, etwa im Rahmen der Therapie, als solches manifestiert und wahrgenommen wird. Eine weitere wichtige Säule der Gestalttherapie ist die Traumarbeit. Fritz Perls, einer der Mitbegründer der Gestalttherapie, erklärte die Traumarbeit mit folgendem Beispiel: Er fragte eine Patientin, ob sie sich an einen Traum erinnern könne. Sie verneinte zunächst, doch dann, langsam, entsann sie sich und sagte: »Fritz, ich träume immer wieder den gleichen Traum. Ich träume von einer Treppe, und diese Treppe hat kein Geländer. Aber an mehr kann ich mich nicht erinnern.« Die Gestalttherapie geht davon aus, dass alles, was der Mensch träumt, eine Projektion ist, und der Mensch ist alles das, was er träumt.

Nach der Trennung von meiner ersten Frau war ich ja lange Zeit nicht gut drauf. Monatelang träumte ich von Gewalt und Krieg, von Panzern und Zerstörung. Weil mein Leben damals ein einziger Kampf war und ein Trümmerhaufen. Aber diese Frau nun, die Fritz Perls gegenübersaß, träumte von einer Treppe ohne Geländer. Projektion in der Gestalttherapie bedeutet: Die Frau *ist* die Treppe. Sie sollte diesen einen Satz sagen: »Ich bin eine Treppe.« Sie überwand sich, dies zu tun. Anfangs fiel es ihr schwer, dann wurde sie immer aggressiver und unruhiger. »Ich bin eine Treppe«, sagte sie schließlich wieder und wieder. Dann begann sie, furchtbar zu weinen und am ganzen Körper zu zittern. Und plötzlich erkannte sie, worin ihr Problem bestand. Sie war seit vier Jahren verheiratet, eine vermögende Frau. Aber ihr Mann liebte sie überhaupt nicht, sondern er benutzte sie lediglich als Möglichkeit für sein berufliches Weiterkommen – sie war die Treppe für den Aufstieg ihres Mannes. Deswegen träumte sie jede Nacht diesen Traum. Als ihr das bewusst wurde, ließ sie sich scheiden. Sie wollte ihrer selbst wegen geliebt und nicht länger ausgenutzt werden. Das zu erkennen, zu akzeptieren und die entsprechenden Konsequenzen zu ziehen ist Ziel der Traumarbeit.

Über drei Jahre machte ich – neben meinem eigentlichen Job – die Ausbildung in Gestalttherapie, ich lernte bei dem US-amerikanischen Psychologen John Brinley. Die Abschlussprüfung im hessischen Gelnhausen habe ich allerdings nicht gemacht, obwohl der Termin bereits feststand. Ich fuhr nicht hin, aus einem Bauchgefühl heraus. Dann hörte ich, dass John Brinley mit zwei anderen Schülern auf dem Weg zur Prüfung mit dem Auto tödlich verunglückt war. Ich war froh, dass ich meiner Intuition gefolgt war. Bis heute bin ich ein intuitiver Mensch. Wenn mir mein Gefühl etwas sagte, habe ich mich daran gehalten, egal wie verlockend etwas war. Sagte mein Bauchgefühl Nein, ließ ich die Finger davon.

Im Grunde brauchte ich den Abschluss auch nicht, ich hatte ja nie vor, als Therapeut zu arbeiten. Mir war es hauptsächlich darum gegangen, das spannende Feld der Psychologie besser zu verstehen. Was macht einen guten Therapeuten aus? Wenn ich ein Problem habe und einen guten Freund frage, ob er bereit wäre, mir zuzuhören, und er Ja sagt, so ist das sehr nett von ihm, aber nicht Sinn einer Gesprächstherapie. Denn: Vielleicht hat der Freund einen schwierigen Tag hinter sich, ist deswegen unkonzentriert und gibt nur vor, mir zuzuhören. Und wenn ich mit einem Menschen rede, der mich nicht mag, hat es überhaupt keinen Sinn, dieser Person irgendwelche Probleme zu erzählen. Wer keine Sympathie empfindet, hört ebenfalls nicht zu oder tut es nur aus Höflichkeit. Wenn indes ein Mensch ausschließlich Sympathie für mich hat, kann kein therapeutischer Prozess in Gang kommen. Er wird mir helfen, mich unterstützen, versuchen, mich zu beruhigen, aber therapeutisches Erkennen ist damit nicht verbunden. Ein guter Therapeut darf keine Antipathie haben, aber auch nicht zu viel Sympathie. Er muss die Fähigkeit zur Empathie haben.

Der US-amerikanische Psychoanalytiker und Schriftsteller Irvin Yalom, einer meiner Lieblingsautoren, erzählt in einem seiner Bücher folgende Geschichte: Ein neuer Patient möchte bei ihm eine Therapie beginnen, aber Yalom möchte ihn eigentlich nicht annehmen, weil er keine Zeit hat. Das hat er ihm auch schon am Telefon gesagt, dennoch kommt es zu einem ersten Termin. Der Patient ist ein ziemlich dicker Mann, und Yalom merkt: Den mag ich nicht. Nach dem Termin – Yalom hat einen anstrengenden Tag hinter sich, sieben oder acht Therapiestunden, ist geschlaucht – macht er sich abends eine Flasche Wein auf, bereitet sich sein Abendessen zu und denkt an diesen Patienten, zu dem er nicht Nein und nicht Ja gesagt hat. Und weil er Therapeut ist, muss er auch auf seine eigenen Gefühle hören und in sich hineinschauen. Während er nachdenkt, warum dieser Mensch ein solch negatives Gefühl bei ihm ausgelöst hat, sieht er an sich und seinen Körper hinunter und bemerkt, dass er einen kleinen Bauch hat, über den er sich seit Langem ärgert. Er realisiert: Er hat eigentlich nicht den anderen abgelehnt, sondern er mag seinen eigenen Bauch nicht. Er hat ein Problem mit sich selbst.

Hier haben wir wieder das, was man in der Psychologie eine Projektion nennt. Yalom hat ein Problem mit seiner Figur, aber den anderen, der dick ist, mag er nicht. Und als ihm das bewusst wird, beginnt er die Therapie mit dem Patienten und ist in der Lage, ihm zu helfen. Es ist also wichtig zu überlegen: Was löst ein anderer Mensch bei mir aus? Und warum ist das so? Wenn dieser Klärungsprozess gut verläuft, ist man eher fähig, anderen Menschen gegenüber empathisch zu sein. Empathie bedeutet nicht, in Sympathie zu ertrinken oder in Antipathie, sondern den Menschen so zu sehen, wie er (vielleicht) wirklich ist, ihn in seiner Komplexität wahrzunehmen.

Die Welt der Psychologie fesselte mich. Nicht nur, weil ich das Gefühl hatte, selbst Hilfe zu benötigen, sondern weil ich wissbegierig war. So wie mich früher die Philosophie gepackt hatte. Ein Schlüsselmoment, der Punkt, als ich spürte, jetzt habe ich es verstanden, war die Beschäftigung mit dem Werk von Alice Miller. Sie schrieb unter anderem *Das Drama des begabten Kindes und die Suche nach dem wahren Selbst*, erstmals erschienen 1979. Alice Miller (1923–2010) war eine Schweizer Autorin und Psychologin polnisch-jüdischer Herkunft. Sie erklärte in ihrem Werk, wie sich Identität entwickelt und was es überhaupt bedeutet, ein Ich zu haben und eine Ich-Stärke. Warum Menschen so werden, wie sie werden. »Wir können unsere Vergangenheit nicht im Geringsten verändern, die Schäden, die uns in der Kindheit zugefügt wurden, nicht ungeschehen machen«, schrieb sie in dem erwähnten Buch. »Aber wir können uns verändern, uns ›reparieren‹, unsere verlorene Integrität wiedergewinnen … Dieser Weg ist gewiss unbequem, doch in vielen Fällen gibt er uns die Möglichkeit, endlich das unsichtbare und doch so grausame Gefängnis der Kindheit zu verlassen und uns vom unbewussten Opfer der Vergangenheit in einen verantwortlichen Menschen zu verwandeln, der seine Geschichte kennt und mit ihr lebt.«

Alice Miller war eine Art Break für mich. Ihre Schriften haben mich zutiefst beeindruckt und nachhaltig geprägt. Sie war eine brillante Persönlichkeit. Ich erkannte: Auch meine persönliche Entwicklung lehrte mich die Bedeutung zwischenmenschlicher Beziehungen. Meine guten Erfahrungen mit der Gruppenarbeit wollte ich in mein Unternehmen einbringen und meine Mitarbeiter partizipieren lassen. Bereits Anfang der Achtzigerjahre boten wir unseren Mitarbeitern Gruppenarbeit an, natürlich auf freiwilliger Basis. Mit dem Ziel, die Kommunikation im Unternehmen zu verbessern.

1981 fand ich ein Gebäude, das sich ideal als Schulungszentrum eignete, den Waldhof in der Lüneburger Heide, mitten im Wald, ein idealer Ort. Viel Arbeit, Mühe und Geld steckten wir in den 1915 erbauten Bauernhof, in dem sich zuletzt ein Altenheim befunden hatte, das in ein anderes Haus gezogen war. Wir boten den Mitarbeitern ein breites Seminarprogramm an. Anfangs sorgte die Tatsache, dass ein Unternehmen Angestellte psychologisch schulte, für ziemlichen Wirbel in den Medien. Der NDR (Hörfunk) sendete eine anderthalbstündige Reportage über moderne Mitarbeiterführung bei Rossmann. Etliche Zeitungen berichteten über uns. Psychologische Arbeit in einem Unternehmen, Gruppenarbeit, das war Neuland.

Einige Mitarbeiter zeigten anfangs offen ihre Skepsis und äußerten Zweifel. Was ich nachvollziehen konnte, wenn man sich nie zuvor mit solchen Themen beschäftigt hatte. Manch einer befürchtete Manipulation oder Preisgabe persönlicher Dinge. So lauteten die Vorbehalte. Doch nachdem immer mehr Mitarbeiter mitgemacht hatten, setzte sich allmählich die Erkenntnis durch, dass die Teilnahme an einer Gruppe für die meisten eine persönliche Bereicherung zur Folge hatte. Viele machten enorme Fortschritte und positive Entwicklungen im Sinne von Autonomie, Selbstachtung, Freiheit. Früher hatten wir im Seminarangebot auch Themen wie »Spiel & Fantasie«, »Mit Salzteig formen« oder »Zirkus in der Firma?« Zu Spitzenzeiten brachten wir fast achtzig Seminarteilnehmer im Waldhof unter.

Durch die Seminare stärkten wir das Selbstbewusstsein unserer Mitarbeiter. In der Gruppenarbeit wurde nicht über fachliche Themen gesprochen, es ging um praktische Fragestellungen wie: »Wie erlebe ich mich?«, »Wie erlebe ich den anderen?«, »Wie gehen wir miteinander um?«, »Wie spreche ich?«, »Wie vertrete ich meine Interessen?« oder »Wie kritisiere ich andere Menschen, ohne sie zu verletzen?« Die Gruppenarbeit ist eine Form der Auseinandersetzung mit sich selbst. In jedem Unternehmen, egal wie groß es ist, ähneln sich die Mechanismen: Der eine kritisiert, und der andere fühlt sich persönlich angegriffen. Die Sachebene spielt hierbei oft keine Rolle. Wenn es persönlich wird, kommt es zu Komplikationen. Ich bin der Überzeugung: Uns als Unternehmen macht stark, dass wir viele Themen ansprechen können, ohne dass jemand gleich in Selbstzweifel verfällt und verstört ist. Nach einigen Jahren war es jedenfalls so, dass die Nachfrage nach den Seminaren größer war als das Angebot.

Es ist auch so, dass sich die Menschen inzwischen verändert haben. Als wir mit der Gruppenarbeit anfingen, waren sie weniger offen, als sie es heute sind – sicherlich ist das eine Frage der Erziehung und der gesellschaftlichen Entwicklung. Ich selbst bin immer offen damit umgegangen, dass ich eine Therapie gemacht habe. Therapie ist für mich eine Möglichkeit, etwas anders zu machen, mein Leben autonomer zu gestalten.

Das Verständnis für psychologische Ansätze in Betrieben war in den Achtzigerjahren in den USA übrigens ein ganz anderes als in Deutschland. US-Manager wurden von ihren Arbeitgebern damals schon zur Therapie geschickt, um ihre innere Balance zu finden. Denn wer ein Unternehmen mit Tausenden Angestellten führte – das ist oft Stress pur –, sollte überwiegend ausgeglichen sein. Nervöse, zappelige, arbeitssüchtige oder größenwahnsinnige Chefs wurden als pures Gift für jede Gemeinschaft angesehen.

In meiner Firma wurden in bislang mehr als dreißig Jahren über 500 Mitarbeiter des mittleren und oberen Managements psychologisch in sogenannten Jahresgruppen gefördert. In diesen gruppendynamischen Kursen wird nach den Grundsätzen der Themenzentrierten Interaktion gearbeitet. Die Teilnehmer lernen, in der ersten Person von sich zu sprechen, mit Kritik konstruktiv umzugehen, zu streiten sowie sich und andere sensibler wahrzunehmen. Es ist gar nicht so einfach und für viele nicht selbstverständlich, von sich selbst in Ich-Form zu reden, viele nutzen unbewusst das Wort »man«. Aber es macht einen Riesenunterschied aus, weil ich mich mit einem »man« von meinem Tun distanziere.

Die Seminare zur Persönlichkeitsentwicklung und zu kommunikativer Interaktion haben den Geist unseres Unternehmens geprägt. Wir vertreten keine festgeschriebene Firmenphilosophie, aber wichtig ist, dass sich die Mitarbeiter mit Achtsamkeit und Respekt begegnen. Wo Menschen zusammenkommen, gibt es Spannungen, Machtkämpfe und Missverständnisse. Man kann nicht mehr als 50 000 Menschen beschäftigen, ohne dass es hier und da zu Komplikationen und Irritationen kommt. Wir sind schließlich Menschen, und niemand ist perfekt. Doch letztlich zählt, dass das Miteinander kraftvoller gewollt und gelebt wird als das Gegeneinander.

Mit dem *Spiegel* in den Osten

Der Herbst 1989 war eine bewegende Zeit für die Deutschen und für die ganze Welt. Ich saß rund um die Uhr vor dem Fernseher. Für jemanden, der 1946 geboren ist und die Teilung Deutschlands miterlebt hatte, war das, was in der DDR passierte, unglaublich spannend und aufregend. Staunend verfolgten wir die Ereignisse, die alles veränderten. Von Leipzig aus schwappte eine Welle des Protests durch die DDR. Am 4. September fand die erste Montagsdemonstration statt, ein wesentlicher Bestandteil der friedlichen Revolution. Bald gingen auch in Dresden, Halle, Magdeburg, Plauen, Rostock und anderen Städten die Menschen auf die Straße. »Wir sind das Volk« wurde zum Leitspruch der Unterdrückten, Hunderttausende skandierten ihn lautstark jeden Montag. Sie forderten eine friedliche, demokratische Neuordnung, das Ende der SED-Herrschaft und Reisefreiheit. Bürgerrechtsgruppen wie Demokratie Jetzt, das Neue Forum und der Demokratische Aufbruch wurden zu Wortführern der Freiheitsbewegung. Wen konnten diese Entwicklungen kaltlassen? Ich empfand schon immer eine unglaubliche Verachtung für autoritäre Regime, eine Wut auf Menschen, die anderen Menschen nicht die Luft zum Atmen lassen. Genau das ist es, was autoritäre Systeme den Menschen antun. Sie nehmen ihnen ihre Freiheit, sie manipulieren, sie zerstören jede Zuversicht.

Am 9. November fiel die Mauer. Ich erinnere mich sehr genau an diesen Tag. An die Gesichter der Menschen, die zum ersten Mal von Ost nach West fahren konnten. Diese unbändige Freude über die Freiheit. Ich selbst war früher einige Male in die DDR gereist. Einmal zusammen mit Norman Liberman, mit dem ich mich inzwischen angefreundet hatte. Wir fuhren in meinem Porsche die Transitstrecke durch die DDR Richtung Berlin. In Helmstedt passierten wir die deutsch-deutsche Grenze, und sobald ich auf DDR-Gebiet war, spürte ich diese bedrückende Atmosphäre. Obwohl ich wusste, dass uns nichts passieren würde. Dennoch hatte mich diese Situation sehr mitgenommen, und ich fühlte mich sehr unwohl. Für Norman, den Amerikaner, war das alles noch befremdlicher. Er war ebenso aufgewühlt wie ich.

Ein anderes Mal kam ich nach Raguhn, ein Ort mit 4000 Einwohnern, kurz vor Bitterfeld, dem Zentrum der Chemieindustrie der DDR. Ich war mit meinem Fahrer unterwegs, und wir fanden kein Hotel. Nach langer Suche kamen wir in einem Gasthof unter, der schlichte Zimmer vermietete. Abends saß ich in der tristen Gaststube, neben mir am Tisch ein einzelner Herr, den es als Vertreter in diesen Ort verschlagen hatte. Wir kamen ins Gespräch.

Ich sagte zu ihm: »Also, die Luft hier ist ja unerträglich!«

Er antwortete: »Es ist noch viel schlimmer, als Sie denken. Manchmal hält man es kaum aus.« Mit diesen Worten nahm er seine Aktentasche vom Boden, öffnete sie und holte eine Gasmaske heraus. Ich dachte, ich sehe nicht richtig.

»Wenn der Wind dreht«, erklärte er, »und aus einer bestimmten Richtung kommt, setze ich diese Gasmaske auf. Man kann nur mutmaßen, was für Gifte bei uns in der Luft sind. Das ist doch Horror!«

Das Chemiedreieck Bitterfeld, Halle und Merseburg zählte zu den am stärksten von Umweltgiften belasteten Regionen im Osten. Auf Fotos aus dieser Zeit sieht man den typischen Grauschleier, der über der ganzen Gegend hing. Meine Erinnerungen an Besuche in der DDR waren ebenso grau, beklemmend und trüb.

Dann kam der Dezember 1989, und was ich jetzt vermehrt in den Nachrichten hörte, regte mich unheimlich auf. In den Tagen vor Weihnachten häuften sich die Meldungen, dass Rechtsradikale in Dresden und Leipzig Flugblätter verteilten und Propaganda für ihr Gedankengut machten. Das darf doch nicht wahr sein, dachte ich, das Erste, was die Menschen in der DDR nach dem Mauerfall mitbekommen, darf nicht dieser

Schund sein! Westliche Medien waren bislang nicht zugänglich. Die DDR-Bürger konnten zwar in den Westen fahren und einkaufen, aber noch war es nicht möglich, Zeitungen aus dem Westen in der DDR zu erstehen. Und als ich am 27. Dezember ein weiteres Mal in den Nachrichten sah, wie NPD-Leute aus dem Westen vor Ort aktiv waren und so das Vakuum für ihre Zwecke ausnutzten, wurde ich derart wütend, dass ich etwas dagegen unternehmen wollte. »Diesen Leuten dürfen wir das Feld nicht überlassen«, sagte ich mir. Noch ziemlich aufgebracht wählte ich die Nummer eines *Spiegel*-Redakteurs, der mich einmal interviewt hatte.

»Herr Burgdorff, Sie bekommen doch sämtliche Ausgaben Ihres Magazins zurückgeschickt, die nicht verkauft wurden. Wie viele Hefte sind das denn so ungefähr?«, fragte ich.

»Das ist ganz unterschiedlich«, meinte er, »aber so im Durchschnitt sind es um die 20 000 Exemplare, Remittenden. Warum?«

»Okay, die reichen. Können Sie mir die geben, alle 20 000 Stück?«

»Was wollen Sie denn damit anstellen?«

»Sie werden mich jetzt vielleicht für verrückt halten, aber die Ausgaben will ich rüber in die DDR bringen.«

»Das ist verboten«, warnte er mich, »darüber haben wir auch schon mal nachgedacht, aber leider ist das nicht möglich. Wenn Sie mit einem Lkw über die Grenze fahren, wird der durchsucht. Alle Lkws werden durchsucht.«

»Herr Burgdorff, ich weiß zu schätzen, dass Sie sich um mich sorgen. Aber wenn es so weit ist, wäre das mein Problem. Ich möchte von Ihnen nur gerne wissen, ob ich von Ihrem Verlag die nicht verkauften 20 000 Hefte der letzten Nummer bekommen kann.«

»Noch einmal: Sie bringen sich in Teufels Küche«, wies er mich auf das Risiko hin. »Außerdem: Ich kann das nicht allein entscheiden. Das ist Sache der Geschäftsführung. Ich werde das mit den Chefs besprechen, dann melde ich mich bei Ihnen.«

Damit war unser Gespräch beendet. Noch am gleichen Tag, wenige Stunden später, rief mich Stephan Burgdorff an.

»Herr Roßmann, wir hatten eben eine Besprechung mit der Geschäftsführung. Der Verlag stellt Ihnen die Remittenden zur Verfügung – allerdings brauchen wir vier Pfennig pro Heft! Sind Sie damit einverstanden?«

Ich rechnete schnell im Kopf, das machte insgesamt 800 D-Mark. Damit konnte ich leben. »Einverstanden. Wo und wann kann ich die Remittenden abholen?«

Wie der Preis von vier Pfennig zustande gekommen war, kann ich nicht sagen. Ich habe auch nie eine Rechnung erhalten – bis heute nicht. Ich danke der *Spiegel*-Verlagsleitung!

Gleich zu Beginn des neuen Jahrs, im Januar 1990, ließ ich die 20 000 Hefte in Hamburg abholen. Ironischerweise ging es bei der Titelgeschichte dieser Ausgabe um die Umweltschäden im Osten. »Giftküche DDR« stand auf dem Cover, abgebildet war ein Glaskolben mit DDR-Staatswappen, Hammer und Zirkel im Ährenkranz, darin ein Bild von düsteren Fabrikschloten, aus denen es bedrohlich qualmte. Als ich das sah, dachte ich an meine Reise nach Bitterfeld und den Mann mit der Gasmaske im Koffer.

Wie aber sollte ich es bewerkstelligen, den *Spiegel* über die Grenze zu bringen? Erst einmal organisierte ich Freunde und Mitarbeiter, die mitmachen wollten, auch brauchten wir deren Autos. Wir kamen auf insgesamt sechzehn Pkws. Diese würden, so hoffte ich, an der Grenze nicht durchsucht werden – im Gegensatz zu einem Lkw. Am Grenzübergang herrschte schließlich viel Betrieb. Außerdem sollte ein Ford Transit mitfahren, dieser allerdings leer, da konnten die Grenzbeamten gerne reinschauen. Mit dem Ford Transit wollten wir die Ausgabe der Remittenden vor Ort organisieren.

In Burgwedel verteilten wir die 20 000 Exemplare auf die sechzehn Wagen. Dafür trafen wir uns an einem Montagmorgen in unserer Firmenzentrale, fünfunddreißig Mitarbeiter, voller Elan und hoch motiviert. In jeden Kofferraum packten wir rund 1250 Hefte. Sollten einer oder mehrere Wagen an der Grenze doch aufgehalten werden, hätten wir immer noch genügend Hefte in den anderen Pkws. Sobald alles verstaut war, machten wir uns auf den Weg in Richtung Leipzig. Dort wollten wir den *Spiegel* auf der Montagsdemo unter die Leute bringen. Viele Tausend Menschen demonstrierten hier jeden Montag, anfangs waren es 10 000 gewesen, jetzt schon über 120 000, die sich auf dem Karl-Marx-Platz trafen und anschließend über den Ring weiterzogen. Mit der Öffnung der Grenze am 9. November 1989 waren die Montagsdemonstrationen nicht beendet. Sie wurden noch bis zum März 1990 fortgesetzt, als die ersten freien Volkskammerwahlen stattfanden.

Unsere sechzehn Wagen mit der »heißen Ware« schafften es allesamt unbeanstandet über die Grenze. In Leipzig steuerten wir das Hotel Merkur an, wo wir uns für eine Nacht eingemietet hatten. Vor dem Hotel parkten sechzehn Pkws mit einem westdeutschen Kennzeichen. Wir luden die 20 000 Hefte in den Ford Transit um, das allein sorgte schon für Aufsehen bei Passanten.

»Was machen Sie denn da? Was haben Sie denn da?«, wurden wir gefragt. »Kann ich auch ein Heft bekommen?« Der *Spiegel* übte eine große Faszination aus.

Ich ging noch kurz auf mein Zimmer, wusch mir mein Gesicht. Das vorher weiße Handtuch, mit dem ich mich abtrocknete, war schnell schmutzig. Giftküche DDR, dachte ich bei diesem Anblick. Die Luft in der Großstadt Leipzig war besonders belastet. Nicht nur durch die vielen Trabis, fast noch schlimmer wirkte sich die im Wintermonat Januar verheizte Braunkohle aus.

Wir fuhren zum Karl-Marx-Platz und parkten unseren Ford Transit mit Rossmann-Aufschrift direkt hinter den Sattelschleppern, den Übertragungswagen des DDR-Fernsehens, von ARD und ZDF. Alle waren sie da, um von den Ereignissen zu berichten. Kurz nach fünf füllte sich der Platz allmählich, immer mehr Menschen kamen, es war gewaltig, beeindruckend. Die ganze Stadt schien auf den Beinen zu sein. Frauen, Männer, Jung und Alt, Mütter und Väter mit ihren Kindern. Innerhalb von vierzig Minuten war der Platz gerammelt voll. Kurz vor achtzehn Uhr begannen wir damit, die Remittenden an die Demonstranten zu verteilen.

Wir hatten uns das so ausgemalt: Wir kommen da hin, drücken den Leuten die Hefte in die Hand und fahren dann wieder. Nur hatten wir nicht damit gerechnet, dass die Menschenmasse auf uns zustürmen würde. Die Nachricht, dass da ein paar Leute aus dem Westen den *Spiegel* umsonst verteilten, verbreitete sich wie ein Lauffeuer. Jeder wollte ein Exemplar bekommen. »Da gibt's den *Spiegel*!« Eine Wand von Menschen drückte gegen unseren Ford Transit. Die Situation wurde dramatisch und war nicht ungefährlich, wenn man sich vorstellt, wie viel Druck 10 000 Menschen ausüben können.

Peter Anhoeck filmte alles mit seiner Kamera. Manche bekamen Panik, mulmig war uns allen. Drei von uns flüchteten unter den Wagen. Ich kletterte mit ein paar anderen auf das Dach, wo ich mich sicher fühlte. Ein paar junge Leipziger erkannten den Ernst der Lage und bildeten einen Ring um uns, sodass sich die Situation bald entspannte. Innerhalb von nur dreißig Minuten verteilten wir alle 20 000 Hefte. Man riss sie uns förmlich aus den Händen, wir warfen sie teilweise einfach nur in die Menge. Die Leute steckten die ergatterten Hefte unter ihre Pullover wie eine kostbare Beute, damit sie sie in dem Gedränge nicht verloren. Jeder, der einen *Spiegel* bekommen hatte, war stolz und zog glücklich weiter.

Die ganze Atmosphäre war emotional, bewegend, aufgeladen. Während wir noch die Hefte verteilten, wurden auf der Bühne Reden gehalten. Ich weiß noch, dass jemand dort stand und gegen den Westen wetterte und ein Loblied auf die DDR sang. Die Demonstranten wurden wütend, brüllten den Redner nieder. »Halt die Schnauze! Hau ab!« Ich spürte die Aggression und den unbändigen Freiheitsdrang der Menschen. Nach vielleicht einer Stunde endeten die Reden, und die Demonstranten bewegten sich langsam auf den Ring zu. Der Platz leerte sich. Ich sah einen alten Mann, der verzweifelt seine Brille suchte, die er in der Menge verloren hatte. Sie lag zerbrochen auf dem Boden. Er tat mir leid, ich schenkte ihm 20 D-Mark. Nichts weiter als eine kleine Geste. Ein anderer Demonstrant lief umher und sammelte zerrissene Seiten des Magazins vom Boden auf. »Ich habe kein Heft mehr abbekommen, waren schon alle weg …« Ich hatte noch einige übrig und gab ihm eines.

»Und das lesen Sie alles jede Woche?«, fragte er mich.

»Ja, also nicht alles, ich lese nur die Artikel, die mich interessieren«, erklärte ich.

Das verstand er überhaupt nicht: »Was? Nein, man muss das alles lesen. Jede Seite. Das ist doch kostbar.«

Diese Sichtweise fand ich erstaunlich. Aber er hatte recht. Eine freie und kritische Presse war für uns aus dem Westen eine Selbstverständlichkeit, darüber machten wir uns keine Gedanken, wenn wir am Kiosk eine Zeitung kauften. Für die Menschen in der DDR war sie ein kostbares Gut, etwas, das man wertschätzen und verteidigen musste. Nicht alles, was die Presse schreibt, ist immer gut und richtig, und ich habe da auch nicht nur positive Erfahrungen gemacht, aber dieser Mann damals in Leipzig hatte mich zum Nachdenken gebracht.

Wir kamen an diesem Tag mit vielen DDR-Bürgern ins Gespräch. Sie erzählten uns von ihren Sorgen und Ängsten, vor allem aber von ihren Hoffnungen auf das, was nun kommen werde. Ja, das ist im Grunde schon die ganze Geschichte, wie wir den *Spiegel* in den Osten brachten.

Einige Wochen später waren wir übrigens wieder da. Erneut fuhren wir mit 20 000 Heften nach Leipzig, nun aber mit einem Lkw, nicht mehr heimlich mit Pkws; mittlerweile war das Verteilen westlicher Printmedien kein Problem mehr. Wie noch zuvor im Januar standen wir auf dem Karl-Marx-Platz, neben uns Reporter der BBC sowie anderer in- und ausländischer

Fernsehsender. Einige baten mich um ein Interview. Das Hamburger Magazin verteilten wir von der Hebebühne aus, alles ging dieses Mal ruhiger und gesitteter zu, ohne Massentumult. Und dann dauerte es nicht mehr lange, dass westdeutsche Verlage ihre Publikationen ganz offiziell in der DDR verkaufen konnten. Ich hoffe, wir haben mit unserer Aktion ein wenig den Weg geebnet und den Menschen Mut gemacht.

In den westdeutschen Medien wurde über unsere *Spiegel*-Aktion kaum berichtet, darum war es mir auch gar nicht gegangen. Ich hatte keine PR-Aktion bezweckt. Ein Radiosender berichtete, wir hätten das alles nur veranstaltet, weil wir demnächst Läden im Osten eröffnen wollten. Aber das stimmte nicht. Mir war es wichtig gewesen, ein Zeichen zu setzen. Ich war wütend gewesen. Nicht mehr und nicht weniger. 1990 war meine Firma noch instabil, die Zukunft ungewiss. Viele mögen sich gedacht haben: Was stellt der Roßmann denn jetzt wieder an? Claus Bingemer sagte einmal: »Manche äußerst klugen Leute sind deswegen nicht erfolgreich, weil sie zu viel über alles nachdenken, nur die Risiken sehen und abwägen. Der weniger Kluge – aber vielleicht Clevere –, der macht einfach etwas. Der hadert nicht ständig.«

Man sagt, man wird alt, um sich kennenzulernen. Wenn ich heute, mit über siebzig, zurücksehe, denke ich: Mensch, der Vierundvierzigjährige von damals, der hat sich was getraut. Woher mein Mut kam, kann ich nicht sagen, aber ich bin stolz auf meine Verrücktheiten. Wenn ich die Film- und Fotoaufnahmen von 1990 betrachte, bin ich immer noch bewegt. Ich sehe da die Verzweiflung der Menschen, die sich in den Gesichtern zeigt, die Wut, die sich explosionsartig ausbreitet. Die Sehnsucht nach Freiheit, die ich so gut nachempfinden kann.

Ein paar Jahre später, 1998, wurde *Spiegel*-Herausgeber Rudolf Augstein fünfundsiebzig. Aus diesem Anlass wurde ein Sonderheft über sein Leben herausgegeben. Darin findet sich ein Foto von unserem damaligen Prokuristen, auf dem Ford Transit stehend, und wie er die Remittenden unter die Leute bringt. Die Bildunterschrift lautete ungefähr so: »Erste *Spiegel*-Verteilung in Leipzig«. Dass wir hinter dieser Aktion standen, wurde nicht erwähnt. Das hat mich damals schon etwas geärgert. Heute stehe ich über diesen Dingen, aber früher war ich auch noch, ich würde sagen: geltungssüchtiger …

Blick in den Abgrund

In der DDR der Wendezeit eröffneten wir unsere erste Ross-mann-Verkaufsstelle am 2. Juli 1990 im thüringischen Sondershausen. Im selben Jahr begann die flächendeckende Expansion in allen fünf neuen Bundesländern. Für mein Unternehmen taten sich Märkte auf, die bislang nicht zugänglich gewesen waren. Es herrschte eine Aufbruchsstimmung. Auch durch den Neubau der Firmenzentrale in Burgwedel, die 1992 fertiggestellt wurde. Daran prangt der ROSSMANN-Schriftzug in riesigen Lettern. In dieser Zeit entstand auch unser Logo, bestehend aus dem Namenszug mit der Abbildung eines Zentauren, eines Mischwesens aus Pferd und Mensch – Ross und Mann. Unklar ist bis heute, wer ursprünglich die Idee hatte, den Zentauren aus der griechischen Mythologie als Teil des Logos zu verwenden. Aber schon in den Siebzigerjahren gab es erste Entwürfe von einem Menschen, der aus einem Pferd herauswächst.

Als ich anfing, meine Drogeriemarktkette aufzubauen, hatte ich den Ehrgeiz, die Nummer eins in Deutschland zu werden. 3770 Filialen betreiben wir heute in sechs Ländern Europas, und 2017 ist es uns erstmals gelungen, beim Umsatz die Grenze von neun Milliarden Euro zu überschreiten. Ich stehe auf Platz 43 im Ranking des *manager magazins* der reichsten Deutschen – nicht schlecht, wenn man daran denkt, wie alles losging und wie unsicher ich früher war. Und wenn ich von mir behaupte, ich sei ein bisschen verrückt – meine Frau sagt immer: »sehr verrückt« –, dann ist das keine Koketterie. Vielleicht muss man etwas anders sein, damit der ganz große Erfolg gelingt.

Um dauerhaft auf dem stark umkämpften Markt, auf dem wir uns tummeln, bestehen zu können, braucht man aber auch

Durchhaltevermögen. Viele haben uns lange unterschätzt. Lange Zeit war ich der Underdog, der bunte Vogel in der Branche. Unterschätzt zu werden, ist manchmal gar nicht verkehrt. Wenn alles gut geht, sagt man: »Er ist ein toller Unternehmer, er hat alles richtig gemacht.« Es kann aber ebenso passieren, dass aus irgendwelchen Gründen auf der langen Wegstrecke plötzlich Feierabend ist, weil nichts mehr geht. Bei mir war es einmal fast so weit. Nichts lief, nichts funktionierte. Jahrelang hatten wir Rückenwind gehabt, aber plötzlich standen die Zeichen auf Sturm und auf Gegenwind.

1991 war ich fünfundvierzig, in Westdeutschland waren wir sehr erfolgreich. Die Treuhandanstalt war dafür verantwortlich, die Volkseigenen Betriebe (VEB) zu privatisieren. Nach der Ermordung von Treuhand-Chef Detlev Karsten Rohwedder durch die RAF wurde die niedersächsische CDU-Politikerin Birgit Breuel im April 1991 zur neuen Präsidentin der Treuhand gewählt. Wir versuchten Kontakt aufzunehmen, was schwierig war, weil die Treuhand in Arbeit förmlich ertrank. Aber wir knüpften Beziehungen zu den Managern der HO, der Handelsorganisation, der die Einzelhandelsunternehmen der DDR – vom Friseur bis zum Lebensmittelgeschäft – unterstellt waren. Für uns war die HO ein wichtiger Ansprechpartner, weil sie uns einen guten Draht in die einzelnen neuen Bundesländer bot, und das zu einem frühen Zeitpunkt. Wir brauchten dringend Ladenflächen in guten Lagen. Die Konkurrenz schlief nicht, alle drängten auf den ostdeutschen Markt. Das Motto hieß: »Läden, Läden, Läden. Präsent sein, Erster sein.« Es ging ziemlich dynamisch los, und innerhalb eines Jahres hatten wir die ersten hundert Rossmann-Filialen eröffnet.

Aber nicht nur die deutsch-deutschen Grenzbäume waren gefallen, auch die Grenzen nach Osteuropa standen offen. Wir wollten jetzt nach Polen gehen, nach Ungarn und Tschechien. Wir investierten sehr viel Geld und Energie in die neuen Märkte. Auch unsere Logistik musste schließlich neu ausgerichtet und ausgebaut werden.

Dirk Roßmann, Gründer der Drogeriekette. Hannover, Oktober 2004.

Großmutter Marie Wilkens, 1902. Sie war eine politisch interessierte Frau und überzeugte Sozialdemokratin.

FRANKE & KÄRCHER   FRANKFURT A/M
Inh: ERNST FRANKE.   KAISERSTRASSE 29.

HANNOVER. Lortzingstrasse.

731

Die erste Drogerie der Roßmanns in Hannover, eröffnet im Jahr 1909 von Großvater Rudolf Roßmann in der Lortzingstraße 6 (Ecke Podbielskistraße).

Dirk Roßmanns Mutter Hilde Roßmann, geb. Wilkens (li), das jüngste der drei Mädchen, und ihre beiden Schwestern, 1916. Hilde besuchte später die Höhere Töchterschule in Hannover.

Dirk Roßmanns Großeltern Marie und Edmund Wilkens, 1954. Beide pflegten bis ins hohe Alter einen kontroversen aber respektvollen Gedankenaustausch.

Dirk Roßmann (li) und sein zwei Jahre älterer Bruder Axel, 1948.

Dirk Roßmann (li) und sein Jugendfreund Frank Bahr während eines Ferienaufenthalts in Hörnum auf Sylt, 1959. Frank Bahr schreibt heute Reisereportagen für das Rossmann-Kundenmagazin CENTAUR.

Dirk Roßmann im Alter von 15 Jahren.

Die erste ROSSMANN-Zentrale, Am Listenholze 37, Hannover, Sommer 1973.

Die erste ROSSMANN-Filiale in der Jakobistraße, Hannover. Am Tag der Eröffnung am 17. März 1972 war der Andrang so groß, dass es zu beinahe tumultartigen Zuständen kam.

Dirk Roßmann im Jahr 1973, erschienen im *Hannover Magazin*.

Plattencover des ROSSMANN-Songs, 1974. Interpret war
Thomas Voigt von der *Bourbon Skiffle Company* aus Hannover.
Der Song erreichte sogar Gold-Status.

Verteilung von SPIEGEL-Heften auf der Montagsdemonstration am 29. Januar 1990 in Leipzig

Verteilung von 20 000 *Spiegel*-Ausgaben am 29. Januar 1990 auf der Montagsdemonstration in Leipzig. Versteckt in sechzehn Pkws wurden die Hefte über die damals noch
existierende deutsch-deutsche Grenze gebracht.

Das Ehepaar Alice und Dirk Roßmann, 1988. Sechs Jahre zuvor lernten sie sich kennen; der gemeinsame Sohn Raoul kam 1985 zur Welt.

Alice Roßmann, 2018.

Verleihung des Preises »Entrepreneur des Jahres 2010« in der Alten Oper Frankfurt.
Dirk Roßmann wurde unter anderem wegen seiner ethisch-sozialen
Unternehmensführung mit dem Preis ausgezeichnet.

Dirk Roßmann mit seinen Söhnen Daniel (li) und Raoul (Mitte), 2012.
Beide Söhne arbeiten heute in führenden Positionen im Unternehmen.

Dirk Roßmann mit den Ehrlich Brothers in ihrer »Zauber-
werkstatt« in Bünde, 2015. Den Unternehmer und die
beiden Magier verbindet eine Freundschaft. Schon früh
förderte Dirk Roßmann die Brüder Andreas und Chris,
die heute ganze Stadien mit ihren Zaubershows füllen.

Gemeinsam mit Hannover-96-Präsident Martin Kind und Scorpions-Frontmann Klaus
Meine bringt Dirk Roßmann ein Plakat der Spendenkampagne »Hannover gibt Gummi« an.
Die DSW startete die Kampagne im November 2014, um mehr Menschen als Unterstützer
für die Jugendaufklärungsarbeit der Stiftung zu gewinnen.

Dirk Roßmann mit Hannover-96-Präsident Martin Kind und Altkanzler Gerhard Schröder im Stadion von Hannover 96, Februar 2017. Mit Martin Kind und Gerhard Schröder steht der passionierte Tennisspieler Roßmann auch regelmäßig auf dem Tennisplatz.

Dirk Roßmann mit dem Kriminologen Prof. Christian Pfeiffer. Der Unternehmer und der langjährige Leiter des Kriminologischen Forschungsinstituts Niedersachen (KFN) lernten sich im Rahmen einer TV-Talkshow kennen und sind seitdem befreundet.

Mit Papst Franziskus bei einer Audienz in Rom am 28. Februar 2018. Dirk Roßmanns Anliegen ist es, mit dem Papst über das Problem der Bevölkerungsexplosion und die Position der katholischen Kirche in Fragen der Verhütung zu diskutieren.

Dirk Roßmann besucht im Oktober 2015 Äthiopien im Rahmen der Arbeit der »Deutschen Stiftung Weltbevölkerung«.

Die ROSSMANN-Zentrale in Burgwedel, 2011. Von hier wird das Unternehmen, das europaweit mehr als 50 000 Mitarbeiter beschäftigt, gelenkt.

Und jetzt komme ich zu einem Punkt, der uns in den Neunzigerjahren beinahe das Genick gebrochen hätte: Wie kann man viel Geld investieren, wenn man wenig besitzt? Einfache Antwort: Man nimmt Kredite auf, und solange Banken existieren, die Kredit gewähren, gibt es kein Problem. Um den Herausforderungen der exzessiven Expansion gewachsen zu sein, mussten wir uns sogar enorm verschulden. Irgendwann hatte ich Verbindlichkeiten bei zwanzig verschiedenen Geldinstituten. Die Schulden wuchsen und wuchsen. Nur wer groß ist, kann noch größer werden und sich somit am Markt behaupten. Und wir mussten schnell groß werden. Also immer mehr Kredite aufnehmen. Das Geld reichte vorne und hinten nicht.

Parallel zu der Entwicklung in den neuen Bundesländern und der Expansion in die früheren Staaten des Ostblocks tat sich eine neue Großbaustelle auf. Wieder einmal hatte ich mir etwas in den Kopf gesetzt: Ich wollte den Parfümeriemarkt aufmischen. Mitte der Achtzigerjahre begann ich, alle großen Kosmetikkonzerne zu verklagen, von Lancôme bis Lancaster. Ich wollte von den großen Parfümherstellern direkt beliefert werden. Sie aber hatten dies mit Hinweis auf das Depotsystem abgelehnt. Nur autorisierte Verkaufsstellen durften mit den Waren handeln, die Preise wurden vom Hersteller vorgeschrieben. Und da unsere Kunden nach Parfüms und teuren Kosmetikartikeln verlangten, wollten wir diese Nachfrage bedienen.

Viele Gerichtsverfahren bis hin zum Bundesgerichtshof blieben für mich ohne rechten Erfolg. Ich bin für freien Wettbewerb – nicht für reglementierten. Das deutsche Depotsystem ist antiquiert, wettbewerbs- und verbraucherfeindlich. Würde ich direkt beliefert werden, wäre ein Duft von Chanel schnell 30 Prozent billiger. Weil die Hersteller sich querstellten und wir auch juristisch nicht weiterkamen, setzten wir auf eine andere Taktik und kauften auf der ganzen Welt über kleinere Händler entsprechende Produkte für unsere Filialen auf. Die Luxushersteller fühlten sich von uns provoziert und reagierten sofort.

Sie brachten an ihren Waren einen Code an. Mit ihm konnten sie nachvollziehen, wer uns beliefert hatte, ganz gleich, von welchem Land aus.

Damals beschäftigte ich Dutzende Mitarbeiter allein damit, sämtliche Codes von den Packungen zu entfernen. Als die Parfümhersteller das mitbekamen, überlegten sie sich etwas Neues, um uns zu überlisten. Sie kombinierten den Code mit der gesetzlich vorgeschriebenen Produktionsnummer, die auf jeder Packung sichtbar sein muss. Und währenddessen fanden Prozesse über Prozesse statt, Hunderte, durch alle Instanzen. Das eine Mal gewannen wir, das andere Mal die Gegenseite; auf jeden Sieg folgte eine Niederlage. Fast täglich erhielten wir einstweilige Verfügungen der Hersteller, die uns untersagten, ihre Ware zu verkaufen. Nun ja, man könnte denken: Für eine Firma, die kapitalschwach war, gleichzeitig stark expandierte und hohe Schulden angehäuft hatte, sollte das genug der Aufregung sein.

Mir aber hatte das alles noch nicht gereicht. Ich habe spekuliert. Bei einer unserer Banken genoss ich weiterhin hohes Vertrauen, trotz aller Schieflagen und Probleme machten wir jedes Jahr immerhin noch Gewinne. Keine hohen, aber so, dass es in der Bilanz ordentlich aussah. Die Banker gaben mir einen Kreditrahmen von 200 Millionen D-Mark. Und was stellte ich damit an? Ich setzte alles auf eine Karte und begann, an der Börse hoch riskante Geschäfte zu tätigen. Jetzt wurde es richtig haarig. »Ich bin so schlau und mache an der Börse die ganz großen Deals«, so mein Mantra. Ich gefiel mir in der Rolle des Börsenspekulanten. Das war spannend, aufregend. Mit dem geliehenen Geld machte ich die kompliziertesten Transaktionen. Riskante, hoch spekulative Geschäfte, mit denen ich fast baden ging. Und alles auf Pump, eigenes Geld besaß ich viel zu wenig.

Es war eine einzige Berg-und-Tal-Fahrt, und die belastete mich. Als es einmal ganz brenzlig wurde, verkaufte ich alles auf einen Schlag, um meine Verluste in Grenzen zu halten. Man sollte meinen, nach dieser Erfahrung würde ich einen Gang zurückschalten. Tat ich nicht. Im Gegenteil. Ein Bankberater schlug mir vor, in ein Geschäft mit Put- und Call-Optionen zu investieren. Eine ganz komplizierte Angelegenheit, mit deren Erklärung ich nicht langweilen möchte. Auch ich verstand nur die Hälfte von dem, was mein Bankberater mir vorrechnete.

»Und was heißt das nun konkret?«, wollte ich von ihm wissen.

»Am Ende gehen Sie immer mit einem Prozent Gewinn nach Hause«, erklärte er. »Bedeutet bei einer Million Einsatz: 10 000 Mark Gewinn.«

»Aha«, sagte ich nur. »Und wo ist das Risiko?«

Jetzt kam der entscheidende Satz: »Kein Risiko, überhaupt kein Risiko.«

Das klang gut, gerade nach meinem letzten Börsenreinfall. Hintergrund war eine Anleihe von zwölf Milliarden D-Mark, die in London und Frankfurt zu verschiedenen Kursen gehandelt wurde. Der Unterschied betrug zwar nur ein Prozent, aber dieses eine Prozent war nachher mein Gewinn.

»Okay«, sagte ich, »ich steige mit 100 Millionen D-Mark ein.«

Die Rechnung war einfach: ein Prozent Gewinn, kein Risiko, bei 100 Millionen ein garantierter Gewinn von einer Million in kurzer Zeit. Am anderen Ende des Telefons herrschte Schweigen.

»Über solche Summen kann ich allein nicht entscheiden, ich melde mich wieder«, meinte der Banker schließlich.

Eine halbe Stunde später rief er zurück. Der Vorstand habe sein Okay gegeben. Der Deal stand, das Geschäft wurde getätigt, und eine Woche später hatte ich tatsächlich eine Million D-Mark Gewinn gemacht.

Es war eine verrückte Zeit, und sie wurde noch verrückter. Irgendwann war ich ein Nervenbündel. So, das also war die eine Seite des ganz normalen Wahnsinns. Die andere hieß Expansion in Osteuropa. Auch hier taten sich Probleme ohne Ende auf. Völlig unterschätzt hatten wir, wie sehr sich die Unternehmenskultur der Osteuropäer von unserer unterschied. Hier prallten Welten aufeinander. Um das Jahr 1994 fuhr ich mit Daniel nach Polen, um ein Krisengespräch mit dem dortigen Management zu führen. Die Mitarbeiter waren im Kommunismus aufgewachsen, kannten nichts anderes als Planwirtschaft und klare Befehlsstrukturen. Was hieß: Der eine entscheidet, und der andere führt aus. Dass man durch Dialog und Offenheit viel mehr erreichen konnte, auch ein besseres Miteinander, war den polnischen Managern fremd. Ich setzte mich mit jedem von ihnen an einen Tisch; wir unterhielten uns eine Stunde lang, aber ich merkte, dass ich nicht zu ihnen durchdrang. Es ging ihnen praktisch allein um Befehl und Gehorsam: Wer hat das Sagen? Natürlich muss ein Chef Entscheidungen treffen und den Ton angeben, aber mein Verständnis von Unternehmensführung setzt auf das Miteinander, auf das Einbeziehen aller am Unternehmen Beteiligter. Nur so kann es funktionieren: wenn sich alle mitgenommen fühlen. Wie aber sollte ich in Polen Menschen finden, die ein modernes Verständnis von Management besaßen und die in der Lage waren, miteinander um die beste Lösung zu ringen? Inzwischen hat sich zum Glück vieles verändert. Heute haben wir ein Spitzenteam in Polen, ebenso in den anderen osteuropäischen Ländern, in denen wir aktiv sind.

Daniel war damals gerade achtzehn geworden. Er sah, wie ich verzweifelte, und meinte nur: »Papa, warum tust du dir das an?«

Es blieb alles kompliziert. Stress ohne Ende. Dann kam das Jahr 1996. Eines Tages spürte ich einen beengenden Druck in der Brust. Ich ignorierte ihn. Aber er wollte nicht verschwinden. Ein nicht klar definierbarer Schmerz, der mal stärker war, mal schwächer. Ich mache mir manchmal gerne etwas vor, und auch in diesem Fall wollte ich die Schmerzen nicht weiter beachten, geschweige denn einen Arzt aufsuchen. Das gibt sich schon wieder, beruhigte ich mich selbst. Ich erklärte mir die Schmerzen – Dr. Roßmann – mit der schweren Lungenentzündung, die ich als Zweijähriger überstanden hatte, und die Probleme jetzt, redete ich mir ein, stammten von Vernarbungen, waren also eine Spätfolge. Da konnte ein Arzt eh nichts tun …

Irgendwann in diesem Jahr hielten wir eine Pressekonferenz in der Firmenzentrale ab, und ich weiß noch, wie kraftlos und müde ich die ganze Zeit war. Ich fühlte mich so schwach, dass ich nicht einmal mehr die Treppen hoch in den ersten Stock schaffte und den Fahrstuhl nehmen musste. Den Presseleuten erzählte ich, wie gut es meinem Unternehmen gehe, wie positiv sich der Umsatz entwickelt habe. Dass der Gewinn nur minimal war, erwähnte ich nicht. Ich gab den starken Mann, den Macher, der vor Kraft strotzte, dem es wirtschaftlich hervorragend ging. Eine Täuschung. Es gab Tage, an denen ich nicht wusste, wie ich die Gehälter meiner Angestellten bezahlen konnte. Das Geld fehlte, und die Kredite waren bis zum Limit ausgeschöpft.

Ende 1996 sah es ganz schlecht aus. Wir hatten zwölf Millionen D-Mark Verluste gemacht. Banken geben bekanntlich sehr gern Kredite, solange sie das Gefühl haben, sie bekommen ihr Geld irgendwann zurück und verdienen ordentlich an den Zinsen. Ist das nicht mehr der Fall, lassen sie einen fallen wie eine heiße Kartoffel. Jedenfalls dachte ich damals so. In dem Moment war mir bewusst: Jetzt ist der Punkt gekommen, an dem es richtig gefährlich werden kann. Banken berechnen, wie hoch das Eigenkapital eines Unternehmens ist, das ist die wichtigste Größe, neben dem Jahresergebnis. Im Einzelhandel lag das Eigenkapital allgemein im Schnitt bei 20 bis 25 Prozent der Bilanzsumme. Unser Eigenkapital lag aber nur noch bei 8 Prozent. Nicht nur, dass wir Verluste machten und hohe Bankschulden hatten – auch unser Eigenkapital war minimal. Meine große Sorge war: Wenn die Banken jetzt unsere Bilanzen genauer anschauen und sehen, wie es in Wirklichkeit um uns bestellt ist, werden sie uns sofort die Kredite aufkündigen. Wir wären pleite gewesen. Am Ende.

Meine Schmerzen in der Brust nahmen in diesen Wochen und Monaten immer mehr zu. Mit meiner Verdrängungstaktik kam ich nicht weiter. Ich weiß noch, wie ich mit meiner Frau in Hamburg ein Theaterstück besuchte. Im Theater bekam ich plötzlich eiskalte Füße, fühlte mich unendlich schlapp, und mir war hundeelend; irgendwie hatte ich gar nichts mehr gespürt. Im Hotel gab mir meine Frau einen Cognac zu trinken, sie massierte mir die halbe Nacht die Füße, um meinen Kreislauf wieder in Gang zu bringen. Aber noch immer weigerte ich mich, einen Arzt zu konsultieren. Erst zwei Tage später war ich dazu bereit. Endlich. Ich fuhr nach Würzburg zu meinem Schwager, einem Internisten. Er untersuchte mich und überstellte mich sofort an einen Experten, der mich komplett durchcheckte. Er fand heraus, dass ich kurz zuvor einen Herzinfarkt erlitten hatte. Kein dramatischer, kein lebensgefährlicher Herzinfarkt, meinte er, der Herzmuskel sei nicht sehr stark angegriffen. Aber damit sei dennoch nicht zu spaßen. Es sei höchste Zeit gewesen, dass ich mich habe untersuchen lassen.

»Sie hatten ein Riesenglück«, beendete der Arzt seine Diagnose.

Es war glimpflich ausgegangen, wahrscheinlich auch, weil sich meine Frau richtig verhalten hatte, als sie alles dafür tat, meinen Kreislauf in Gang zu halten, damit ich nicht das Bewusstsein verlor.

Der Arzt verordnete mir Schonung, kein Stress, Ruhe, Ruhe und noch einmal Ruhe. In dieser Situation bekam ich eine Einladung von Gerhard Schröder. Ich sollte ihn als Delegationsmitglied nach Polen begleiten, wo ich mich aufgrund unserer geschäftlichen Aktivitäten sehr gut auskannte. Schröder war damals noch Ministerpräsident von Niedersachsen. Zwei Jahre später löste er Helmut Kohl als Bundeskanzler ab. Auf diese Reise wollte ich auf keinen Fall verzichten. Herzinfarkt hin, Herzinfarkt her. Ich fühlte mich zwar noch nicht wirklich besser, biss aber die Zähne zusammen und trat die Reise an. Unterwegs wurden die Schmerzen in der Brust immer heftiger. Irgendwie schaffte ich trotzdem alles, rückblickend weiß ich nicht, woher ich die Kraft nahm.

Auf dem Rückflug nach Frankfurt eskalierte jedoch die Situation. Ich erlitt einen Schwächeanfall. Die Lage war mehr als ernst. Mir ging es gar nicht gut. Ich fühlte mich sterbenskrank. Als wir landeten, stand ein Krankenwagen am Flugfeld bereit und brachte mich in die Klinik. Ich wurde sofort untersucht, und man musste mir keinen Bypass legen, was eine größere Herzoperation erfordert hätte. Ich hatte Glück im Unglück. Man setzte mir einen Stent, ein Röhrchen, in die Hauptarterie ein, damit das Blut wieder fließen konnte. Die OP erlebte ich im Wachzustand, nur mit lokaler Betäubung. Ich konnte auf zwei Monitoren beobachten, wie man den Stent in den Körper führte. Ich spürte zwar nichts, dennoch war es ein seltsames Gefühl, zu sehen, wie dieses Stück Draht an mein Herz herangeführt wurde. Ich dachte, wenn irgendwas schiefläuft, dann bin ich gleich tot. Vorher hatte ich gelesen, dass bei 0,3 Prozent dieser Eingriffe Behandlungsfehler auftreten. Während der Arzt an mir herumarbeitete, erzählte ich ihm von den Zahlen, die ich einem *Spiegel*-Artikel entnommen hatte.

»Und was bedeutet das?«, fragte ich. »Was passiert mit den Leuten, bei denen etwas schiefgeht?«

Er unterbrach sein Tun und sagte trocken: »Die sind dann mausetot.«

Humor hatte der Chirurg, wenn auch einen etwas makabren. Nach der Operation, die zu den 99,7 Prozent der gelungenen zählte, wurde ich für vierundzwanzig Stunden auf die Intensivstation gelegt. Am nächsten Tag sollte ich entlassen werden. In der Nacht wurde ich wach und ging schlaftrunken auf die Toilette. Während ich da so saß, schaute ich müde auf den Boden und dachte: Ist ja komisch, ein Krankenhaus mit roten Badezimmerfliesen ... In dem Moment öffnete sich die Tür. Eine Krankenschwester stand vor mir und schrie. Was war passiert? Als ich im Halbschlaf aufgestanden war, hatte ich mir – ohne es zu merken – die Kanüle aus dem Arm gerissen. Das Blut spritzte nur so heraus und verteilte sich auf den weißen Fliesen des Toilettenbodens.

Abgesehen von dieser kleinen Horrorshow verlief mein Klinikaufenthalt aber ohne Komplikationen. Am nächsten Morgen wurde ich nach Hause entlassen. Einige Ärzte sagten mir damals, der Stent würde womöglich nur fünf Jahre halten, dann müsste er ausgetauscht werden. Bei mir hält er jetzt schon mehr als zwanzig Jahre.

Niederlagen gibt es nicht

Vor der Herzoperation war ich immer in Sekundenbruchteilen von null auf hundert. Ich fragte mich, ob meine Gefühlsausbrüche Teil meines Charakters waren. Fuhr ich schnell hoch, mochte ich mich selbst nicht. Nach meinem Krankenhausaufenthalt sagten mir viele: »Du bist ja plötzlich ganz anders. So ruhig und entspannt.« Tatsächlich war ich physisch in einer komplett anderen Verfassung. Ich konnte auch konzentrierter arbeiten, ohne gleich aufzubrausen, wenn etwas nicht funktionierte.

Mein Arzt ermahnte mich damals: »Arbeiten Sie ab sofort weniger. Gehen Sie es ruhiger an. Sie dürfen sich nicht mehr überanstrengen.«

Und was tat ich? Wieder einmal das Gegenteil von dem, was andere mir rieten oder von mir erwarteten. Ich hatte den Herzinfarkt nicht bekommen, weil ich überarbeitet war. Im Gegenteil, ich hatte viel zu wenig gearbeitet, hatte mich zu wenig um die wirklichen Probleme gekümmert, hatte mein Unternehmen vernachlässigt. Das alles wollte ich nun ändern. Arbeiten ja, aber für die richtige Sache. Es ist wie bei einem Tennisspiel, bei dem ich den ersten Satz 0:6 verloren habe und im zweiten 0:5 und 0:40 zurückliege. Erst wenn es aussichtslos scheint, fange ich an zu kämpfen. Genauso war es 1996. Ich hatte den Infarkt bekommen, weil ich Ängste hatte, die Banken würden den Daumen senken, wir könnten in die Insolvenz gehen, und weil ich mich mit meinen hoch riskanten Finanztransaktionen verzettelt hatte. Dass danach wieder alles gut wurde und ich heute zufrieden und dankbar sein kann, empfinde ich wie ein kleines Wunder. Der Blick für das Wesentliche war mir verloren gegangen. So gesehen half mir der Infarkt, mein Leben wieder auf die richtige Spur zu setzen, die Weichen neu zu stellen.

Er war ein Warnschuss, der Break, ohne den ich nicht wüsste, ob ich heute hier sitzen würde. Ich war fünfzig und nutzte die Chance, mein Leben umzukrempeln. Meine Familie half mir dabei, ebenso meine Mitarbeiter.

Ballast loswerden, um nachts wieder durchzuschlafen, das war die erste Maßnahme. Nach dem Herzinfarkt verkaufte ich meine Aktien, stellte alles auf null. Alles auf Anfang. Ich musste meine Firma retten, bevor sie den Bach herunterging. Meine Lebensphilosophie war immer, dass ich Menschen nur überzeugen und mitnehmen kann, wenn ich ehrlich und offen zu ihnen bin. Kein Drumherumreden, klare Kante, auch wenn es schmerzt. Was ich jetzt tat, hatten die Banken, bei denen ich in der Kreide stand, so sicherlich noch nie erlebt: Ich schrieb jeder Bank einen Brief. Allen zwanzig schickte ich ein Schreiben von zwanzig Seiten. Auf den ersten zehn Seiten beschrieb ich den Zustand, in dem sich mein Unternehmen befand, und ich erklärte en détail, was ich alles falsch gemacht hatte. Ohne etwas zu beschönigen. Brutal offen. Und auf den nächsten zehn Seiten stellte ich dar, was ab sofort anders werden sollte – und vor allem, was ich besser machen würde. Meine Hoffnung bestand darin, dass ich unsere Gläubiger durch meine ehrlichen Worte für mich einnehmen würde. Zumindest, dachte ich, sind die ganz schön überrumpelt. Mein Ziel war, dass sie mir ein Jahr Zeit gaben, die Chance, meinen Laden wieder auf Vordermann zu bringen. Ich wollte eine Chance, ich wollte nicht, dass sie anriefen und sagten: »Feierabend.«

Als die Briefe verschickt waren, mussten wir uns gedulden. Wie würden die Gläubiger reagieren? Würden sie denken, der Roßmann spinnt? Würden sie uns die Chance zugestehen oder doch den Geldhahn zudrehen? Man kann sich vorstellen, wie nervenaufreibend das Warten für uns alle war. Das Wunder geschah. Siebzehn Banken hielten zu mir, einzig drei sprangen ab. Nachdem sie die Bilanzen gesehen hatten, kündigten sie mit sofortiger Wirkung die Kredite. Aber noch stand es Spitz auf Knopf. Ich musste mit der Sparkasse sprechen, dem für uns wichtigsten

Kreditinstitut, bei dem wir die meisten Schulden hatten. »Sie haben ein Jahr Zeit, Herr Roßmann«, bekam ich zu hören.

Diese Galgenfrist nutzen wir. Nach zwölf Millionen D-Mark Verlust machten wir im Jahr darauf, 1997, bereits eine Million Gewinn. Das war noch nicht viel, aber wir hatten die Talsohle durchschritten. Es ging aufwärts. Die Banken waren zufrieden. Sie sahen, der Roßmann redet nicht nur, er hat auch wirklich etwas verstanden und geändert.

Nun fragt man sich, was habe ich anders gemacht? Was hatte sich verändert? Zunächst einmal musste ich mir eingestehen, dass ich in den Krisenzeiten von meinen Mitarbeitern, meinen Managern sehr viel Leistung und Einsatz erwartet, selbst oft aber zu wenig gegeben hatte. Nun war es an der Zeit, in die Hände zu spucken und mit dem Arbeiten zu beginnen.

Nachdem ich mich von meinen Aktien getrennt hatte, unternahm ich alles, um die teuren und nervenaufreibenden Prozesse gegen die Kosmetikindustrie zu beenden. Ich konzentrierte mich wieder auf das Kerngeschäft. Und ich tat etwas ganz Wichtiges: Ich fing an, auf meine Frau zu hören. Sie brachte mich auf die Idee, unser Sortiment auszubauen. Sie zeigte mir, wie es zum Beispiel Tchibo machte, die viel mehr verkauften als nur Kaffee. Zusammen gingen wir in eine Tchibo-Filiale und schauten uns an, was dort alles angeboten wurde. Meine Frau sagte, das sei die Zukunft. Wir müssten unsere Läden umbauen, wir bräuchten für eine Produkterweiterung andere Einrichtungsmodule, neue Regale und Präsentationsmöglichkeiten, außerdem Fachleute, die sich um dieses Sortiment kümmerten, Produktlinien entwickelten, den Einkauf machten. Ich sagte nur: »Wenn du glaubst, das ist der richtige Weg, mach das.«

Das war die Geburtsstunde der Rossmann-Ideenwelt, um deren Aufbau sich Alice fortan zusammen mit einem Team kümmerte. Mit großem Erfolg. Der Hauptgrund für viele Probleme in der Vergangenheit bestand darin, dass die Handelsspanne an den klassischen Drogerieprodukten enorm gering war. Die Markenhersteller verdienen sehr gut, wir Einzelhändler hingegen nur wenig. Knallhart gesagt, wir waren die Dummen der Industrie, und das wollten wir nicht länger sein. Das Zauberwort lautete: Eigenmarken.

1997 starteten wir dieses Segment mit gerade einmal zwei Mitarbeitern und vier Eigenmarken. Diese mussten qualitativ genauso gut oder sogar besser sein als die Markenartikel, damit der Kunde sie auf Dauer bevorzugte. Gleichzeitig mussten sie günstiger sein – und sie brauchten einen guten Namen. Alles, was mit Papier zusammenhängt, heißt bei uns »alouette«. Alles, was mit der Hautpflege zusammenhängt »ISANA«. Die Marken wurden in kürzester Zeit ein großer Erfolg, heute bieten wir dreißig Eigenmarken an mit rund 4600 Artikeln in den Bereichen Baby und Kind, Körperpflege und Körperhygiene, Sonnenschutz, Kosmetik, Rasur, Wellness, Gesundheit, Mund- und Zahnpflege, Haushalt, Tier, Haarpflege und Haarzubehör, Parfüm, Lebens- und Genussmittel bis hin zu Foto und Multimedia. Die ohnehin bekannten Markenartikel konnte man überall kaufen, aber unsere Qualitätseigenmarken, die auch noch preiswerter waren, gab es nur in unseren Läden. Drogerieferne Produkte und die Eigenmarken – diese beiden neuen Säulen sorgten nach dem Beinaheaus im Jahr 1996 für den Aufschwung. Nichts funktioniert ohne das Vertrauen der Kunden: Es ist schnell verloren, aber nur schwierig zu gewinnen. Vertrauen aufzubauen braucht Zeit. Die Menschen sind zu Recht erst einmal skeptisch und vorsichtig, aber das Vertrauen in uns wuchs, und damit stiegen auch die Umsätze. Was wir machen, wollen wir gut machen. Unsere Produkte werden auch immer wieder getestet. Meistens werden sie mit »Gut« und »Sehr Gut« bewertet.

Gutes muss nicht teuer sein. Ein TV-Sender testete einmal Regenschirme. Der teuerste kostete knapp 50 Euro, unserer war mit 2,95 Euro der günstigste. Wir gewannen den Test mit großem Vorsprung. Manchmal bin ich selbst von unserem Warensortiment – 17 000 verschiedene Produkte führen wir – erstaunt. Als ich eines Morgens im Badezimmer feststellte, dass unsere Waage den Geist aufgegeben hatte, sagte ich zu meiner Frau, wir bräuchten eine neue. Ich wüsste ja, wo ich die bekomme, war ihre Antwort. Ich muss sehr fragend geschaut haben. Meine Frau klärte mich auf, dass wir Personenwaagen in unserem Sortiment führen. Ich besorgte mir eine – und war ganz fasziniert. Was war das doch für ein tolles Produkt zu einem guten Preis. Man kann mich mit Kleinigkeiten manchmal verzücken.

Zurück zu den Neunzigerjahren und unseren Veränderungen. Als Chef wurde ich leidlicher, also erträglicher, nachdem ich, wie gesagt, zuvor oft aufbrausend und gestresst gewesen war, was mit meinen Herzproblemen einherging. Wurde mir die Belastung zu viel, ließ ich Dampf an anderen ab. Das lässt sich – selbstkritisch genug – nicht beschönigen. Es wurde Zeit, dass ich den Mitarbeitern zeigte: Ohne sie würden wir es nicht schaffen. Im Januar 1997 lud ich alle Verkaufsstellenleiter nach Paris ein, und wir besuchten den Euro-Disney-Park. Zwei Übernachtungen, drei Tage Paris. Dieser Betriebsausflug schlug mit 400 000 D-Mark zu Buche, aber es war gut investiertes Geld. Falsch, es kostete nicht 400 000 D-Mark, das Ganze galt als geldwerter Vorteil und musste versteuert werden. Es kamen nochmals 400 000 D-Mark hinzu. Viele mögen gedacht haben, anstatt zu sparen, gibt der Chef Unmengen Geld aus. Aber endlich hatte ich verstanden: Nichts bei uns war in Ordnung, und das Schlimmste war, dass die Menschen nicht hinter der Firma standen. Wenn ich gefragt wurde, ob ich noch ganz richtig im Kopf sei, erwiderte ich, wir müssen an unserem Betriebsklima arbeiten.

Zwar waren wir auf der einen Seite sehr fortschrittlich, wenn ich an unsere Fortbildungen und Schulungen denke, auf der anderen Seite zeigte sich aber ein massives Problem: Wir verfolgten eine falsche Strategie, das Geschäftsmodell funktionierte nicht mehr. Unsere Margen waren zu gering, der Druck auf die Mitarbeiter entsprechend hoch. Das musste sich ändern.

Unsere Weihnachtsfeiern in den Neunzigern waren traurige Veranstaltungen. Die vorherrschende Stimmung: Allen war alles egal. Wie sollte es auch anders sein, wenn selbst der Chef sich um nichts kümmerte. Wie heißt es doch: Der Fisch stinkt vom Kopf! Heute weiß ich: Wir Unternehmer machen einen großen Fehler, wenn wir von Menschen Leistung einfordern, ohne ihnen etwas zurückzugeben, und damit meine ich nicht allein eine faire Bezahlung. Erst so bekommen auch wir, wenn wir Glück haben, etwas zurück. In einem Interview mit der *Financial Times* sagte ich einmal, mein unternehmerisches Ziel sei es, dass die Mitarbeiter gern zur Arbeit kommen. Und das ist meine tiefe Überzeugung. Nur auf diese Weise kann ein Unternehmen auf Dauer erfolgreich sein. Fehler können passieren, immer und überall. Ich selbst bin das beste Beispiel dafür. Aber nur wenn man Fehler offen anspricht, lassen sie sich zukünftig verhindern. Und wenn man sie zudem analysiert, tragen sie sogar dazu bei, dass das große Ganze besser wird.

Damals änderte ich auch die Form der Kommunikation mit den Mitarbeitern. Der *Dialog* war geboren, unsere Mitarbeiterzeitung. Die Idee war, wie der Name schon suggeriert, in den Dialog mit den Mitarbeitern zu treten, mit ihnen gemeinsam die Firma nach vorne zu bringen. In der Mitarbeiterzeitung konnte auch kritisch geschrieben werden, es sollte kein Selbstbeweihräucherungsorgan sein, sondern eine lebendige Zeitung. Die Atmosphäre verbesserte sich tatsächlich nach und nach, und irgendwann war ein anderer Geist da. Auch zwischen der Geschäftsleitung und dem Betriebsrat entwickelte sich eine zunehmend konstruktivere Zusammenarbeit, die immer mehr auf Vertrauen gründete.

Ich gehe häufig in meine Läden, spreche mit den Kollegen, höre mir an, was sie umtreibt, mache natürlich auch einen kleinen Kontrollgang, schaue, ob alles ordentlich aussieht, die Regale aufgefüllt sind. Ich höre von den Sorgen und Ängsten der Mitarbeiter. Die Reaktionen auf den Besuch des Chefs sind meistens freundlich. Klar, keiner wird offen meckern, wenn der alte Roßmann auftaucht, das weiß ich auch. Aber wenn ich heute ein Geschäft betrete, so habe ich das Gefühl, dass die Mitarbeiter mich kennen. Transparenz und Offenheit sind mir sehr wichtig.

Mitarbeiter kommen zu mir und sagen: »Danke.«

»Wofür denn danke?«, frage ich nach.

»Ja, ich bekomme mehrmals Gutscheine im Jahr, Mitarbeiterpakete, einfach danke.«

Ich sage dann: »Sie müssen sich nicht bedanken. Ich muss mich bei Ihnen dafür bedanken, dass Sie hier jeden Tag arbeiten.«

Früher hingegen herrschte betretendes Schweigen, eiserne Mienen, Misstrauen. Was will er? Was hat er vor? Aber das hat sich mittlerweile geändert. Nicht von jetzt auf gleich, es war ein Prozess über Jahre. Aber die Menschen in der Firma spürten, dass sich da was tat. Sie merkten: Ich werde in meiner Würde beachtet, ernst genommen.

Nach wie vor besuche ich viele Filialen, vielleicht dreißig Märkte im Monat – früher sind es noch mehr gewesen. Und immer unangekündigt. Mir geht es darum, den tatsächlichen Zustand mitzubekommen und nicht eine Theatervorstellung. In der Regel erspüre ich recht schnell die Atmosphäre und kann unterscheiden, ob der Markt gut oder schlecht geführt ist.

Das Kostbarste, was wir in Jahrzehnten aufgebaut haben, ist Vertrauen. Vertrauen ist die Grundlage für ein Zusammenleben und Zusammenarbeiten. Früh habe ich verstanden, auch durch meine Erfahrungen mit Gruppendynamik, dass die Intelligenz eines Einzelnen niemals den Erfolg eines Unternehmens ausmacht, es ist Intelligenz einer Gemeinschaft, die das ermöglicht. Natürlich kommt es vor, dass ich den einen Mitarbeiter mehr mag als einen anderen. Aber ich versuche trotzdem, neutral zu bleiben. Damit bin ich immer gut gefahren, vor allem in den letzten zwanzig Jahren. Eine starke Gemeinschaft, Kontinuität und – wenn der liebe Gott mitmacht – Gesundheit – das sind die Säulen des Erfolgs.

Nach der Krisenzeit in den Neunzigern stiegen Umsatz und Gewinn bis 2013 im sechzehnten Jahr hintereinander kontinuierlich zweistellig an. Der Springer-Konzern lud meine Frau und mich nach Berlin ein, wo wir die renommierte Auszeichnung »Wachstumssieger des Jahres« erhielten. Auch die anfänglich schwierige Situation in Polen, Ungarn und Tschechien haben wir gemeistert, wir fanden hoch motivierte und kluge Manager. Allein in Polen liegt unser Umsatz inzwischen bei über zwei Milliarden Euro, bei 1200 Läden. In Polen spricht man nicht von *Drogeriemarkt*, dort sagt man nur *Rossmann*. Wir sind zu einem Synonym geworden, so wie Tempo es für Papiertaschentücher ist. Unsere Schulden konnten wir fast komplett abbauen. Allein in den letzten vier Jahren war es möglich, unseren Mitarbeitern Einkaufsgutscheine im Wert von über 50 Millionen Euro zusätzlich zum Gehalt zu geben. Das ist nur ein Teil unserer heutigen sozialen Leistungen. So haben wir zum Beispiel auch bereits über 6000 Mitarbeiter zu einem Ausflug in den Wörlitzer Park, Deutschlands schönsten Landschaftspark, eingeladen – einschließlich Besichtigung unseres riesigen Zentrallagers in Landsberg.

Wenn ich mich zurückerinnere, ist das schon eine Wahnsinnsgeschichte, die ihren Anfang 1972 nahm, mit meinem ersten Laden, dann über die Beinahepleite 1996 bis in die Gegenwart, in der es auch keinen Stillstand gibt. Im Moment haben wir die Situation, dass wir immer noch gut verdienen, aber die Luft wird dünner. Die Konkurrenz schläft nicht. Doch das Unternehmen ist gut aufgestellt. Wir haben im Laufe der Jahre andere Firmen oder Beteiligungen dazugekauft, ein solides Fundament für die Zukunft.

Wir haben wirklich ein gutes Betriebsklima, auch wenn es bei 30 000 Mitarbeitern in Deutschland natürlich auch immer wieder Unzufriedenheit gibt; irgendetwas läuft immer falsch. Aber wenn der *Focus* zusammen mit dem Arbeitgeber-Bewertungsportal kununu im Jahr 2017 schreibt, wir seien einer der besten Arbeitgeber Deutschlands, freut mich das riesig. Genauso wie mich Verleumdungen ärgern, wenn falsche Behauptungen in den Medien verbreitet werden, die jeder Grundlage entbehren und dennoch publiziert werden. Der böse Unternehmer ist doch immer ein schönes Feindbild …

Fragt man mich nach meiner größten Niederlage, sage ich: »Das ist keine Kategorie, in der ich denke oder die mein Handeln bestimmt.« Ich hatte eine Riesenangst, in die Insolvenz zu gehen, mein Herz machte nicht mehr mit, mein Motor stockte, und als ich – mehr oder weniger hilflos – im Krankenhaus lag, dachte ich: Trotzdem will ich das alles hier, auch wenn es gerade nicht so läuft, wie es sollte. Ich will mich durchsetzen. Manches gelingt im Leben, anderes nicht.

Das Wort »Niederlage« nehme ich nicht in den Mund. Schwierigkeiten, Herausforderungen, Probleme, Widerstände – ja, damit kann ich leben. Widerstände überwinden ist eine treffende Beschreibung dafür, wie ich mit schwierigen Situationen umgehe. So wie ich zum Beispiel aus Protest gegen die Bundeswehr auf den Baum kletterte. Oder später als Chef, der in den ersten Jahren mit inneren Widerständen zu kämpfen hatte, wenn eine Entlassung anstand, die mir unangenehm war. Bis ich lernte, dass ich diese Aufgabe nicht anderen überlassen konnte. Ich nahm allen Mut zusammen und führte das Gespräch selbst. Danach schaffte ich weitere Unterredungen dieser Art, ohne tagelang vorher Angst davor zu haben. Ich bin immer eine Kämpfernatur gewesen. Das begann früh, als ich mit zwei Jahren schwer erkrankt ums Überleben kämpfte. Dieser kleine Körper wollte leben. Im Geschäftsleben war es immer ein Konkurrenzkampf, den ich gewinnen wollte, ob das in der Auseinandersetzung mit dem sehr klugen Götz Werner und seinem Unternehmen dm oder mit anderen war. Aber – auch das ist eine Lehre aus dem Jahr 1996 – ich habe gelernt, mich nicht mehr zu verkämpfen. Ich habe erkannt, dass ich nicht selbst in allen Bereichen der Beste sein muss, solange ich Mitarbeiter habe, die klüger sind als ich. Ich habe die Fähigkeit, Gemeinschaften zu schmieden, in denen jeder nach seinen Talenten sein Bestes gibt.

Moskau –
eine besondere Begegnung

Von meinen zwei Reisen nach Leipzig habe ich berichtet. Die Nachrichten, die uns Anfang der Neunzigerjahre aus der auseinanderbrechenden Sowjetunion erreichten, stimmten alles andere als hoffnungsfroh. Noch war Michail Gorbatschow der bestimmende Mann, bald sollte ihm Boris Jelzin folgen; er wurde 1991 zum ersten Präsidenten Russlands gewählt. Die kommunistischen Strukturen lösten sich auf, die neuen Strukturen hatten sich noch nicht etabliert. Für viele Russen herrschte bitterste Not, sie hatten Hunger und froren in der Kälte. Die *Zeit* schrieb im November 1990: »Ein Gespenst geht um in der Sowjetunion, das Gespenst des Hungers. Alle Mächte des neuen Europa haben sich zu einer eiligen Hilfsallianz gegen dieses Gespenst verbündet, der Papst und der Pariser KSZE-Gipfel, Helmut Kohl und Jacques Delors.« Boris Jelzin wurde in dem Artikel zitiert: »Jeden Augenblick kann es zur Explosion kommen. In einigen Städten reichen die Vorratslager nur noch für zwei bis drei Tage.«

Etwa ein Dreivierteljahr war seit der *Spiegel*-Aktion vergangen, die Berichte über die Hungersituation in der UdSSR, in Moskau, Leningrad und anderswo, erschütterten mich. Ich sagte mir: Die Russen haben so viel für uns Deutsche getan, ohne Gorbatschow hätte es die Wiedervereinigung nicht gegeben, jetzt ist es an der Zeit, dass wir etwas für sie tun. Meine Überlegungen gingen dahin, eine »Hilfsaktion der deutschen Drogeriemärkte« ins Leben zu rufen. Zwei Millionen D-Mark wollte ich für das Vorhaben zusammenbekommen. Allein konnte ich diese Summe nicht aufbringen, damals war mein Unternehmen noch nicht so groß wie heute. Und ich war noch hoch verschuldet. Was also tat ich? Ich rief meine Mitbewerber an. Als Erstes, im Dezember 1990, nahm ich Kontakt zu Götz Werner auf, sein dm-Markt war unser größter Konkurrent.

»Götz«, sagte ich – wir waren schon per Du –, »ich starte eine Hilfsaktion für die russische Bevölkerung und möchte alle großen deutschen Drogeriemärkte mit ins Boot holen. Ich werde mit zwanzig Sattelschleppern nach Moskau fahren, um Hilfspakete dorthin zu bringen. Die werde ich auch selbst verteilen, damit sie an den richtigen Stellen ankommen. Kannst du die Aktion mit 250 000 Mark unterstützen? Ich werde das auch mit dieser Summe tun.«

Götz Werner überlegte nicht lange.

»Okay«, sagte er, »morgen hast du das Geld.«

Als Nächstes rief ich Anton Schlecker an. Auch ihm erzählte ich, wie zuvor Götz Werner, um was es ging, was wir uns vorgenommen hatten.

»Toll, ich bin dabei«, sagte Schlecker. »Sie bekommen das Geld von mir, morgen ist es auf Ihrem Konto. Ich stelle Ihnen auch noch drei Sattelschlepper zur Verfügung. Einverstanden?«, fragte er. Ich war begeistert.

»Herr Schlecker, Kompliment. Ich danke Ihnen.«

Ein Anruf beim nächsten Konkurrenten. Wieder mein Sprüchlein: »Ich brauche 250 000 Mark von Ihnen …« Und so weiter. Und danach musste ich achtmal nachtelefonieren und bekam trotzdem keine klare Aussage. Kein Ja und auch kein Nein. Nach einiger Zeit wurde ich ungehalten. Beim letzten Anruf sagte ich ihm, Deutschland habe in seiner Geschichte sehr viel Leid über die Welt gebracht und trotzdem hätten uns die Amerikaner nach dem Krieg Hilfspakete geschickt, millionenfach. »Denken Sie doch nur an die vielen Carepakete!«

Und die Antwort? »Herr Roßmann, ich habe nie ein Carepaket bekommen.«

Da war für mich Feierabend. Auch meine Geduld hat Grenzen. Lassen wir es, dachte ich. Und das tat ich auch, ein neuntes Mal rief ich nicht an. Ich möchte gar nicht schlecht über diesen Mann sprechen, er ist ein sehr angenehmer Zeitgenosse, aber damals hat mich sein zögerliches Verhalten enttäuscht. Stattdessen wandte ich mich an die Industrie, Beiersdorf und andere Unternehmen. Fast alle gaben etwas, entweder Geld oder Waren, Lebensmittel, die auch bei hohen Minusgraden haltbar waren. Am Ende kam ein Warenwert von zwei Millionen D-Mark zusammen. Über EU-Subventionen erhielten wir noch Butter. In der Hauptsache bestand unser Transportgut aus 10 000 Paketen mit Lebensmitteln. Mit neunzehn Sattelschleppern machten wir uns auf den Weg in die damals noch existierende UdSSR, alles musste für extreme Minustemperaturen tauglich sein. Im Vorfeld hatte ich mit der Sowjetischen Botschaft in Bonn Verhandlungen darüber geführt, wie die Verteilung der Hilfsgüter vor Ort geregelt werden sollte. Uns wurde zugesichert, dass, sobald wir in Moskau ankamen, der erst vor zwei Jahren gegründete Wohlfahrtsverband »Milosserdije« (*Barmherzigkeit*) die Koordination übernehme. Außerdem wolle man 200 Soldaten bereitstellen, um uns zu unterstützen, sowie einige Dolmetscher. Und, nicht zu vergessen, Mitarbeiter des Geheimdienstes KGB würden natürlich alles überwachen. Der Staat wolle schließlich wissen, was in seinem Land vor sich gehe, so die Botschaft. Wir akzeptierten die Bedingungen. Eine Wahl hatten wir ohnehin nicht. Wir aber stellten ebenso eine unverhandelbare Forderung: In die Alten- und Behindertenheime würden wir die Hilfspakete aber persönlich bringen wollen.

Nachdem alles geklärt war, fuhr unser Konvoi in Richtung Moskau los. Ab der polnischen Grenze, wurden die Motoren der Sattelschlepper nicht mehr ausgestellt, denn es wurde immer kälter, und zu groß war die Sorge, dass die Fahrzeuge nicht mehr anspringen würden. Ich selbst flog nach Moskau, hörte aber später abenteuerliche Geschichten von der Tour. Einer der Fahrer erzählte, was ihm auf dem Grenzstreifen zwischen der polnischen und der russischen Zollstation, eine Art Niemandsland, widerfahren war. Es war zu einem Stau gekommen, kilometerlang standen hauptsächlich Lkws hintereinander. Der

Fahrer musste dringend auf Toilette, die es natürlich weit und breit nicht gab. Also schnappte er sich eine Rolle Toilettenpapier und setzte sich irgendwo hinter einen Baum, während sein Kollege im Wagen blieb. Während der erste Fahrer nun sein Geschäft verrichtete, musste sich der Kollege hinters Steuer setzen, weil die Lkw-Schlange sich wider Erwarten in Bewegung gesetzt hatte. Der Sattelschlepper konnte unmöglich stehen bleiben. Der Reisepass des »Notdürftigen« lag in der Fahrerkabine, ihn hatte er natürlich nicht mit zum Ausflug unter dem Baum genommen. Er geriet in Panik, als er sich ausmalte, dass man ihn ohne Ausweispapiere festnehmen und ihm nicht glauben würde, dass er einer der Fahrer sei. Also lief er seinem Sattelschlepper hinterher. Am Grenzposten angekommen, fuchtelte er die ganze Zeit mit der Toilettenpapierrolle vor den Beamten herum. Und was taten die? Nahmen ihm die Rolle ab und ließen ihn die Grenze passieren. Klopapier – das war die Währung, die Grenzen öffnete.

Übernachtet wurde in Höhe von Minsk. Einer der Fahrer musste den Ölstand kontrollieren und bekam dabei das auf minus 30 Grad Celsius gekühlte Öl auf seine Hand, was höllische Schmerzen verursachte, und ich hörte von einem anderen Fernfahrer, nicht zu uns gehörig, der seine eigenen Reservereifen abmontierte, um mit ihnen ein Feuer zu machen, weil er die Kälte der Nacht ansonsten nicht überlebt hätte. Etwa vier Tage lang dauerte die Fahrt unseres Konvois von Deutschland nach Moskau, mehr als 2000 Kilometer Fahrtstrecke. In Moskau herrschten bei unserer Ankunft 38 Grad minus. Als ich landete, waren die Lkws kurz vorher eingetroffen. Über spiegelglatte Straßen raste mein Taxifahrer wie ein Verrückter durch die riesige Stadt. Im Hotel legte ich an der Rezeption meine Reservierung vor. Fragende Blicke. Ein Herr Roßmann stehe nicht auf ihrer Liste, sagte der Rezeptionist und schüttelte den Kopf. In diesem Moment erschien unser Prokurist in der Hotelhalle, er war in einem der Sattelschlepper mitgefahren. Er hörte sich mein Problem an, lachte nur und griff in eine

Plastiktüte, die gefüllt war mit Zigarettenstangen. Eine Stange reichte er dem Hotelmitarbeiter.

»Wie war der Name?«, fragte der junge Russe auf einmal. »Ach, Dirk Roßmann, selbstverständlich. Hier stehen Sie.«

Ohne »kleine Geschenke«, das lernten wir schnell, lief gar nichts in diesem Land. Unsere neunzehn Sattelschlepper waren zwischenzeitlich, so erfuhr ich, in einem großen Hof abgestellt worden, wo sie über Nacht bewacht wurden.

Am nächsten Morgen nahmen wir Kontakt zu den Verantwortlichen vor Ort auf, um in Erfahrung zu bringen, wie es konkret weitergehen sollte. Plötzlich wurde es kompliziert, denn es hieß, von Absprachen, wie die Verteilung der Hilfsgüter zu organisieren sei, hätte man nie etwas gehört. Eine Zusicherung, dass wir die Pakete zu den Heimen fahren dürften, existiere nicht. Die Verhandlungen zogen sich bis in den Nachmittag. Unsere Hilfsgüter sollten wir dem *Verein für Barmherzigkeit* übergeben, welcher – angeblich – dafür sorgen werde, sie unter die Leute zu bringen. Würde man das wirklich tun? Und was sollten wir machen? »Sie halten sich da raus«, hieß es nur.

Die Stimmung war mittlerweile äußerst angespannt, fast aggressiv. Aber wir gaben nicht nach. Zu groß war unsere – berechtigte – Sorge, dass die Waren im Wert von zwei Millionen D-Mark in dunklen Kanälen versickern und niemals bei den Hilfsbedürftigen ankommen werden. Man würde sie womöglich zu Höchstpreisen auf dem Schwarzmarkt verkaufen. Schließlich sagten wir: »Wir fahren mit den neunzehn Lastern wieder zurück nach Deutschland, voll beladen, wenn nicht alles so durchgeführt wird, wie wir es mit der sowjetischen Botschaft in Bonn besprochen haben.« Noch mehrere Stunden zog sich die Diskussion hin, bis unsere russischen Gesprächspartner langsam begriffen, dass es uns ernst war und wir keine leere Drohung ausgesprochen hatten. Dass wir die Aktion wirklich abbrechen würden.

Erst am Abend erhielten wir grünes Licht, endlich hieß es, alles solle so ablaufen wie vereinbart. Ich war erleichtert. Keine

Ahnung, was passiert wäre, hätten wir uns wieder auf den Rückweg gemacht. Aber diese Gedankenspiele waren jetzt überflüssig. Am nächsten Morgen, so versicherte man uns, stünden die 200 zugesagten Soldaten sowie diverse Dolmetscher bereit. Und genau so war es dann auch.

In der Frühe teilten wir uns auf. Meine Aufgabe an diesem Tag bestand darin, bei drei ausgewählten Heimen die Ausgabe der Hilfspakete zu überwachen. Mir zur Seite wurde eine sehr sympathische Dolmetscherin gestellt. Unser erstes Ziel war ein Altenheim in einem Randgebiet Moskaus, untergebracht in einem zwölfstöckigen Hochhaus. Die mir zugeteilten Soldaten waren sehr fleißige Helfer. So stressig es am Tag zuvor gewesen war, die Zusammenarbeit klappte nun vorbildlich. Unter meiner Aufsicht schleppten die Soldaten die Hilfspakete ins Gebäude. Wir gingen von Etage zu Etage und übergaben sie den Bewohnern. Im achten Stock stand ich plötzlich in einem großen Raum mit zweiundzwanzig Betten, alle eng aneinander, überzogen mit weißen Bettlaken. Wie picobello alles hergerichtet ist und wie sauber, dachte ich. Auf den Kissen lagen Teddybären oder andere persönliche Gegenstände der betagten Bewohnerinnen, Frauen im Alter zwischen siebzig und neunzig Jahren. Ich sah jedoch keinen einzigen Schrank, verwundert fragte ich meine Dolmetscherin, wo die denn seien.

»Wofür Schränke?« Sie stellte mir eine Gegenfrage.

»Na, für Kleidung und persönliche Dinge«, meinte ich. Ob die alten Frauen denn gar nichts besäßen?

Doch, doch, versicherte die Dolmetscherin, alle Sachen seien in einem Koffer unter dem Bett verstaut. Darin befinde sich das ganze Hab und Gut der alten Frauen.

Eine traurige Vorstellung.

Alles war hygienisch einwandfrei, aber alles sah auch sehr ärmlich und unpersönlich aus.

Noch während ich in dem Schlafsaal stand, kam eine Frau auf mich zu. Sie war weit in den Siebzigern. Bevor ich wusste, wie mir geschah, hatte sie mich umarmt. Sie klammerte sich regelrecht an mich und zitterte am ganzen Körper. Dann fing sie fürchterlich zu weinen an, als hätte sie einen Nervenzusammenbruch. Dieser heftige emotionale Ausbruch war unerwartet, ich fühlte mich überrumpelt, war ein wenig verstört, denn ich wusste nicht, wie ich reagieren sollte. Ich verstand ja auch kein Wort von dem, was die alte Frau mir sagen wollte.

»Was ist mit ihr los, warum drängt diese Frau sich so an mich?«, frage ich die Dolmetscherin. Es war mir, ich gebe es zu, einfach zu viel in diesem Moment.

Die Dolmetscherin erwiderte, ganz ruhig: »Herr Roßmann, die Frau ist so aufgewühlt, weil sie die Welt, so wie sie sie kennt, nicht mehr versteht. Sie hat seit vielen Jahren kein einziges Stück Schokolade mehr gegessen, keinen Schluck Kaffee getrunken. Und alles, was in diesen Paketen ist, ist für die Menschen wie zehnmal Weihnachten. Diese Frau hatte zwei Söhne, beide sind im Großen Vaterländischen Krieg, so nennen wir Russen den Zweiten Weltkrieg, in Stalingrad gefallen. Die Deutschen waren in ihren Augen der Teufel – und jetzt steht der Teufel vor ihr und bringt ihr dieses Paket. Deswegen ist sie erschüttert.«

Ja, ich verstand. Und merkte gleichzeitig, dass ich hier raus wollte, meine Gefühle machten mir Angst. Doch bevor ich den Schlafsaal verließ, geschah etwas, das mich vollends aus der Fassung brachte. Ich drehte mich zur Tür, und was ich dort sah, ließ mich im ersten Augenblick an meinem Verstand zweifeln: ein Mensch mit zwei Köpfen, vier Armen, zwei Beinen. Links und rechts gestützt von Krücken. Eine verwirrende, schockierende Erscheinung. Wie eine Figur auf einem Gemälde von Salvador Dalí. Niemand hatte mich darauf vorbereitet, und ich dachte, mit mir stimmt etwas nicht. Ich war noch völlig aufgelöst von der Begegnung mit der alten Frau. Konnte das alles so schnell nicht auf die Reihe bringen. Ich bin zwar nicht umgekippt, aber ich bekam weiche Knie. Was ich sah, war keine Halluzination. Es waren – wie ich erfuhr – zwei Frauen, Mascha und Dascha Kriwoschljapowa. Siamesische Zwillinge. Im Laufe der nächsten Stunde sollte ich ihre Lebensgeschichte hören, die ich kurz zusammenfasse: Am 3. Januar 1950 kamen Mascha und Dascha in Moskau zur Welt, von Geburt an waren sie von der Taille an verwachsen. Sie hatten zwar getrennte Herzen, aber einen gemeinsamen Blutkreislauf. Ihrer Mutter, einer einfachen Bäuerin, wurden die beiden Mädchen gleich nach der Geburt weggenommen. Sie habe »Monster« geboren, die gestorben seien, sagte man ihr. Der Vater war froh, sich der Kinder entledigen zu können. Die ersten sechs Jahre litten und lebten Mascha und Dascha in Geheimlaboren. Verantwortungslose Wissenschaftler missbrauchten sie als Versuchskaninchen: Wie reagiert der Körper des einen Zwillings, sobald dem anderen Schmerzen zugefügt werden? Mascha wurde in Eis gepackt, um zu sehen, wie die Temperatur der anderen fiel. Oder: Man gab ihnen Flaschen mit kochend heißem Wasser in die Hand. Mir wurde schlecht, als ich davon hörte, welchen Widerwärtigkeiten die beiden Frauen ausgesetzt waren. Nach sechs Jahren endete ihr Martyrium. Sie durften das Labor verlassen, waren aber nicht in der Lage, zu laufen oder selbstständig zu essen. »Jetzt erst begann für uns das Leben«, meinte Dascha über diese Zeit. Sie bewegten sich ihr Leben lang mit Krücken vorwärts, auf zwei Beinen. Ein deformiertes drittes Bein hatte man amputiert. Als der »Eiserne Vorhang« fiel, wurden die Zwillinge weltweit bekannt.

Als ich Mascha und Dascha an diesem Tag im Januar 1991 traf, waren sie einundvierzig Jahre alt. Doch zunächst kamen wir nicht ins Gespräch. Denn ich flüchtete. Als der Aufzug im achten Stock hielt, sprang ich hinein, fuhr nach unten und lief auf die Straße hinaus. Ich musste an die Luft. Auf dem Bürgersteig traf ich auf die Soldaten, die sich sammelten, weil sie mit dem Verteilen der Pakete fertig waren. Auf einmal trat die Heimleiterin zu mir, die mir nach draußen gefolgt war, und die Dolmetscherin übersetzte, was sie mir zu sagen hatte:

»Mascha und Dascha möchten Sie gerne zu sich auf einen Kaffee einladen, Herr Roßmann. Bitte kommen Sie doch mit.«

Mein erster Gedanke war, das kann ich nicht. »Die beiden leben auch im achten Stock, dort, wo Sie sich gerade gesehen haben«, fuhr die Dolmetscherin fort. »Sie haben da eine eigene kleine Wohnung.« Sie machte mir noch sehr deutlich, dass ich die Einladung unmöglich ablehnen könne. So etwas gehöre sich nicht in Russland.

»Sie sind eingeladen, und Sie gehen da jetzt hin. Sie hauen mir nicht einfach ab!« Das war ein Befehlston, klasse. Die Frau gefiel mir. Aber sie hatte natürlich recht. Ich wollte nicht unhöflich sein und nahm die Einladung an. So etwas, dachte ich, erlebe ich auch nicht alle Tage.

Mit dem Aufzug fuhr ich zurück in den achten Stock, wo Mascha und Dascha mich in ihrer Wohnung bereits erwarteten. Eine Stunde dauerte unser Treffen. Schon nach wenigen Minuten hatte ich mich an das Aussehen der beiden Frauen gewöhnt, und es spielte gar keine Rolle mehr. Während das Heim drum herum zwar sauber, aber sehr ärmlich war, betrat ich bei Mascha und Dascha eine für damalige russische Verhältnisse hochmoderne Wohnung; westlicher Komfort auf drei Zimmern, mit Farbfernseher, sehr hübsch eingerichtet. Das komplette Gegenteil zu den Massenunterkünften im restlichen Gebäude. In einer Ecke des Wohnzimmers entdeckte ich das Sondermodell eines Rollstuhls aus deutscher Herstellung. Die Wände waren über und über mit Zeitungsausschnitten beklebt – Berichte über Mascha und Dascha, aus Japan, Brasilien, Frankreich oder sonst wo. Ich setzte mich auf das Sofa.

»Sie haben in diesem Heim ja einen ganz anderen Komfort als alle anderen«, begann ich unser Gespräch.

»Sie müssen Folgendes bedenken«, antwortete Mascha, vielleicht war es auch Dascha. »Wir beide sind zu so etwas wie Vorzeigeobjekten in der Sowjetunion geworden. Hunderte Journalisten und Fernsehteams aus aller Welt haben uns schon besucht und Interviews gemacht. Der Staat will zeigen, wie gut es Behinderten bei uns geht.«

»Aber weshalb leben Sie in einem Altenheim?«, fragte ich.

»Aus einem einfachen Grund. Hier sind rund um die Uhr Ärzte verfügbar, es gibt eine Rundumversorgung, das passt wunderbar. Wir fühlen uns hier sehr zu Hause.«

Dann erzählten sie mir von ihrem schweren Leben. Wie sie ohne Eltern aufwuchsen, von den grausamen Versuchen, von den vielen Heimen, in die man sie abschob, von dem Widerwillen und den Vorurteilen der Menschen, denen sie begegneten. Und so hart das Schicksal diese beiden Frauen auch getroffen haben mochte, so entbehrungsreich ihr Leben gewesen sein musste, saßen mir hier doch zwei selbstbewusste, zwei starke Frauen gegenüber, die mir mit einer großen Offenheit von ihrem Leben berichteten, die klug waren und Humor hatten.

Ich wollte vieles wissen, durfte Fragen stellen. Zum Beispiel, was es im Alltag bedeutet, untrennbar mit einem anderen Menschen verbunden zu sein. Ich fragte, wie es funktioniere, wenn sich die eine nachts im Bett umdrehen wolle. Ganz einfach, sagten Mascha und Dascha und lachten, dann müsse sich die andere mit umdrehen.

»Streiten Sie sich auch?«, fragte ich, sicherlich etwas naiv.

»Klar, wir sind doch ganz normale Menschen. Wir streiten uns, wie alle anderen auch. Wir sind ganz oft nicht einer Meinung«, antwortete Mascha.

»Aber«, fuhr Dascha fort, »wenn wir uns fetzen, dann nur in unserer Wohnung, in den eigenen vier Wänden, wo es niemand mitbekommt. Niemals draußen. Wir haben ganz klare Spielregeln. Gestritten wird nicht in der Öffentlichkeit.«

Vom Charakter her waren die beiden Frauen sehr unterschiedlich. Dascha trank gern Wodka. Mascha schimpfte dann, ihre Körperhälfte trank schließlich mit. Mascha war Kettenraucherin, und die Schwester hustete. Der Satz »Wir sind doch ganz normale Menschen« wollte mir nicht mehr aus dem Kopf gehen. Es war schön zu sehen, wie liebevoll die beiden Schwestern miteinander umgingen. Die eine streichelte der anderen während des Gesprächs ab und an das Ohr.

Die Stunde auf dem Sofa im achten Stock verging wie im Flug. Wir verstanden uns gut, aber dann war es Zeit aufzubrechen. Als ich mich von Mascha und Dascha verabschiedete, bestanden sie darauf, mich mit dem Fahrstuhl nach unten zu begleiten. Es sei unhöflich, das nicht zu tun, meinten sie. In der Zwischenzeit hatte der Lift aber seinen Geist aufgegeben, und ich musste die Treppe nehmen. Das wiederum hielt Mascha und Dascha nicht von ihrem Vorhaben ab. Also liefen wir gemeinsam zu Fuß acht Stockwerke nach unten, was eine halbe Stunde dauerte und eine gewaltige Kraftanstrengung für die beiden Frauen auf Krücken war. Aber das war ihr Stolz: Ich hatte sie besucht, sie brachten mich zur Tür.

Wir fuhren an diesem Tag noch zu zwei weiteren Heimen in Moskau, es waren Pflegeheime für Menschen mit körperlichen und geistigen Behinderungen. Die Freude über die Hilfspakete war auch hier überwältigend. Ich weiß noch, dass ich in dem einen Behindertenheim darum bat, die Toilette aufsuchen zu dürfen. Die Heimleiterin bat mich, einen Moment zu warten. Sie kramte einen Schlüssel hervor und öffnete einen schweren Stahlschrank, aus dem sie eine Rolle Toilettenpapier nahm. Diese übergab sie mir feierlich, als sei sie ein großer Schatz, den man im Safe verwahren muss. Warum ich das erzähle? Weil es diese Situationen sind, die uns vor Augen führen, wie wenig selbstverständlich vieles von dem ist, was uns in unserem Alltag zur Verfügung steht.

Drei aufregende, erkenntnisreiche Tage verbrachte ich in Moskau. Die Begegnung mit Mascha und Dascha ist mir bis heute präsent. Die Menschen und ihre Geschichten sind es, die mich immer wieder vieles über das Leben lehren – lebendiges Lernen, auch hier wieder. Ich fragte meine nette Dolmetscherin, wie sie eigentlich lebe. Sie sei verheiratet, erwiderte sie, habe ein Kind, lebe in einer Dreizimmerwohnung. Klingt doch anständig, ging es mir durch den Kopf. Und als hätte sie meine Gedanken gelesen, schob sie hinterher: »Aber nicht so, wie Sie sich das jetzt vielleicht vorstellen. Wir bewohnen von den drei

Räumen nur eines der Zimmer. Im zweiten lebt eine ältere Dame. Weil mein Mann und ich berufstätig sind und achtundvierzig Stunden in der Woche arbeiten, passt die Rentnerin auf unser Kind auf. Ohne diesen Nebenjob würde sie verhungern, so gering ist die staatliche Rente. Alles ist durchorganisiert, die Betreuung des Kindes ist gewährleistet, und die alte Frau hilft im Haushalt mit. Im dritten Zimmer ist eine fünfköpfige Familie untergebracht, drei Kinder und die Eltern. Die Küche und das Bad teilen wir uns alle. Und damit geht es uns sehr gut, wir haben keinen Grund zu klagen.«

Einer meiner Mitarbeiter, unser Prokurist, der mir mit der Zigarettenstange im Hotel ausgeholfen hatte, wusste wiederum dies zu berichten: Er kam in eine 250 Quadratmeter große Wohnung, Altbau, hohe Räume, feinstes altes Russland. Mit Brettern waren überall Zwischendecken gezogen. Vierzehn Familien lebten dort. Es gab nur ein Telefon, das den ganzen Tag klingelte. Er sagte: »Unglaublich, was für eine Power und Dynamik auf dieser Fläche herrschten.«

Später überlegte ich, Mascha und Dascha nach Deutschland einzuladen, aber ich wollte nicht den Eindruck erwecken, ich würde sie wie ein Schauobjekt behandeln. Zwölf Jahre nach unserer Moskaureise, 2003, sind Mascha und Dascha gestorben. Dascha erlitt einen Herzinfarkt. Ihre Schwester Masha überlebte sie um siebzehn Stunden. Sie hatten mir erzählt, dass ihre Lebenserwartung bei etwa fünfzig Jahren liege. An ihrem fünfzigsten Geburtstag hatten die russischen Behörden den Frauen angeboten, sie zu trennen. Medizinisch wäre dies damals wohl möglich gewesen. Doch sie lehnten ab. Nein, danke, sagten sie, wenn eine von uns bei dem Eingriff stirbt, werde die andere diesen Verlust emotional nicht überleben.

Wachsen, um zu überleben

Die Russland-Geschichte zeigt, dass Konkurrenten auch zusammenhalten können, wenn es drauf ankommt. Götz Werner und Anton Schlecker hatten nicht mit der Wimper gezuckt, als ich sie um Hilfe bat.

Anfang der Neunziger tummelten sich auf dem deutschen Drogeriemarkt rund achtzehn starke oder mittelstarke Wettbewerber. Vor allem seit dem Jahr 2000 wurde der Konkurrenzdruck immer größer. Nur wer gewachsen war, hatte eine Chance zu bestehen. Damals fing ich an, andere Unternehmen nach und nach aufzukaufen. Götz Werners Unternehmen dm war zweieinhalbmal größer als wir. Auch Schlecker war extrem erfolgreich. Rossmann war ins Hintertreffen geraten. Nachdem wir aber durch unser neues Geschäftsmodell, das wir nach der Krise 1996 etabliert hatten, endlich Geld verdienten, waren wir in der Lage zu expandieren und unsere Mitbewerber zu überbieten. Also kaufte ich andere Unternehmen auf. Hundert Läden von Idea, der Drogeriemarktkette von Rewe. Sage und schreibe 450 KD-Filialen übernahm ich von Karl-Erivan Haub, dem Besitzer von Tengelmann. Das war mein größter Deal. Außerdem schluckten wir die norddeutsche Kloppenburg-Kette.

Die Großen wurden immer größer, die Kleinen verschwanden vom Markt. Im Zuge der Schlecker-Insolvenz erstanden wir knapp hundert Filialen der Schlecker-Tochter Ihr Platz. Als Unternehmer werde ich oft gefragt, ob ich denn kein schlechtes Gewissen hätte, wenn wir kleineren Wettbewerbern mit unserer Preis- und Expansionspolitik Probleme bereiten. Meine Antwort darauf: Ich gehöre lieber zu den Jägern als zu den Gejagten. Wer im scharfen Wettbewerb steht, kann es nicht allen recht machen. Und dieser Wettbewerb – das darf man nicht vergessen – fördert günstige Preise, was letztlich dem Verbraucher zugutekommt. Was vielen nicht bewusst ist: Nirgendwo auf der Welt kann man so billig Markenartikel einkaufen wie in Deutschland. Wir sind ein Land der Discounter, sowohl im Bereich der Lebensmittel als auch in dem der Drogerien. Alles im Leben hat Vor- und Nachteile. Dass Millionen Verbraucher so günstig einkaufen können, ist ein großer Vorteil. Viele haben nur wenig Geld, und Geringverdiener können dennoch qualitativ hochwertige Produkte günstig einkaufen. Das ist auch ein Stück Wohlstand. Eine Tube Zahncreme zum Beispiel kostet in England oft bis zu 50 Prozent mehr als hierzulande. Nachteilig ist, dass der Verbraucher nur deswegen so billig einkaufen kann, weil es einen enormen Wettbewerb gibt, bei dem nur der überlebt, der seine Ware günstiger anbietet als die Konkurrenz. Der harte Wettbewerb bedroht dann tatsächlich die Existenz kleiner Unternehmen. Das ist die Kehrseite.

Als Unternehmer lebt man permanent mit dem Risiko: Man kann es schaffen und erfolgreich werden, man kann aber ebenso scheitern und alles verlieren. Und auch wenn viele der Drogeriemarktketten verschwunden sind, bleibt der Wettbewerb hart. Platzhirsch ist der, der sich allein an einem Standort befindet. Eröffnet ein dm-Laden neben einer Rossmann-Filiale, schrumpft der Umsatz. So einfach ist das. Es herrscht ein ständiger Kampf um die besten Standorte. Wer ist wo zuerst? Trotz Wettbewerb muss es aber fair zugehen. Mein Prinzip: Sei niemals rücksichtslos. Nimm Rücksicht! Das gilt im Privaten wie auch im Geschäftlichen. So gesehen bin ich eigentlich ein schlechter Kaufmann. Wenn ich jemandem etwas abkaufen möchte, nenne ich ihm meinen optimalen Preis. Ich feilsche nicht, sondern sage zum Beispiel: »Ich biete dir 11 000 Euro.« Und wenn der andere »12 000« sagt, antworte ich: »Tut mir leid, die 11 000 sind meine Grenze. Ich hab die von vornherein festgelegt.« – »Dann 11 500«, erklärt der andere. Und ich: »Nein! Die 11 000 Euro sind meine Grenze. Ich habe mir lange überlegt, wie viel ich maximal ausgeben möchte.« Verhandlungen dieser Art mag ich überhaupt nicht. Im Vorfeld bedenke ich: Was ist der faire Preis, den ich bereit bin, zu zahlen? Was ist für den anderen ein faires Angebot? Wo liegt die goldene Mitte? Das mag keine clevere Verhandlungstaktik sein, aber sie ist meine.

Götz Werner, unseren Hauptkonkurrenten, zwei Jahre älter als ich, kenne ich seit Herbst 1972. Wenige Monate nachdem ich meinen ersten Laden eröffnet hatte, kündigte er seinen Besuch bei mir in Hannover an. Er kam in Begleitung seines Geschäftspartners Günther Lehmann. Götz' Vater besaß schon fünfzehn Drogerien in Heidelberg und Umgebung, Lehmann eine Lebensmittelkette, die beiden hatten sich zusammengetan. Nach außen hin trat später hauptsächlich Götz in Erscheinung. Die beiden kontaktierten mich, weil sie sich für mein Verkaufskonzept interessierten. Dass wir so erfolgreich waren mit unserem Selbstbedienungsladen, hatte sich wie ein Lauffeuer in der Branche herumgesprochen. Ich zeigte beiden mein Geschäft und das Lager und erklärte ihnen alles, sie hörten sich meine Ausführungen mit großem Interesse an.

Götz Werner war eine eindrucksvolle, stattliche Persönlichkeit, schon als junger Mann. Eins fünfundachtzig groß, sportlich, Ruderer. Ich war dagegen ein kleiner Steppke. Darüber machte Götz gerne ironische Kommentare. Er war damals schon so wie heute: mutig, selbstbewusst, ein Fels in der Brandung. Ein Mann, der einen starken Willen hatte. Darin ähnelten wir uns. Lange Zeit fühlte er sich mir gegenüber überlegen. Ich trat ja ganz gern als Underdog auf. Der Brillenunternehmer Günther Fielmann soll einmal, vor dreißig Jahren, eine Bemerkung über mich gemacht haben: Wie könne diese blutleere, willensschwache und blasse Person nur so viel Erfolg haben? Ich habe Günther Fielmann nie darauf angesprochen, nahm es ihm aber auch nicht übel, denn vielleicht erweckte ich damals einen solchen Eindruck. Gegenüber Götz empfand ich tatsächlich eine leichte Unterlegenheit, heute ist das längst nicht mehr der Fall. Aber die Rivalität, das Gefühl, hinter ihm zu liegen, langsamer zu sein, das ärgerte mich und spornte mich zugleich an. Jetzt erst recht! Ich habe genau das gebraucht, um besser zu werden. Vor acht Jahren sagte der Geschäftsführer einer großen und renommierten Werbeagentur zu mir, bei einem Essen zu fortgeschrittener Stunde: »In zehn Jahren, so meine Prognose, gibt es nur noch dm auf dem deutschen Markt, dann sind Sie Geschichte.«

»Wenn Sie das so sehen«, meinte ich gelassen. »Warten wir's ab.«

Da hatte der sich wohl ein bisschen verkalkuliert …

In den Anfangsjahren gab es noch keine Konkurrenz zwischen dm und Rossmann, in Deutschland konnten wir beide expandieren. Götz eröffnete seinen ersten Drogeriemarkt ein Jahr nach mir, 1973, in Baden-Württemberg. In den Folgejahren vergrößerten wir uns: Ich eroberte mit meinen Filialen den Norden, Götz Werner breitete sich mit seinen dm-Geschäften im Süden der Republik aus. Lange Zeit kamen wir uns nicht ins Gehege. Darüber existierte keine Absprache – wir ließen uns einfach in Ruhe. In den Anfängen, etwa über einen Zeitraum von zehn Jahren, haben wir sogar gemeinsam für unsere Geschäfte den Einkauf getätigt. Als der Raum zum Expandieren enger wurde, änderte sich die Situation. Dennoch freundeten Götz Werner und ich uns an, fuhren gelegentlich sogar gemeinsam in den Urlaub. Ich besuchte ihn in der Schweiz, wir wanderten in den Bergen und führten gute und intensive Gespräche. Götz ist ein Intellektueller, einer seiner klugen Sätze, der mir sehr gefällt, lautet: »Der Umsatz ist der Applaus unserer Kunden.« Er hat sich schon früh der Anthroposophie verschrieben, und gab mir gelegentlich Bücher über Rudolf Steiner und seine Denkweise, aber dies war nicht meine Welt. Dennoch hat Götz mir viele Denkanstöße gegeben. Ich nenne nur das Grundeinkommen, für das er sich seit Jahrzehnten einsetzt. Unsere Steuergesetzgebung ist mittlerweile ein so undurchsichtiges Geflecht aus Vorschriften, Richtlinien und Gesetzen, dass selbst die findigsten Steuerberater und Wirtschaftsprüfer das Ganze kaum noch verstehen. Die Politiker reden seit Jahren von einer dringend erforderlichen Vereinfachung, tun aber genau das Gegenteil. So wie Götz Werner das Grundeinkommen angedacht hat, ist es aus meiner Sicht nicht praktikabel. Dass er generell die Frage in den Raum stellt, geht das Ganze nicht auch einfacher, finde ich gut. Das Menschenbild, welches Götz vertritt, teile ich in vielem. Er ist ein verantwortungsvoller Unternehmer.

Unsere Lebenswege haben sich gekreuzt, unsere Unternehmen wuchsen zu den beiden Riesen der Branche. Heute haben wir weniger Kontakt, denn Götz hat sich aus dem operativen Geschäft zurückgezogen, seitdem sein Sohn Christoph viele Aufgaben übernommen hat. Wir haben uns ein bisschen auseinandergelebt. Aber wenn wir uns sehen, ist da sofort die Herzlichkeit alter Weggefährten.

Besonders in Erinnerung geblieben ist mir eine Reise mit ihm nach Argentinien im Jahr 1978. Ein großer Markenartikler hatte die sechzig größten deutschen Einzelhändler zur Fußballweltmeisterschaft eingeladen, unter anderem Götz und mich. Legendär war das Spiel Deutschland gegen Österreich am 21. Juni. Im letzten Spiel der Zwischenrunde unterlag die deutsche Mannschaft – wir waren amtierende Weltmeister – den Österreichern mit 2:3. Unsere Reisegruppe war morgens in Córdoba angekommen. Für die Argentinier waren wir, die Europäer, eine große Attraktion, und wir wurden sehr herzlich empfangen. Das Spiel – Anpfiff um 13:45 Uhr Estadio Córdoba Chateau Carreras – war natürlich eine furchtbare Angelegenheit und hat uns alle völlig frustriert. In entsprechender Laune bestiegen wir am Abend die sechs Busse, die uns noch in der Nacht nach Buenos Aires zurückfahren sollten. Acht Stunden Fahrt lagen vor uns. Götz und ich fanden einen Platz im ersten Bus unseres kleinen Konvois, ganz vorne. Um unseren Busfahrer machten wir uns Sorgen, denn neben ihm stand eine Kiste mit Weinflaschen, von denen einige bereits leer waren. Der Fahrer war offensichtlich ziemlich angetrunken und hing halb überm Lenkrad. Wir dachten: Gut, dass wir in der ersten Reihe sitzen und ein Auge auf ihn haben, falls er einschläft.

Die Straßen waren zum Glück leer, die Menschen schauten Fußball. Im Radio, das laut durch den Bus schallte, wurden die ganze Nacht die Übertragungen der Spiele wiederholt. Am Abend hatte Argentinien gegen Peru mit 6:0 gewonnen. Bei jedem Tor brüllte unserer Busfahrer begeistert mit und öffnete eine weitere Flasche Wein. Götz und ich beteten, dass wir heil das Hotel erreichen mögen. Morgens um vier passierte es: Ein großer Stein flog von irgendwoher durch unsere Windschutzscheibe und riss ein Riesenloch ins Glas. Der Fahrer bekam offenbar wenig davon mit, stoisch fuhr er weiter. Um uns herum lagen überall Scherben. Schließlich brachten wir den Fahrer dazu anzuhalten. Wir machten die Windschutzscheibe frei, schlugen das zerborstene Glas heraus, damit es niemanden verletzte. Die Horrorfahrt ging weiter. Götz und ich machten drei Kreuze, als wir endlich, in den frühen Morgenstunden, an unserem Hotel vorfuhren.

Mein Zimmer lag im zwölften Stock, der Fahrstuhl war wieder einmal defekt. Ich, todmüde, da ich während der Busfahrt keine Sekunde hatte schlafen können, ging zu Fuß über die Treppen nach oben. Und musste mich beeilen, weil ich dringend aufs Klo musste. Über der Toilette hing ein großer, schwerer Spülkasten mit einer Kordel, an der man ziehen musste. Auch die Spülung war kaputt, und ich zog mit aller Kraft an der Schnur, wieder und wieder, und merkte erst zu spät, dass der Spülkasten sich aus seiner Verankerung löste … Wie lange ich besinnungslos auf dem Boden des Badezimmers gelegen habe, kann ich nicht sagen. Irgendwie schaffte ich es, mich noch ins Bett zu schleppen.

Córdoba war ein Desaster auf ganzer Linie, und was der betrunkene Busfahrer nicht geschafft hatte, hatte der Spülkasten hinbekommen: mich ausgeknockt. Das Endspiel der WM, das die Argentinier und Niederländer wenige Tage später bestritten, erlebten Götz und ich live im Stadion. Unbeschreiblich die

Begeisterung, fast war es Hysterie, mit der die Argentinier den Titelgewinn feierten. Die ganze Stadt kochte.

Ein weiterer Konkurrent war früher Anton Schlecker, ihn kenne ich ebenfalls schon lange, seit mehr als fünfundzwanzig Jahren. Wir gingen gelegentlich, wenn er nach Hannover kam, mit unseren Ehefrauen essen, wobei Anton Schlecker meistens zahlen wollte. Bei unseren Treffen ging es locker zu, es wurde viel gelacht an diesen Abenden. Ich denke, in gewisser Weise fühlte auch er sich mir überlegen, denn damals war er wirtschaftlich erfolgreicher als ich. 2012 ging Schlecker in die Insolvenz. Jedem, der sich ein bisschen auskannte, war schon Jahre vorher klar, dass es früher oder später dazu kommen musste. Schleckers Durchschnittsumsätze lagen weit unter dem der Wettbewerber. Parallel dazu hatte das Unternehmen prozentual die höchsten Kosten. Rein mathematisch konnte es gar nicht funktionieren. Tausende Mitarbeiter verloren ihre Arbeit und taten uns leid. Götz und ich redeten gelegentlich über Schleckers Situation und wunderten uns, dass es überhaupt so lange gut ging. Was man Anton Schlecker vielleicht vorwerfen kann: Er hat die sich in den letzten Jahren abzeichnende Unternehmenskrise bestimmt viel zu lange verdrängt. Schlecker war nicht mehr wettbewerbsfähig, seine Filialen waren schlichtweg zu klein und die Standorte oftmals nicht attraktiv. In manchen Orten lagen zwei Schlecker-Filialen Tür an Tür. Dabei kommt es auf jede einzelne an, jede Filiale zählt. Völlig absurd, am Ende ein einziges Chaos.

Als Anton Schlecker 1975 startete, habe ich ihn erst kaum wahrgenommen, weil er hauptsächlich im Süden seine Läden eröffnete. Zur Konkurrenz wurde er, als er nach Norden expandierte. Schlecker war sehr stark, eröffnete bis zu tausend neue Filialen im Jahr. Seine Einkaufsmacht war enorm, bei den Lieferanten bekam er die besten Konditionen.

Anton Schlecker und ich sind uns immer mit Sympathie begegnet, auch privat. Ich erlebte ihn nie als den bösen Unternehmer, als der er in den Medien oftmals dargestellt wurde.

Nach der Jahrtausendwende wurden wir, dm und Müller immer größer. Schlecker verlor Kunden. Manchmal ging ich morgens und abends in einem Schlecker-Laden einkaufen. Auf dem Kassenbon stand die laufende Kundennummer, die aufzeigt, wie viele Kunden an dem Tag eingekauft hatten. Es wurden immer weniger. Kurz vor der Insolvenz habe ich Anton Schlecker noch einmal zu einem Essen im baden-württembergischen Ehingen getroffen. Wir sprachen über ganz oberflächliche, formale Dinge. Die drohende Pleite, das Wichtigste also, war kein Thema. Es wurde heile Welt gespielt wie in einer Theateraufführung, völlig surreal, und auch irgendwie traurig. Nach der Pleite zog sich Anton Schlecker komplett zurück. Seitdem habe ich auch nie wieder etwas von ihm gehört.

Heute ist die Drogeriemarktlandschaft übersichtlich geworden. Nach dm und Rossmann ist – mit großem Abstand – Erwin Müller nach Umsatz der drittgrößte deutsche Drogeriediscounter. Seine Firma ist in Ulm ansässig, wird immer noch von Erwin Müller selbst geleitet, und das mit sechsundachtzig Jahren. Sein Sohn durfte nicht die Verantwortung übernehmen.

Unser Unternehmen, die Rossmann GmbH, befindet sich mehrheitlich – zu 60 Prozent – im Besitz meiner Familie, daneben ist die weltweit tätige A.S. Watson Group mit 40 Prozent beteiligt. Der größte Teil unseres Vermögens liegt in Form von Zahnpasta und Waschmittel in unseren Läden oder steckt in Beteiligungen. Ein hoher Kontostand ist aber auch gar nicht das, was mir wichtig ist. Ich gebe ohnehin nicht viel aus, bin kein materieller Mensch. Das soll nicht kokett klingen. Geld ist mir wichtig, für vieles, was ich tue. Nicht aber, wenn es um mein persönliches Glück geht. Ich will nicht mit meinem Geld protzen, ein bescheidenes Auftreten ist mir wichtig. Mein Auto ist acht Jahre alt, seine Aufgabe ist es, mich von A nach B zu bringen. Mein Handy ist ein alter Knochen, kein Smartphone. Ich besitze weder eine Jacht noch einen eigenen Jet, noch nicht einmal einen eigenen Laptop. Und ich habe nie ein Portemonnaie bei mir. Wenn ich aus dem Haus gehe, stecke ich mir ein paar Geldscheine in die Hosentasche. Und diese Hose – am liebsten eine Jeans – ist bequem und funktional. Mode spielt für mich keine Rolle. So gesehen bin ich ein kompletter Konsummuffel. Nur wenn ich reise, wird nicht gespart. Ich lege Wert auf gute Hotels und fliege auch nicht in der Economy-Klasse. Ich gebe gern Geld für Bücher aus, denn ich lese immer noch unheimlich viel und unterstreiche hier und da Stellen, die mir wichtig sind, oder mache Eselsohren. Deswegen lese ich Bücher nur in Papierform, niemals ein E-Book. Gute Literatur vertieft die Wahrnehmung der Welt, in der ich lebe. Ich erfahre durch Bücher etwas über Horizonte, die ich nicht kenne. So bekomme ich neue Anregungen für mein Herz und Gehirn. Denn wir laufen als Menschen in der heutigen Zeit oftmals Gefahr, die Dinge zu monokausal zu sehen. Manche interessieren sich nur für Fußball, andere nur für Geld. Wir dürfen nicht den Blick für die Welt als Ganzes verlieren.

Wie wichtig ist Geld? Ich werde die Frage indirekt beantworten. Was bedeutet mir ein gutes Essen? Der Feinschmecker wird sagen: »Gutes Essen ist mir sehr wichtig!« Aber eigentlich ist das eine oberflächliche Aussage. Für jemanden, der zwei Tage lang nichts gegessen hat, hat eine Mahlzeit eine fundamental andere Bedeutung als für denjenigen, der gut genährt ist. Und so ist es auch mit dem Geld: Wenn man keines hat, ist es extrem wichtig. Man braucht Geld, um sich die Grundbedürfnisse des Lebens erfüllen zu können. Wie man an das Geld herankommt, ist eine individuelle Angelegenheit. Der eine arbeitet gern als Beamter, der andere ist lieber Unternehmer. Die einen sind im technischen Bereich tätig, die anderen in der Kultur. Ich habe Respekt vor Leuten, die nicht überheblich sind, nicht großkotzig. Wer reich ist, sollte dankbar sein. Demütig. »Mensch, ich habe es unglaublich gut.« Daraus erwächst die Freude an der Pflicht, etwas für andere zu tun.

Mit dem, was wir besitzen, sollten wir bewusst umgehen. Vielleicht ist es in meiner Kindheit im Nachkriegsdeutschland begründet, dass mir jedwede Form von Verschwendung zuwider ist. Bei Platon heißt es an einer Stelle: Wenn Sokrates die Auslagen in den Geschäften sah, wusste er, was er alles nicht brauchte. Ich habe einmal sechs Flaschen eines wirklich teuren Weines geschenkt bekommen. Pervers teuer, könnte man sagen, undenkbar, diese Flaschen einfach so zu öffnen. Ich hätte das Gefühl gehabt, etwas Unanständiges zu tun. Zum Weiterverschenken war der Wein fast zu kostbar. Vielleicht wenn wir hundert werden, öffnen wir eine Flasche, sagte ich zu meiner Frau.

Eines Tages wanderten wir mit guten Freunden durch die Heide, vier Stunden lang. Der Tag war kalt und regnerisch, Schirme hatten wir keine dabei, ein typischer norddeutscher Dauerregen fiel unablässig vom Himmel. Müde und durchgefroren, aber bester Stimmung kamen wir nach Hause. Mussten uns aufwärmen, mit einer heißen Dusche, damit wir uns nicht erkälteten. Und dann ging ich in unseren Kartoffelkeller und holte eine der sechs Flaschen hervor. »Jetzt ist es egal«, sagte ich. »Wenn nicht heute, wann dann?« Und wir tranken diesen wunderbaren Rotwein, der uns so gut schmeckte. Irgendwann waren wir ein bisschen angeschickert. Ich sagte: »In meinem ganzen Leben habe ich noch nie so etwas gemacht, aber heute musste es sein.« Dabei kam es gar nicht darauf an, dass der Wein viel Geld gekostet hatte, sondern darauf, diesen Moment im Hier und Jetzt zu genießen, nicht – wie so oft im Leben – auf das Morgen zu warten.

Ja, ich bin ein unglaublich reicher Mensch, und das meine ich in vielfacher Hinsicht – das Wort »vermögend« trifft es vielleicht besser. Was mich vor allem reich im weiteren Sinne macht, sind die vielen sozialen Beziehungen, die im Lauf meines Lebens entstanden sind, das menschliche Miteinander, das allem erst einen Sinn gibt. Dafür bin ich sehr dankbar. Und diese Erkenntnis ist mir auch nicht in den Schoß gefallen, sie musste reifen und wachsen. Der Sozialpsychologe Erich Fromm hat etwas sehr Kluges und Treffendes in seinem Buch *Haben oder Sein* (1976) formuliert. Darin beschreibt er den Unterschied zwischen Haben und Sein anhand zweier Gedichte aus verschiedenen Jahrhunderten aus der Feder von zwei unterschiedlichen Dichtern. In beiden geht es darum, dass der Dichter auf einem Spaziergang eine wunderschöne Blume am Wegrand erblickt. Der eine, Alfred Tennyson, ein britischer Dichter des 19. Jahrhunderts, ist so verzückt von der Blume, dass er sie pflückt, wohl wissend, dass er sie damit tötet. Er möchte die Blume besitzen, um sie zu verstehen. Der andere Dichter hingegen, der Japaner Matsuo *Bashō* (1644–1694), schaut die Blume nur an, erfreut sich ihres Daseins und erkennt, welche Schönheiten die Natur ihm schenkt. Er berührt die Blume nicht einmal. Und er möchte sie auch nicht sein Eigen nennen, denn er trägt sie in seinem Herzen.

Wer von beiden ist reicher? Was zählt mehr, das Haben oder das Sein? Erich Fromm führt ein drittes Gedicht an, von Johann Wolfgang von Goethe. Es trägt den Titel »Gefunden«. Goethe schreibt über einen Waldspaziergang, im Schatten eines Baumes sieht er ein Blümlein stehen. Doch wie verhält *er* sich? Nimmt er es mit oder schaut er es nur an? Nichts von beidem:

Ich wollt es brechen,
Da sagt es fein:
Soll ich zum Welken
Gebrochen sein?

Mit allen Wurzeln
Hob ich es aus,
Und trug's zum Garten
Am hübschen Haus.

Ich pflanzt es wieder
Am kühlen Ort;
Nun zweigt und blüht es
Mir immer fort.

Goethe wählte also einen dritten Weg, zwischen dem Haben und dem Sein. Ein kluger Weg.

Auch Schopenhauer hatte sich seine Gedanken über das Haben gemacht. Er war der Ansicht, es gebe drei Möglichkeiten. Erstens: Wenn man sehr viel besitzt, ist das nicht gut. Denn dann beschäftigt man sich den lieben langen Tag nur mit seinem Vermögen und macht sich ständig Sorgen darum. Zweitens: Wenn man gar nichts besitzt, ist es auch nicht gut. Das muss man nicht erklären, denn dann fehlt es an allem. Drittens: Ein mittleres Vermögen, eines, das für ein gutes Leben ausreicht, sorgt dafür, dass man keinen Stress hat. Eine einfache Wahrheit, aber die hatte Schopenhauer schon vor 200 Jahren gekannt.

Nun mag man denken, was redet der Roßmann, der ist doch steinreich? Stimmt, für Schopenhauer wäre ich die erste Variante, und früher trieben mich auch Sorgen um, aber die habe ich längst in den Griff bekommen. Neutral betrachtet, ist der dritte Weg der beste.

Der ewige Spieler

Ich bin ein ziemliches Zahlengenie. Das soll jetzt nicht arrogant klingen. Aber Umsätze, Kosten, Statistiken, Zahlen ohne Ende habe ich im Kopf. Doch nur dann, wenn es um Zahlen geht, die für mich irgendeine Bedeutung haben. Hier ein Gegenbeispiel: Mehr als vierzig Jahre lang war ich Inhaber einer Kreditkarte eines bekannten Kreditkarteninstituts. Ich nutzte sie nur selten, da ich, wann immer es möglich ist, lieber bar bezahle. Aber ich war über Jahrzehnte ein treuer Kunde. So etwas, denke ich, sollte zählen.

Kürzlich erhielt ich den Anruf einer Callcentermitarbeiterin. Sie müsse mir am Telefon einige Fragen stellen, damit meine Kreditkarte, die abgelaufen sei, verlängert werden könne. Als Erstes fragte sie mich nach meiner privaten Handynummer, um mich zu identifizieren. Ich sagte, die wüsste ich nicht, »ich ruf' mich doch nie selbst an«. Ich hätte zwanzig Telefonnummern von Freunden herunterrattern können, aber nicht meine eigene. Mit der ersten Frage also kamen wir nicht weiter. Dann solle ich ihr meine private Telefonnummer nennen, fuhr die Frau vom Callcenter fort. Ich sagte, das sei eine Geheimnummer, und so ging es immer weiter. Keine einzige ihrer Fragen konnte oder wollte ich beantworten. Schließlich war ich mit meinem Latein am Ende. Ich erklärte: »Lassen Sie's gut sein.« Und legte auf.

Jetzt besitze ich eine Kreditkarte eines anderen Unternehmens – und das nach vierzig Jahren Treue. Mit dieser Episode möchte ich deutlich machen: Was mich nicht interessiert, das weiß ich auch nicht. Handynummern, Festnetznummern … interessieren mich nicht. Aber wenn ich eine Bilanz sehe, erkenne ich sofort, wo der Fehler liegt.

Ich war ja immer ein Spieler. In jungen Jahren habe ich den *Spieler* von Dostojewski gelesen. Er schrieb den Roman in einer

Rekordzeit von sechsundzwanzig Tagen, er brauchte das Geld, das ihm sein Verleger in Aussicht gestellt hatte. Dostojewski war genauso spielsüchtig wie sein Romanheld Aleksej Iwanowitsch. Die Geschichte hat mich fasziniert, das reale Glücksspiel ebenso. Im Casino von Monte Carlo hatte ich einmal – da war ich noch keine zwanzig – 200 D-Mark eingesetzt und ganz schnell 3000 D-Mark gewonnen. Ich war begeistert, wollte aber nicht den gleichen Fehler machen wie die meisten, die übermütig werden. »Ich bin nicht so doof und verspiele alles wieder. Ich nehm das Geld und höre auf.« So mein Vorsatz. Die Realität sah anders aus: Auf dem Weg nach draußen las ich auf einem Schild das Wort »Bar«. Weil ich früher gern Pfefferminzlikör trank, wollte ich mir in meiner guten Stimmung einen gönnen. Bei einem Glas blieb es nicht, es wurden zwei, drei, vier, fünf … Und beim sechsten Glas war ich voller Enthusiasmus: »Ein Kerl wie ich, der sprengt die Bank!« Mit meinem Gewinn ging ich wieder ins Casino, und nach nur zehn Minuten war alles verloren. Anschließend musste ich zu Fuß zur Jugendherberge laufen, die konnte ich mir gerade noch leisten.

Ob das eine Lehre für die Zukunft war? Nein, war's nicht. Ich spiele für mein Leben gern, und ich gewinne auch gern. Aber wenn ich verliere, geht für mich die Welt nicht unter. Ich bin ein guter Verlierer. Aber während des Spiels bin ich zu 100 Prozent auf Gewinn aus. Ich kann zum Beispiel auch acht Stunden hintereinander Skat spielen. Meine ganze Familie liebt das Spiel, den Wettstreit. Ein Ball oder eine Tischtennisplatte reichen aus, und alle sind glücklich.

Ich war Mitte dreißig, da erzählte mir ein Bekannter eine dubiose Geschichte. Er habe das Buch eines russischen Fürsten aus Sankt Petersburg gefunden, der darin ein angeblich todsicheres Roulettesystem beschrieb, weshalb dieser Fürst auch weltweit in allen Spielcasinos Hausverbot habe. Das klang ganz schön komisch, dennoch war ich neugierig geworden. Ich wollte unbedingt dieses Buch lesen. 300 Seiten waren schnell gelesen. Auch wenn ich mich mit Zahlen und Mathematik auskenne, richtig durchgestiegen bin ich nicht. Wenn etwas nicht funktioniert, dachte ich mir, sind es Roulettesysteme. Ich war hin- und hergerissen, fand den Inhalt einerseits interessant, hatte andererseits aber Zweifel. Und dann hatte ich eine Idee. Warum lasse ich es nicht auf einen Versuch ankommen? Ich selbst hatte keine Zeit, um mich mit diesem System zu befassen, aber ein Freund mit mathematischem Gespür machte mit.

Wir besorgten uns Permanenzen von Casinos. Was sind Permanenzen? Das sind Aufzeichnungen aus Spielcasinos. Die Reihenfolgen der gefallenen Zahlen beim Roulette werden darin schriftlich festgehalten. Alle Zahlenreihen sind genau dokumentiert, chronologisch. Permanenzen kann man käuflich erwerben, man kann in ihnen zum Beispiel nachlesen, welche Zahlen an einem bestimmten Tag im Jahr 1954 in Monte Carlo an Tisch 7 gefallen sind.

Mein Freund war ein sehr geduldiger, akribischer Mensch. Sechs Monate lang war er damit beschäftigt, anhand Tausender Roulettezahlenreihen in der Theorie das vom russischen Fürsten erdachte System nachzuspielen. Nach dem Motto: »Wenn das System in Zukunft funktionieren soll, hätte es das auch in der Vergangenheit tun müssen.« Klingt wahnsinnig kompliziert, war es auch. Am Ende aber errechneten wir eine Trefferquote von über 99 Prozent. Und jetzt sollte der Praxistest folgen. Wir setzten an einem Tag in einem Casino 20 000 D-Mark ein. Was dann geschah? Ich hätte es ahnen können. Nach wenigen Stunden war das Geld futsch. Alles, was in der Theorie so schön funktionierte, am Roulettetisch klappte nichts. Und ich habe bis heute nicht verstanden, warum es nicht funktionierte. Damit war das Thema Spielcasino für mich erledigt.

Einen kleinen Rückfall hatte ich in Las Vegas, als ich mit meinem Sohn Daniel, er war fünfzehn, eine Rundreise durch Kalifornien machte. Gestartet waren wir in San Francisco, wir schauten uns verschiedene Nationalparks an, fuhren durch die Wüste, durchs Death Valley, unser Trip endete in Las Vegas. Wer die Hotels in Las Vegas kennt, der weiß: Den Spielautomaten und den Roulette- und Kartentischen kann man nicht entkommen. Daniel durfte offiziell noch nicht spielen, deswegen tätigte ich seine Einsätze. Wir setzten keine hohen Beträge, nur unsere Reisekasse, ein paar Hundert Dollar. Daniel hatte ein gutes Händchen, er gewann in kurzer Zeit mehr als 600 US-Dollar. Am Roulettetisch wurde ich immer ganz hektisch, konnte nicht aufhören zu setzen. Wenn der Croupier sagte: »Rien na va plus – nichts geht mehr«, schob ich immer noch meine Chips hin und her, bis er mir mit seinem Stab auf die Finger haute. Was ich gewann, verlor ich auch schnell wieder.

In der letzten Nacht hatte ich plötzlich eine Eingebung. Irgendwie dachte ich, dass ich *jetzt* das todsichere System wüsste. Ich lief nach unten, spielte und häufte schnell einen riesigen Berg von Chips an. 11 000 Dollar. Aber ich setzte weiter – und verlor alles bis auf zwei Dollar. So viel zu meinem todsicheren System. Anschließend machte ich einen Spaziergang auf dem Strip. Zu später Stunde waren noch viele Menschen unterwegs, die Stadt war hell erleuchtet, es wehte ein warmer Wüstenwind. Einen der beiden Dollar schenkte ich einem Straßenmusikanten. Mit dem anderen wollte ich noch einen allerletzten Versuch wagen und ging in eines der vielen Casinos. Und machte aus einem Dollar 40 Dollar! So endete Las Vegas dann doch noch in der Gewinnzone. Seitdem habe ich nie wieder ein Casino betreten.

Nachdem ich während der großen Krise einiges an der Börse verloren hatte, gab ich die Aktienspekulation für lange Zeit auf. Heute bin ich an der Börse wieder sehr aktiv. Ich spekuliere jetzt mit totaler Entspannung und bin sehr erfolgreich in dem, was ich tue. Man muss ein bisschen über die Firmen wissen, in die man sein Geld investiert. Man darf auch nie übermütig werden. Übermut wird schnell zum Verhängnis. Für mich beginnt der Tag damit, morgens in aller Ruhe den Wirtschafts- und Finanzteil der *FAZ* zu lesen. Hier finde ich alles Wichtige über Unternehmen und ihre Entwicklungen. Wer betreibt welches Geschäftsmodell, welcher Konzern ist solide? Welche neuen Aktien kommen auf den Markt? Für mich ist das der reine Spaß. Anschließend telefoniere ich mit dem zuständigen Herrn bei meiner Bank. Nur ein einziges Mal hat er mir einen Rat gegeben. Ich entscheide alles selbst, denn ich bin eigentlich völlig beratungsresistent.

Meine Aktiengeschäfte tätige ich ausschließlich auf telefonischem Weg. Mit einem Computer arbeite ich ohnehin nicht. Solange es nicht zu einem Börsencrash kommt, die Kurse steigen oder einigermaßen dort bleiben, wo sie sind, bin ich mit meinem Portfolio meistens auf der richtigen Seite.

Teil III
SEIN

Haltung und Zivilcourage

Als Chef eines großen Unternehmens ist es nicht ungewöhnlich, gelegentlich im Fokus der Öffentlichkeit und der Medien zu stehen. Heute gehe ich locker damit um, habe kein Lampenfieber mehr. Vor einigen Jahren sah das noch anders aus. Meine »Fernsehkarriere«, wenn ich das einmal so nennen darf, habe ich erst im reifen Alter von fünfundsechzig Jahren begonnen. Plötzlich wurde ich in die Talkshows von Günther Jauch, Frank Plasberg, Markus Lanz und anderen eingeladen. Hintergrund war die Affäre um den damaligen Bundespräsidenten Christian Wulff, der zu der Zeit heftig in der Kritik stand. Ich kenne Christian Wulff schon lange. Als er noch Ministerpräsident von Niedersachsen war, von 2003 bis 2010, sind wir uns immer wieder begegnet. Er lud mich – zusammen mit anderen niedersächsischen Unternehmern – zum Beispiel auf eine Reise nach Rumänien und in die Slowakei ein. »Einladen« ist nicht ganz das richtige Wort, denn die Teilnehmer aus der Wirtschaft mussten ihren Aufenthalt in diesen Ländern selbst bezahlen. Immer wieder gab es im Lauf der Jahre Begegnungen auf Veranstaltungen, wo Politik und Wirtschaft aufeinandertrafen. Man kannte sich halt.

Nach der Trennung von seiner ersten Ehefrau heiratete er 2008 Bettina Körner, eine PR-Beraterin. Sie arbeitete zunächst noch für einen Automobilzulieferer, bewarb sich dann aber bei uns in der Pressestelle. Dreizehn Monate war sie bei Rossmann als Pressereferentin tätig. Im Unternehmen galt sie als kollegial und unkompliziert, war beliebt im Haus, ganz bodenständig, kam meistens mit dem Fahrrad ins Büro. Seit damals setzt sie sich für die DSW, die Deutsche Stiftung Weltbevölkerung, ein. Ich mochte Bettina Wulff von Anfang an. Sie war patent, selbstbewusst, hatte alles gut im Griff. Familie – zwei Kinder, ein

Sohn aus einer ersten Ehe, ein gemeinsamer mit Christian Wulff –, Job und nebenbei noch Ehefrau des Ministerpräsidenten, womit zahlreiche Verpflichtungen einhergingen.

Über das Arbeitsverhältnis und die diversen Kontakte aus der Ministerpräsidentenzeit hatte ich einen guten Draht zum Ehepaar Wulff. Als feststand, dass Christian Wulff zum Bundespräsidenten gewählt werden sollte, beendete Bettina Wulff den Job bei uns. Die Wahl am 3. Juni 2010, kurz nach dem überraschenden Rücktritt von Horst Köhler, verfolgte ich mit Spannung. Christian Wulff trat unter anderem gegen Joachim Gauck an. In den ersten beiden Wahlgängen erreichte er nicht die erforderliche Mehrheit, obwohl die schwarz-gelbe Regierungskoalition in der Bundesversammlung über die absolute Mehrheit verfügte. Erst im dritten Wahlgang setzte er sich durch.

Nach Amtsantritt lebten die Wulffs in Berlin-Dahlem, einmal luden sie meine Frau und mich zu einem privaten Essen ein, und wir verbrachten einen schönen Abend miteinander. Damals war die Welt der Wulffs noch in Ordnung. Unser Kontakt wurde weniger, brach aber nie ganz ab. Das Wort »Freundschaft« wäre zu hoch gegriffen, eine solche entstand erst später. Und dann kam die Wulff-Affäre. Auf die einzelnen Vorwürfe, die man ihm machte – wovon sich viele später in Luft auflösten –, möchte ich nicht eingehen. Nur so viel: Nicht alles, was er getan hatte, war korrekt, das meiste aber wurde auf unverantwortliche Weise aufgebauscht und skandalisiert. Unsere Medien haben sich in dieser Angelegenheit nicht mit Ruhm bekleckert.

Meiner Meinung nach ging die Kampagne gegen die Wulffs aber schon zu einem sehr frühen Zeitpunkt los. Als zum ersten Mal eine Zeitung auf der Titelseite darüber berichtete, wie völlig unpassend doch das Kleid von Bettina Wulff sei, das sie bei einem Staatsbesuch in Moskau getragen hatte. Zunächst war das nur eine unbedeutende Meldung, für mich aber markierte sie den Anfang. Und Christian Wulffs Aussage, auch der Islam gehöre inzwischen zu Deutschland – diese Äußerung fiel in seiner Rede anlässlich der Feierlichkeiten zur Deutschen Einheit –, passte einigen Leuten überhaupt nicht, und dann kam eines zum anderen. Ganz langsam fing die Demontage an. Kleinigkeiten hier, Kritik dort, da baute sich etwas auf. Nach dem Islam-Satz hatten ihn seine Widersacher – auch in den eigenen Reihen – zum Abschuss freigegeben.

Gerüchte um besonders günstige Konditionen für den Hauskauf in Großburgwedel brachten die Lawine endgültig ins Rollen, Vorwürfe der Vorteilsnahme, Einladungen zu Essen, Hotelkosten und so weiter. Innerhalb weniger Monate wurde aus einem Publikumsliebling – lange Zeit war Wulff der mit Abstand beliebteste Politiker des Landes – der Buhmann der Nation. Wie gesagt, ich werde nicht behaupten, dass er alles richtig gemacht hat. Sicherlich hat er sich auch angreifbar gemacht und gelegentlich ungeschickt verhalten. Eine mediale Hetzjagd begann, die mit dem Rücktritt des Bundespräsidenten endete. In der ganzen Debatte gab es eine öffentliche Vorverurteilung, die einer Hinrichtung gleichkam und die mich damals auf die Palme brachte. Jede Kleinigkeit wurde zum Drama. Eine Hysterie brach aus, der Bundespräsident wurde behandelt wie ein Schwerverbrecher. Die Wulffs taten mir leid in dieser Extremsituation. Und ich war geschockt, dass selbst die seriösen Blätter jeden Tag eine neue Negativschlagzeile brachten. Die Wulffs waren in diesen Monaten als Familie, als Menschen völlig überfordert. Er, der Berufspolitiker, litt an dem, was ich »Politikerkrankheit« nenne. Politiker wollen gewählt werden, wollen oder müssen sich immer wieder fragen, wie wirke ich auf meine Wähler. Und das führt zu einer Art Dauerstress. Immer wieder erleben wir, dass Politiker von Medien aufgebaut werden, und wenn es mal schlecht für sie läuft, auch schnell wieder demontiert.

In dieser aufgewühlten Gesamtlage ging ich an die Öffentlichkeit und mahnte in den Fernsehdebatten Mäßigung an. Die Aufhebung von Wulffs Immunität durch die Staatsanwaltschaft

Hannover am 16. Februar 2012 war der Anfang vom Ende. Kurz davor saß ich in der ZDF-Talkrunde von Maybrit Illner und redete mich so in Rage, dass selbst Oskar Lafontaine achtundzwanzig Minuten lang nicht zu Wort kam. Kurz nach dem Rücktritt von Christian Wulff war ich bei Günther Jauch zu Gast und sagte den später oft zitierten Satz: »Es ist nicht Aufgabe der Medien, jeder Mücke in den Popo zu gucken.« Mit einem Schlag war ich einem breiten Publikum auch als Mensch bekannt. Ab und zu spricht mich im Zug jemand an. Letztens sagte ein älterer Herr zu mir: »Sie sehen aus wie der Herr Roßmann.« Ich lächelte ihn an und meinte: »Na ja, wenn ich morgens in den Spiegel schaue, denke ich das auch.«

Ich habe mich mein ganzes Leben lang bemüht, immer ehrlich zu sein, auch wenn das bedeutete, Dinge gegen meine eigenen Interessen zu tun. Was gerade als Händler oft schwierig ist, denn ich möchte schließlich keine Gruppen von Kunden verärgern, weil ich politisch nicht einer Meinung mit ihnen bin. Aber ich habe versucht, mich nie zu verbiegen, das liegt mir auch nicht. Das Allerwichtigste und Kostbarste als Unternehmer ist Vertrauen, und die Bedingung für Vertrauen ist Ehrlichkeit. Wer lügt, dem vertraut man nicht. Nach meinen Fernsehauftritten bekam ich eine Menge böse Briefe, aber auch anerkennendes Feedback. Neben der Kritik, die hagelte, sagten auch viele, endlich habe mal einer den Mut, Tacheles zu reden.

Später, im Frühjahr 2012, sah ich Christian Wulff wieder. Wir gingen gelegentlich zusammen wandern und tauschten uns aus. Das tat ihm gut. Auch für mich waren diese Begegnungen bereichernd. Seitdem besteht ein recht enger Kontakt zwischen uns. Auf gewisse Weise hatte der Rücktritt für ihn auch etwas Gutes, weil er danach Zeit für die Familie hatte. Zeit für die Kinder zu haben ist nicht hoch genug einzuschätzen. Der Politikrummel kann für die Seele etwas Vergiftendes haben, das erleben wir ja heute mehr denn je. So gesehen war das Ende der politischen Karriere für Christian Wulff vielleicht der Anfang einer guten neuen Entwicklung.

Wie ich auf meine Außenwelt wirke, hat auch mich früher zu viel beschäftigt. Bestimmt war ich ein Stück weit geltungssüchtig. In den letzten Jahren habe ich gelernt, entspannter mit den Medien umzugehen. Raoul sagte einmal, wenn ich einen Journalisten treffe, würde ich nach zehn Minuten mit ihm reden, als sei er mein bester Freund. Ich hatte immer ein Urvertrauen anderen gegenüber, auch gegenüber den Medien. Ich dachte: Da sitzen vertrauenswürdige Leute, die haben das Herz am rechten Fleck. Diese Naivität ist mir gelegentlich schlecht bekommen. Dennoch, die allermeisten Journalisten habe ich als absolut fair erlebt. In dem Zusammenhang möchte ich noch einmal auf Schopenhauer zurückkommen, der sagte, das Lebensglück des Menschen hänge von drei Faktoren ab.

Was einer ist.

Was einer hat.

Und was einer in den Augen anderer vorstellt.

Während Besitz oder Ehre, Rang und Ruhm recht flüchtige Schätze sein können, ist das wirklich Einmalige und Kostbarste die Persönlichkeit. Niemand kann sie einem wegnehmen. Wir haben sie oder haben sie nicht. Punkt. Schon Goethe schrieb im *West-östlichen Divan*: »Volk und Knecht und Überwinder, / sie gestehn zu jeder Zeit: / Höchstes Glück der Erdenkinder / sei nur die Persönlichkeit.«

Menschen, die Zivilcourage haben, die Haltung zeigen, die sich nicht den Mund verbieten lassen, sie imponieren mir. Ich denke dabei an Ruth Cohn und ihre gefährliche Zugfahrt in die Schweiz. Menschen, die Mut haben, brauchen wir heute dringender denn je. Ein aktuelles Beispiel: Es ist die Geschichte von Nadia Nischk, sie wurde 2017 von den Lesern der *Braunschweiger Zeitung* zur »Braunschweigerin des Jahres« gekürt. Christian Pfeiffer hielt die Laudatio bei der Preisverleihung. Was hat Nadia Nischk getan? Sie arbeitete in der LAB, der Landesaufnahmebehörde Niedersachsen in Braunschweig. Dort werden

Asylbewerber registriert, Leistungsbescheide ausgestellt, Taschengeld ausgezahlt. Wir befinden uns im Jahr 2015, die Hochzeit der Flüchtlingskrise. Die Mitarbeiter der LAB sind schwer überlastet. Wir erinnern uns an die Nachrichtenbilder von den Zuständen in den Behörden aus dieser Zeit.

Nadia Nischk und eine Kollegin finden heraus, dass sich einige Asylbewerber offenbar Scheinidentitäten zugelegt haben. Mit dem Ziel, sich mehrfach registrieren zu lassen. Manchmal trugen sie einen Bart oder eine Brille, verkleideten sich stümperhaft, aber es waren immer dieselben Personen. Die beiden Frauen begannen damit, eine Liste der verdächtigen Personen zu erstellen. Zur Absicherung machten sie Digitalfotos. Da der Verdacht aufkam, dass diese Form des Betrugs möglicherweise schon mal passiert sei, rollten Nischk und die Kollegin alte Fälle neu auf. Überprüften sie. Sie stießen auf Hunderte mutmaßlicher Betrugsfälle, die sie der Polizei melden wollten. Sie sagten sich, wenn einige so dreist betrügen, leiden alle anderen, die sich korrekt verhalten.

Nischks Vorgesetzte aber wollten von dem Aufklärungseifer der Mitarbeiterinnen nichts hören. Hier herrsche doch Ordnung, so hieß es. Sie habe die Weisung erhalten, berichtete Nischk, alle Ordner in den Keller zu verfrachten und nichts weiter zu unternehmen. Und was tat sie? Ignorierte die Anweisung des Chefs und ging, nach einer schlaflosen Nacht, zur Polizei. Diese nahm 2016 die Ermittlungen auf, gegen 500 mutmaßliche Sozialbetrüger, ebenso wie gegen die Behörde selbst. Nadia Nischk, die den Fall ins Rollen gebracht hatte, verlor ihren Job. Zunächst wurde sie freigestellt, ihr befristeter Arbeitsvertrag nicht verlängert. Als die Vorfälle Anfang 2017 in der Öffentlichkeit bekannt wurden, war die Empörung groß. Viele solidarisierten sich mit Nadia Nischk – und wählten sie zur »Braunschweigerin des Jahres«.

Sie selbst konnte das alles kaum fassen. Sie habe doch nichts Besonderes getan, meinte sie. Weder ein Leben gerettet noch ihr eigenes riskiert. Sie habe nur die Wahrheit gesagt. »Zum ersten Mal werde ich dafür gelobt, dass ich nicht lockergelassen habe«, sagte sie in einem Interview.

In seiner Laudatio bei der Preisverleihung sprach Christian Pfeiffer davon, was die Forschung über Zivilcourage eigentlich weiß. So hätten US-Wissenschaftler in den Siebzigerjahren mehr als 700 Menschen befragt, die im Zweiten Weltkrieg Juden gerettet hatten. Was hatte die Retter geprägt? Wie war ihre Erziehung in der Kindheit? Folgendes habe man herausgefunden, und das sei wirklich spannend: Eine gewaltfreie Erziehung fördere den aufrechten Gang. Der entscheidende Faktor sei die Liebe der Eltern. Sie stärke Empathie und das Selbstvertrauen von Kindern und Jugendlichen, sie sei die Basis dafür, dass sich etwas günstig entwickele: Resilienz – die Kraft, sich auch durch Niederlagen nicht vom Kurs abbringen zu lassen, die Kraft, Widerstand zu leisten. Die Menschen, die Juden retteten, hätten mit leuchtenden Augen von ihren Vätern und Müttern berichtet, die sich liebevoll und couragiert um andere gekümmert haben, wenn sie in Not waren. Es gebe, so Pfeiffer, eine soziale Vererbung der Nächstenliebe und der Kraft, sie auch in kritischen Situationen zum Tragen zu bringen. Für die Entwicklung der erwähnten Resilienz sei entscheidend, dass zumindest ein Mensch in der Familie mit dem Kind wirklich liebevoll und engagiert umgehe. Es brauche einen Menschen, der an das Kind glaubt und ihm dies klar vermittelt: »Ich liebe dich und halte immer zu dir, egal was passiert.« Das sei der entscheidende Faktor dafür, dass die Kraft dafür wachse, in kritischen Situationen auf Kurs zu bleiben und sich Druck von außen nicht zu beugen.

Prof. Christian Pfeiffer ist selbst ein Mann mit Haltung, der sich sein ganzes Leben lang nie den Mund hat verbieten lassen. Versuche, dies zu tun, hat es zahlreiche gegeben. Ich lernte ihn vor etwa zwölf Jahren kennen, als wir zusammen mit der Schauspielerin Senta Berger in der NDR Talksendung von Bettina Tietjen zu Gast waren. Christian Pfeiffer war in der Woche zuvor auch bei Maybrit Illner gewesen, die am Ende ihrer Diskussionsrunde sagte, im Anschluss würde Senta Berger im ZDF über ihr neues Buch erzählen. Als Christian Pfeiffer das hörte, geriet er – noch während der laufenden Sendung – ins Schwärmen, denn er ist ein großer Senta-Berger-Fan. Daraufhin lud ihn Frau Tietjen noch schnell in ihre Sendung ein. In der Talkshow erzählte ich von meinem Protest gegen die Bundeswehr, darüber hat sich Christian Pfeiffer wahnsinnig amüsiert. Nach der Sendung verabredeten wir uns zum Essen, anschließend fuhr ich ihn zum KFN, dem Kriminologischen Forschungsinstitut Niedersachsen, dessen Direktor er damals war. Unterwegs sagte ich, dass ich die Begegnung mit ihm ganz besonders spannend gefunden hätte, insbesondere seine Welt, die der Forschung, der Kriminologie. Danach sahen wir uns immer wieder, unternahmen Wanderungen, spürten früh, dass wir einander vertrauen konnten. Das Reden war die Basis unserer Freundschaft, das Herantasten an die Welt des jeweils anderen.

Ich konnte Christian Pfeiffer dafür gewinnen, dass er für unser Kundenmagazin *Centaur* Texte schreibt, über seine oftmals aufsehenerregenden, stets Debatten auslösenden Studien. »Auf diese Weise«, sagte er, »erreiche ich mit meiner Arbeit den Otto Normalverbraucher, der keine Fachliteratur liest. Diese Tür geöffnet zu bekommen, dafür bin ich dankbar.«

Das Thema Erziehung zieht sich durch Christians Pfeiffers Leben wie ein roter Faden. Hier ticken wir ganz ähnlich. »Wir sind Brüder im Geiste, wenn es darum geht, die Welt mit unseren jeweiligen Möglichkeiten ein bisschen besser zu machen«, meint er. Nicht ein bisschen, sondern sehr viel besser machte er unser Land durch seinen unermüdlichen Einsatz für bessere Erziehungsmethoden. Beispielhaft war sein Kampf, Eltern das Prügeln ihrer Kinder per Gesetz zu untersagen. Im Oktober 2000 – erst dann! – wurde ein solches Gesetz durch das Parlament erlassen. Christian sprach damals als Experte im Bundestag und hielt eine flammende Rede. In einer besonders heiklen Situation befand er sich 2013. Die katholische Kirche hatte ihn und sein Institut mit einer Studie zum sexuellen Missbrauch durch Priester beauftragt. Die Kirche versprach, ihm freie

Hand zu lassen und alle Akten zur Verfügung zu stellen. Es sollte die weltweit größte Studie zur Aufarbeitung kirchlicher Schuld auf diesem Gebiet werden. Dazu hatte man ihn, Deutschlands streitbarsten Kriminologen, auserkoren. Schon bald machte sich Angst innerhalb der Kirche breit.

»Die setzen mir die Pistole auf Brust«, erzählte Christian eines Tages beim Skatspiel. »Sie wollen das Projekt nur dann weiter unterstützen, wenn sie mitentscheiden können, wie es läuft.«

Die Kirche schickte ihm einen Vertragsentwurf, der beinhaltete, dass alle schriftlichen Berichte erst eine Prüfung des Beirats durchlaufen müssten.

»Was die Kirche da verlangt, kommt einer Zensur gleich«, erklärte Christian, »da mache ich nicht mit.« Die Kirche blieb bei ihrer Position: Er solle den Vertrag unterschreiben, oder die Studie würde beendet werden. »Und sie drohten mir mit einer einstweiligen Verfügung, wenn ich das Wort ›Zensur‹ noch einmal verwende.« Halte er sich nicht daran, drohe ihm ein Ordnungsgeld von 100 000 Euro.

Ich fragte, wie er sich dagegen zur Wehr setzen könne. Das sei schwierig, sagte er, denn da man nicht wisse, bei welchem Landgericht der Antrag auf einstweilige Verfügung eingehen würde, müsste sein Anwalt vorsichtshalber an allen 118 deutschen Landgerichten sogenannte Schutzschriften hinterlegen. Das könne er sich nicht leisten.

Ich wollte ihm helfen und machte ihm folgendes Angebot: Ich würde mich mit maximal 75 000 Euro an den Kosten für Anwälte und Verfahren beteiligen.

Mit dieser Zusage im Rücken engagierte Christian noch am selben Tag einen Rechtsanwalt, der sämtliche Landgerichte kontaktierte und besagte Schutzschrift hinterlegte. Als die Kirche tätig wurde, kam sie zu spät. Sie hatte Christian Pfeiffer nicht zum Schweigen bringen können. Am Ende gewann er den Rechtsstreit auf ganzer Linie. Manch anderer hätte es nicht darauf ankommen lassen und sich niemals mit einem so mächtigen Gegner angelegt.

Freunde fürs Leben

Martin Kind sagt, er habe von seiner klugen Frau etwas Wichtiges fürs Leben gelernt: Man müsse ab einem gewissem Alter damit anfangen, Freundschaften zu pflegen. Denn nur wer Freunde hat, ist später nicht allein. Damit hat sie völlig recht.

Alice und ich haben einen recht großen Bekanntenkreis; Kontakte, die sich im Lauf der Jahre nicht nur durch geschäftliche Beziehungen ergeben haben. Aus manchen sind gute Freunde geworden, einige kenne ich seit dreißig oder vierzig Jahren. Wir lernten uns kennen, da waren wir noch jung. Heute sind diese Freunde meist über siebzig, manche haben bereits die achtzig überschritten. Es ist wichtig, mit guten Freunden an der Seite älter und reifer werden zu können. Wir lernen voneinander, immer noch. Und wir ergänzen uns. Den einen oder anderen verliert man mit der Zeit aus den Augen. Andere, wie mein Schulfreund Frank Bahr, tauchen plötzlich wieder auf. Es sind vorwiegend Männerfreundschaften, wobei ich mich mit den Partnerinnen meiner Freunde vielfach auch eng verbunden fühle. Was aber hält diese Männerfreundschaften zusammen? Da ist das Skatspielen, wir haben eine wöchentliche Skatrunde. Das Schachspielen. Das Tennisspielen. Uns verbindet – ganz wichtig in Hannover – der Fußball. Und dann gibt es noch ein besonders schönes Ritual: das Wandern.

Insgesamt sind wir neun Leute, gemeinsam wandern wir seit zehn Jahren. Mit einundsiebzig Jahren bin ich der Jüngste. Einmal im Jahr brechen wir, meist im August, zu einer etwa einwöchigen Tour auf, immer in unterschiedlichen Regionen. Alles ist im Vorfeld minutiös geplant – die Route, die Hotels, der Transport, das Programm. Bei mir zu Hause im Bücherregal stehen neun große Fotobücher von unseren Wanderungen. Von der Pfalz bis zum Rennsteig in Thüringen, von der Sächsischen Schweiz bis zum Oderbruch, überall sind wir schon gewesen. 2017 sind wir in Unterfranken gewandert, rund um Würzburg.

Unsere bunte Truppe besteht aus teilweise recht prominenten Menschen, ein illustrer Kreis. Martin Kind ist dabei und auch der Hannoveraner Altbischof Horst Hirschler. Der Unternehmer Eberhart Kriesel, seine Ehefrau Angela kommt aus der Sprengel-Familie, die ich als kleiner Junge immer so bewundert habe. Hans-Dieter Harig, früher Vorstandsvorsitzender der PreussenElektra AG. Dietrich Hoppenstedt, Ex-Präsident des Deutschen Sparkassen- und Giroverbandes. Rainer Feuerhake, ehemaliger Finanzchef der TUI. Und Sepp Heckmann, der langjährige Chef der Hannover Messe, dessen Einsatz maßgeblich zu verdanken ist, dass die Expo 2000 nach Hannover kam. Die Idee dazu hatte er schon Ende der Achtzigerjahre. Er holte viele prominente Unterstützer ins Boot, von Franz Beckenbauer bis Gerhard Schröder, auch Birgit Breuel von der Treuhand und viele mehr. Und am Ende setzte sich Hannover gegen Weltstädte wie Miami, Rio, Paris oder Hongkong durch. In der finalen Abstimmung Anfang der Neunzigerjahre in Paris wurde es noch sehr spannend. Der große Favorit hieß Toronto. Die Siegerstadt benötigte zweiundzwanzig Stimmen, Hannover hatte sich gut geschlagen, war auf dem zweiten Platz. Toronto hatte bereits einundzwanzig Stimmen bekommen, und es waren noch fünf Stimmen zu vergeben. Alle dachten, das war's jetzt. Hannover chancenlos. Und dann geschah ein kleines Wunder. Alle fünf verbleibenden Stimmen gingen an Hannover! Als das Ergebnis feststand, sprangen alle von den Sitzen auf. Mit der Idee von Nachhaltigkeit hat die Expo 2000 damals Impulse gesetzt. Wir Hannoveraner waren ganz schön stolz auf unsere Heimatstadt.

Wenn ich an unsere Wandergruppe denke, kommt auch Wehmut auf. Wir waren immer neun alte Männer, und seit Kurzem sind wir nur noch acht. Hannes Rehm verstarb 2017. Sein Lebensweg war außergewöhnlich. Viele Jahre lang war er

Vorstandsvorsitzender der Norddeutschen Landesbank. Gerade war er in Pension gegangen, hatte seiner Frau Siggi versprochen, von nun an werde alles anders, »jetzt beginnt das süße Leben«. Doch das *süße Leben* endete schnell – wegen der Bankenkrise, die 2008 die Finanzwelt an den Abgrund manövrierte. So wurde es nichts mit dem beschaulichen Rentnerdasein, stattdessen wurde Hannes Chef des SoFFin, des Finanzmarktstabilisierungsfonds. Damals stand es Spitz auf Knopf, die Weltwirtschaft war kurz vorm Kollabieren. Die Auftragslage der deutschen Wirtschaft brach massiv ein. Ich weiß von Firmen, die ihr gesamtes Bargeld abgehoben haben, damit sie notfalls am Ende des Monats ihre Mitarbeiter bar auszahlen konnten, sollte das Bankensystem zusammenbrechen. Es folgten Wochen und Monate, in denen niemand wusste, wie es enden würde. Die Bundesregierung wollte Panik bei den Bürgern vermeiden und legte einen Fonds von 700 Milliarden Euro auf, besagten SoFFin. Hannes war anfangs gar nicht begeistert, wieder tätig zu werden, aber dann riefen ihn alle Gewichtigen aus Berlin an, bis hin zur Bundeskanzlerin. Schließlich sagte er zu. Da kam der alte Preuße durch, sein Pflichtbewusstsein.

In dieser Zeit lernten wir uns intensiver kennen. Nach etwa drei Monaten Krise war das Schlimmste überstanden, das Vertrauen kehrte zurück. Und mit dem Vertrauen gingen auch wieder Aufträge ein. Hannes machte diesen schwierigen Job drei Jahre lang. In seinem letzten Jahr waren wir in Sachsen wandern, und er berichtete, dass er in der darauffolgenden Woche in Frankfurt von der Deutschen Bundesbank verabschiedet werde. Bundesbankchef Jens Weidmann werde die Rede halten. Ich sagte: »Hannes, wenn du verabschiedet wirst, werden wir dabei sein.«

Wenige Tage später fuhren wir nach Frankfurt. Die Bundesbank ist wie ein Hochsicherheitstrakt, und ich weiß noch, dass auf einem Schild das Wort »Amtswechselfeier« zu lesen war, nicht etwa »Verabschiedung«, ein sehr bürokratischer und kalter Begriff, um sich bei einem Mann zu bedanken, der die Kohlen mit aus dem Feuer geholt hatte. Trotz der enormen Verantwortung, die auf seinen Schultern lastete, nahm er sich jedes Jahr Zeit für unsere siebentägige Wanderung. Im September 2017 starb unser Freund Hannes. Mit einer gemeinsamen Traueranzeige nahmen wir, seine Wanderfreunde, »Abschied von unserem Pilgerbruder«. »Wir gingen gemeinsam ein Stück des Lebensweges«, schrieben wir.

Auf unseren Wanderungen wird viel geredet, mal banal, mal intensiv, so wie uns die Luft bleibt beim Gehen. Es herrscht Telefonverbot, an das sich alle halten. Mit einer Ausnahme: Martin Kind. Er möge mir verzeihen, wenn ich das an dieser Stelle verrate. Aber wenn man mit einem Menschen wie Martin Kind befreundet ist, muss man das ertragen. Und er ist auch der Einzige, dem ich es verzeihe, weil er sich um so viele Dinge kümmern muss und mit Hannover 96 so viel um die Ohren hat. Martin sagt immer: »Einen ganz kleinen Moment bitte, das Telefonat dauert nicht lange …«

Als wir unsere Wandertour in Unterfranken machten, hat er den ganzen Tag lang telefoniert. Ich weiß noch, es war ein Mittwoch, und die Gespräche über den Kauf eines neuen Spielers liefen auf Hochtouren. Martin konnte nicht abtauchen, er musste erreichbar sein. Ein Millionendeal stand im Raum, ein Topspieler sollte eingekauft werden. Martin wollte meine Meinung zum Stand der Verhandlungen hören. Ich sagte: »Martin, wir geben keine 13,5 Millionen aus, ich kenne den Spieler noch nicht einmal. Ich weiß gar nicht, wer das ist.« Und Martin erklärte mir, der ich Gesellschafter bei Hannover 96 bin, zwischen seinen diversen Telefonaten, um wen es sich handelte, wo er gespielt hatte und so weiter. Ich wiederholte: »Wir geben nicht so viel Geld aus.«

»Wie viel sollen wir denn für ihn ausgeben?«, fragte er mich.

»Maximal neun Millionen, wenn überhaupt.«

Martin war einverstanden und telefonierte erneut, um die Summe mitzuteilen.

Am nächsten Morgen, beim Frühstück, kam er zu mir und berichtete: »Wir bekommen ihn für neun Millionen Ablöse!« Der Deal wurde gemacht. Häufig zum Einsatz gekommen ist dieser Spieler dann allerdings nicht, weil er sich schon bald verletzte. Auch um solche Themen geht es also auf unseren Wanderungen, um Fußball, Business, Privates, Kulturelles.

In den ersten Jahren wanderten wir am Tag zwanzig bis fünfundzwanzig Kilometer. Heute, da wir alle etwas älter geworden sind, gehen wir es langsamer an, haben auch immer ein Auto dabei für diejenigen, die nicht mehr so gut zu Fuß sind. Als wir nach Aachen kamen, führte uns der Dombaumeister des Doms persönlich durch die Kathedrale. Als wir im Schwabenland waren, lud uns Altbundespräsident Roman Herzog auf das Schloss seiner Ehefrau Alexandra von Berlichingen ein. In Dresden schauten wir uns die Frauenkirche an. Als wir im Oderbruch wanderten, übernachteten wir auf Schloss Neuhardenberg, einer wunderschön restaurierten Anlage. Jedes Jahr ist ein anderer von uns dafür zuständig, das Reiseziel auszuwählen und alles zu planen. Als ich vor zwei Jahren an der Reihe war, fuhren wir nach Polen. Wandern durch Masuren. Wir gingen sogar in die Luft, machten eine Fahrt im Heißluftballon.

Das Schöne an unserer Truppe ist: Wir sind ein bunt zusammengewürfelter Haufen. Sehr unterschiedliche Charaktere, mit teilweise konträren Ansichten. Streit hat es bislang nicht gegeben, Streitgespräche schon. Ein Beispiel: Ich bin Atheist, einer aber, der an christliche Werte glaubt. Wenn Altbischof Hirschler und ich über Glaubensfragen diskutieren, kommen wir auf keinen grünen Zweig. Ich rede von Immanuel Kant, der – so habe ich ihn verstanden – der Auffassung war, Religion sei Spekulation. Der Bischof widerspricht, Kant habe das in dieser Form nie gesagt. So geht es hin und her, ein Wort gibt das andere. Wir Wanderer sind alle per Du, einzig den Bischof siezen wir. Unterwegs besichtigen wir auch Kirchen. Oft gehe ich mit, aber auch nicht immer. Unsere Touren nennen sich ja auch Pilgerwanderungen. Bischof Hirschler hielt auf der Trauerfeier unseres Wanderbruders Hannes Rehm eine bewegende, zu Herzen gehende Rede. Hirschler versteht es, religiöse und menschliche Themen zu verbinden. Nach der Trauerfeier drückte ich den Bischof – drücken darf ich ihn, duzen nicht – und sagte: »Herr Hirschler, wir sind zwar nicht immer derselben Meinung, aber Sie sind ein wirklich guter Seelsorger.«

Bischof Hirschler, Jahrgang 1933, erzählte mir einmal von seiner Kindheit unter den Nationalsozialisten. Er wurde im Geiste der Partei erzogen und sollte auf eine NS-Eliteschule kommen. Auch wenn ich es mit der Religion nicht so habe, schätze ich die Gespräche mit Bischof Hirschler sehr. Er lebt seinen evangelischen Glauben in tiefer Überzeugung. Seit vielen Jahren ist er Abt des Klosters Loccum in der Nähe des Steinhuder Meers, etwa fünfzig Kilometer von Hannover entfernt.

Auch wenn ich nicht religiös bin, gibt es einen Begriff, den ich sehr mag: Gottvertrauen. Ein Vertrauen darauf, dass alles gut gehen wird. Am Ende wird alles gut. Diese Einstellung ist keine Frage von Reichtum oder Macht, so habe ich schon gedacht, als ich noch überhaupt kein Geld besaß. Damals, in meiner Jugend, als ich auf dem Baum ausharrte, da dachte ich auch, es wird schon alles gut werden. Ich glaube, meine Mutter hat mir immer vertraut. Sie wusste, ich würde es schon richtig machen.

Christian Pfeiffer erwähnte ich bereits. Wir spielen regelmäßig zusammen Schach, beide recht gut, gleiches Niveau. Ich habe das Schachspielen gelernt, als ich acht war, damals spielte ich meist mit meinem Bruder Axel. Christian Pfeiffer verfügt über eine hervorragende Menschenkenntnis, er ist den Menschen sehr zugewandt, sehr offen, intelligent. In einigen sozialen Engagements unterstütze ich ihn, kooperiere mit ihm. Er war es, der zusammen mit Freunden vor über zwanzig Jahren die Bürgerstiftung gegründet hat. In ihr kommen Menschen mit Zeit, Ideen oder Geld zusammen, um anderen in sinnvoller Weise zu helfen. Heute gibt es in Deutschland rund 400 Bürgerstiftungen mit fast 17 000 Freiwilligen. Menschen, die sich engagieren. Mit einem Stiftungsvermögen von 360 Millionen Euro. Allein die Hannoversche Bürgerstiftung verfügt über 17 Millionen Euro. Geld, das in der Region eingesetzt wird.

Viele Menschen könnten viel mehr fürs Gemeinwohl tun, wenn sie nur wollten. Jemand der nichts besitzt, der kann auch nichts geben. Aber viele Menschen in Deutschland besitzen sehr viel. Zwanzig Millionen Deutsche verfügen über ein Vermögen zwischen 100 000 Euro und einer Million. Eine Million Menschen haben sogar ein Vermögen von mehr als einer Million Euro. Viele könnten etwas abgeben, oder diejenigen, die keine Kinder haben, könnten ihr Vermögen per Testament einer guten Sache zukommen lassen. Aber ich bin kein Freund von Appellen. Appelle helfen oft wenig. Zum zwanzigjährigen Jubiläum der Bürgerstiftung Hannover durfte ich die Festrede im Schloss Herrenhausen halten. Mit einem Augenzwinkern sagte ich, Hannover sei das Silicon Valley der Menschlichkeit, wenn man daran denke, welche Initiativen von hier aus gestartet wurden. Die Bürgerstiftung, MENTOR – Die Leselernhelfer, die Deutsche Stiftung Weltbevölkerung, von der ich noch berichten werde. Oder auch »Klasse! Wir singen«.

Vor acht Jahren kam Gerd-Peter Münden, Kantor des Braunschweiger Doms, auf mich zu. Er erzählte mir von der Initiative »Klasse! Wir singen«, von Veranstaltungen, die er plane, mit vielen Tausend teilnehmenden Kindern in großen Hallen. Zuerst wusste ich gar nicht, was er von mir wollte und wie er sich das vorstellte. Ich sei seine letzte Chance, sagte er schließlich. Viele andere Unternehmen, die er um Unterstützung gebeten habe, hätten abgesagt.

Ich dachte: Die Idee ist gut, das könnte funktionieren. Denn Singen macht heiter, Singen verbindet. Nie wurde so viel Musik gehört wie heute, aber dass wir selbst singen, ist eher eine Seltenheit. Wer singt, hat keine schlechte Laune. Singen entspannt, ist kreativ, und es fördert soziales Miteinander. Wenn 5000 Kin-

der in der TUI-Arena Hannover zum Singen zusammenkommen, ist das ein einmaliges Erleben. Dank »Klasse! Wir singen«
ist das gemeinsame Singen wieder fester Bestandteil des Stun-
denplans in vielen Schulen. Bislang beteiligten sich über 600 000
Kinder in Deutschland an dieser Initiative. 700 000 Besucher
kamen dazu.

Was ich am eigenen Leib erfahren habe: Sich für andere
Menschen einzusetzen bringt Freude. Es gibt ein Wort mit fünf
Buchstaben, davon habe ich am Ende meiner Festrede erzählt.
Im Rahmen meiner Arbeit für die Deutsche Stiftung Weltbevölkerung war ich mit meinem Schwager Fritz, dem Internisten, in Afrika unterwegs. In Tansania und Kenia besuchten wir
verschiedene Projekte und kamen in ein Dorf auf dem Land,
irgendwo in Tansania. Dort gab es ein Krankenhaus, genauer
gesagt eine Krankenstation. Ärmliche Verhältnisse, marode
Zustände, aber die Ärzte waren sehr engagiert. Fritz hatte seinen Arztkoffer mit diversen Medikamenten dabei. Fast alle
schenkte er der Leiterin des Krankenhauses. Für unsere Gruppe – wir waren fünfundzwanzig Leute – behielt Fritz nur eine
kleine Reserve zurück, für den Fall, dass einer von uns unterwegs erkranken sollte. Alles andere gab er dem Krankenhaus.
Die Leiterin schaute Fritz mit großen Augen an. Und sagte ein
einziges Wort, das mit den fünf Buchstaben: »Danke!« Wie sie
dieses Wort sagte, werde ich nie vergessen. Mir standen sofort
die Tränen in den Augen. Ich hatte das Gefühl, das Wort »Danke« noch nie in meinem Leben wirklich gehört zu haben. Wir
sagen es tagtäglich, meistens in banalen Situationen, aber dort,
in Tansania, hörte ich es zum ersten Mal.

Ist die Welt aus den Fugen?

Ich habe mich nie als einen konservativen Menschen gesehen, ich zähle Linke wie Konservative zu meinen Freunden. Ich lasse mich nicht festlegen. Auch wenn ich nie Mitglied einer Partei gewesen bin, denke ich, dass ich ein sehr politischer Mensch bin. Nicht allein das Parteibuch ist ausschlaggebend dafür, ob jemand vernünftige Politik für die Menschen macht. Als politisch denkender Mensch empfinde ich mich als Mitglied einer Lebensgemeinschaft von achtzig Millionen Bürgern. Jeder einzelne davon hat die Verantwortung, das Gemeinwohl nach besten Kräften zu unterstützen. Deswegen habe ich auch keinerlei Verständnis dafür, wenn Vermögende versuchen, jedes noch so halbwegs legale Steuerschlupfloch zu nutzen. Wer in Deutschland sein Geld verdient, der soll hier auch seine Steuern zahlen. Basta, um es mit einem Kanzlerwort zu sagen. Diese Art von Egoismus, die man bei internationalen Konzernen sieht, indem sie in unserem Land Milliarden umsetzen, aber kaum Steuern zahlen, macht mich wütend. Steueroasen sollte man trockenlegen.

Es wird immer Menschen geben, die viel verdienen, und welche, die weniger Geld besitzen. Das ist auch nicht verwerflich. Wer aber mehr hat, der trägt auch mehr Verantwortung. Ein Gemeinwesen kann nur funktionieren, wenn die Menschen dafür einstehen, Verantwortung übernehmen. Das war mir schon als Jugendlicher klar. Die Trümmer und Ruinen waren eine Mahnung. Wenn Menschen sich einsetzen, kann das Gemeinwesen relativ gut funktionieren. Es wird nie perfekt sein, denn wir Menschen sind nicht perfekt, wir machen Fehler. Aber ich möchte, dass sich dieses Land zum Besseren entwickelt. Mein Leitfaden war immer: Mir soll es gut gehen und den anderen auch. Und nur wenn es mir gut geht, habe ich die

Möglichkeit, anderen zu helfen. Das nenne ich einen gesunden Egoismus, eine Win-win-Situation.

Mir war es immer wichtig, offen zu sein – für neue Ideen und ungewöhnliche Wege. Niemals zurückdenken nach dem Motto:»Früher war doch alles besser.« Das war es nicht. In unserem Kundenmagazin *Centaur* schrieb ich 2015 Folgendes: »Manchmal möchte ich gar keine Nachrichten mehr hören: einzig Krisen, Katastrophen, Mord und Totschlag. Wie abgestumpft muss ein Mensch sein, um das alles zu verkraften? Und stimmt es überhaupt, dass alles nur noch schlimmer und schlechter wird? Im Magazin *Spiegel* gibt es die Rubrik ›Früher war alles schlechter‹. Hier wird berichtet, dass sich in Deutschland der Pro-Kopf-Verbrauch von Zigaretten in den vergangenen dreißig Jahren mehr als halbiert hat. Die Suizidrate je eine Million Einwohner hat sich von 1980 mit 236 Suiziden auf 126 im Jahr 2014 verringert. Homosexualität wurde in Westdeutschland zwischen 1949 und 1969 noch in mehr als 50 000 Fällen gerichtlich verfolgt und bestraft. Und – man glaubt es kaum – selbst Wohnungseinbrüche sind 2015 im Vergleich zu 1993 um 26 Prozent zurückgegangen. Die Zahl der frei lebenden Tiger ist zum ersten Mal seit mehr als hundert Jahren um 20 Prozent auf 3900 gestiegen. Ich selbst erlebe auf meinen Vorträgen in Universitäten lebensfrohe Studierende, die mir viel selbstbewusster gegenübertreten, als ich es aus meiner Jugendzeit in Erinnerung habe. Natürlich sind seriöse Nachrichten wichtig. Der mündige Bürger muss auch ein informierter Bürger sein. Aber ein Leben ohne Zuversicht ist unerträglich und macht alles schlimmer und nichts besser.«

So schrieb ich es im *Centaur*. Ich selbst habe nie die Zuversicht verloren. Zuversicht ist laut Duden-Definition »der feste Glaube, dass die Zukunft Gutes bringt«. Diesen Glauben hatte ich selbst in den schlimmsten Krisenzeiten. Und Zuversicht müssen wir unseren Kindern vermitteln. Mit Zuversicht, das würde ich mir wünschen, sollten ebenso unsere Politiker und Staatenlenker voranschreiten. Denn auch wenn heute vieles besser ist als früher, ist noch lange nicht alles gut. Viele Menschen haben das Gefühl, die Welt steht am Abgrund. Alte Konflikte, die man schon längst für gelöst hielt, flammen wieder neu auf. Undenkbares ist politische Realität geworden – Brexit, Trump und die Renaissance rechter Kräfte, das Auseinanderdriften Europas. Ist uns der Kompass abhandengekommen? Was ist da plötzlich schiefgelaufen? Uns geht es doch wirtschaftlich gut, warum treiben so viele Menschen so große Ängste um? Welche Fehler hat die Politik gemacht? Nicht wenige, denke ich. In der Flüchtlingspolitik hat man das Ausmaß der Probleme zu spät erkannt, das hat die Kanzlerin mittlerweile zugegeben.

Politik wird viel zu oft viel zu schlecht vermittelt. Das gilt auch für die Wirtschaftspolitik. Erst durch eine vernünftige Finanz- und Wirtschaftspolitik wird eine gute Sozialpolitik finanziell möglich. Das eine hängt mit dem anderen zusammen. Ich war immer ein Verfechter des Mindestlohns und war froh, als er eingeführt wurde. Ich schätze aber, dass 90 Prozent der Abgeordneten im Deutschen Bundestag nicht wirklich wissen, was finanzpolitisch in Europa gerade los ist. Die Milliardenkredite an Banken in Südeuropa, die exzessiv hohe Staatsverschuldung von Ländern wie Italien und der Ankauf von Anleihen in einem bisher unvorstellbaren Ausmaß durch die EZB, der Europäischen Zentralbank – all das steht den Interessen des deutschen Sparers und Steuerzahlers völlig entgegen. Hinter nebulösen Sprachgebilden wie »Wir wollen ein starkes Europa« nimmt man solide wirtschaftende Staaten – die sogenannten EU-Nordländer – immer mehr in die Pflicht, um letztlich doch für andere Länder in Südeuropa zu haften. Damit werden die Grundlagen unseres wirtschaftlichen Erfolgs aufs Spiel gesetzt.

Der Ökonom Hans-Werner Sinn beschrieb das Grundproblem der Hilfen für die hoch verschuldeten EU-Staaten im Interview mit dem Wirtschaftsmagazin *BILANZ* folgendermaßen: »Das ist so wie bei Ihrem Nachbarn, der in wirtschaftlichen Schwierigkeiten steckt und von seiner Bank kein Geld mehr bekommt. Er bittet Sie um Hilfe, und Sie geben seiner Bank eine Bürgschaft. Dann erhält der Nachbar wieder Geld von der Bank; er kann in den Urlaub fahren, sich ein neues Auto kaufen – und alles scheint in Ordnung zu sein. Das ist genau das, was in Europa passiert ist. Nur ist diese Hilfe nicht nachhaltig, weil sie nicht hilft, die Wettbewerbsfähigkeit wiederherzustellen.«

Wenn die Politik den Ereignissen hinterherhechelt, ohne selbst eine wirkliche Vorstellung zu haben, wie die Zukunft aussehen soll, sind die Folgen fatal. Verantwortungsvolle Politik darf keine Effekthascherei sein, sie muss immer die Konsequenzen im Auge haben. Ich habe mit vielen Politikern aller Couleur darüber Gespräche geführt, warum die Menschen verunsichert sind und welche Probleme noch auf uns zukommen. Das Problem ist, die meisten Politiker sehen immer nur einen Ausschnitt. Ich halte unsere Asylgesetzgebung für gut und wichtig, aber wie gehen wir damit um, wenn in anderen Teilen der Welt große Völkerwanderungen stattfinden? Angesichts des Elends in vielen Teilen der Welt ist es nur eine Frage der Zeit, bis die Menschen an unseren Grenzen stehen. In Afrika erleben wir gerade eine Bevölkerungsexplosion. Was die Flüchtlingsmisere angeht, stehen wir erst am Anfang, auch wenn man im Moment meinen mag, der Höhepunkt von 2015 liege hinter uns. Wenn noch einmal eine Million Menschen innerhalb kurzer Zeit nach Deutschland kämen, würde das unsere Gesellschaft zerreißen. Diese Realitäten müssen wir akzeptieren.

Ich halte nichts davon, den Konflikt mit anderen europäischen Ländern, die restriktiver sind als wir, zu suchen. Deren Haltung müssen wir akzeptieren, auch wenn ein Land sagt: »Nein, wir nehmen keine Flüchtlinge mehr auf.« Bei diesen Ländern handelt es sich um demokratisch gewählte Regierungen, und so groß auch mein Wunsch nach europäischer Solidarität ist: Der moralische Zeigefinger aus Deutschland ist keine Hilfe. Der US-amerikanische Journalist und Pulitzer-Preisträger Thomas L. Friedman beschreibt die großen Probleme unserer Zeit sehr pointiert in seinem Buch *Thank You for Being Late*: »Demokratie kann nur funktionieren, wenn die Wähler wissen, wie die Welt funktioniert, denn nur so können sie intelligente politische Entscheidungen treffen. Und nur so sind sie gegen Demagogen, Ideologen und Verschwörungstheoretiker gefeit, die sie im besten Fall verwirren und im schlimmsten bewusst in die Irre führen.«

Jede Form von Populismus, Fremdenfeindlichkeit und Ausgrenzung lehne ich ab. Mir bereiten die politischen Verschiebungen in unserem Land große Sorgen, aber in einer Demokratie muss man die Probleme offen benennen, ohne Scheuklappen. Das gilt auch für die Flüchtlingspolitik. Auf der einen Seite gibt es die Ängste der Menschen vor dem Fremden, dem Unbekannten. Auf der anderen Seite liegt das Leid derjenigen, die Heimat und Zuhause verlieren, Krieg und Tod entfliehen und Zuflucht suchen, ein Leben in Sicherheit. Sie kommen zu uns, sind schwer traumatisiert. Was sie erlitten haben, können wir gar nicht nachempfinden. Viele von denen, die mit ihren Erlebnissen nicht fertigwerden, sind aber nur schwer integrierbar. Es gibt viele humanitäre Gründe, diese Menschen aufzunehmen, aber dadurch gefährden wir den sozialen Konsens unseres Landes. Gabor Steingart, früherer Chefredakteur des *Handelsblatts*, sagte einmal, Nächstenliebe dürfe nicht zur Selbstaufgabe führen.

Seitdem ich das Buch von Thomas L. Friedman gelesen habe, sehe ich viele Dinge aus einer anderen, erweiterten Perspektive. Die drei großen Themen unserer Zeit – Überbevölkerung, Globalisierung und technologische Revolution – nehmen eine exponentielle Entwicklung. Diese drei Faktoren schaukeln sich wechselseitig hoch und sind praktisch nicht mehr zu beherrschen, bis sie zu einem regelrechten Orkan werden. Wir leben im Zeitalter der Beschleunigung; dieses Tempo ist mir manchmal richtig unheimlich. Ich versuche, meine persönliche Entschleunigung ohne ständige Erreichbarkeit zu leben. Was nur möglich ist, weil ich ein eingespieltes Team um mich habe, das mir vieles abnimmt.

Nicht wenige Menschen kommen mit den rasanten Entwicklungen nicht mehr mit. Sie verstehen unsere Welt nicht mehr. Es ist nicht mehr *ihre* Welt. Wie sollten sie sie auch verstehen? Und die Folge? Angst! Die Ängstlichen klammern sich an diejenigen, die ihnen möglichst einfache Antworten auf die Fragen und simple Lösungen für die Probleme unserer Zeit anbieten. Leider lässt sich den Herausforderungen von heute nicht mit 08/15-Antworten begegnen. Die Welt ist nicht schwarz-weiß, und sie war es nie. Auch wenn manche uns das glauben lassen wollen.

Am 17. November 2015 sollte in Hannover ein Länderspiel zwischen Deutschland und den Niederlanden stattfinden. Wenige Tage zuvor war es in Paris zu einem furchtbaren Anschlag gekommen, unter anderem sollte auch das Stade de France während des Länderspiels Frankreich gegen Deutschland getroffen werden. Entsprechend nervös waren die Behörden vor dem Spiel in Hannover, die Sicherheitsmaßnahmen auf höchstem Niveau. Ich hatte mich mit Martin Kind verabredet, wir wollten uns das Spiel zusammen im Stadion ansehen. Martin rief mich aber noch vorher an und sagte: »Pass mal auf, der Carsten« – die Rede ist von Carsten Maschmeyer – »will auch mitkommen.« Er schlug vor, dass wir uns bei Carsten treffen sollten. Carsten Maschmeyer wohnte damals in einer großen Villa am Stadtwald, der Eilenriede. Vor der Villa kam er mir schon entgegen und sagte, wir könnten nicht durch den Haupteingang, sondern müssten durch die Garage ins Haus gehen. Als ich die Villa betrat, traute ich meinen Augen nicht. Mitten durch das Haus war eine Sperrholzwand gezogen, die das Gebäude in zwei Hälften teilte. Maschmeyer hatte einige Wochen zuvor zwölf syrische Flüchtlinge aufgenommen, zwei Familien mit jeweils sechs Personen. Und dafür hatte er seine Villa umgebaut. Auf meine Frage, was das denn solle, sagte er: »Warum nicht? Das Haus ist doch groß genug.«

Ich begrüßte die neuen Bewohner, wechselte ein paar Worte, soweit das sprachlich möglich war – die Kinder gingen bereits zur Schule, die Erwachsenen nahmen Deutschunterricht. Die Uhr zeigte 19:13 an, wir mussten langsam los, als Martin plötzlich rief:»Das Spiel ist abgesagt!« Wir verstanden nicht. Was meinte er? Es war doch ein sehr wichtiges Spiel. Der erste Einsatz der Nationalelf nach den schrecklichen Geschehnissen in Paris. Die Bundeskanzlerin war ins Stadion geladen sowie viele andere hochrangige Gäste.

»Das glaub ich nicht, komm, Fernseher an«, sagte ich.

Auf allen Kanälen liefen Sondersendungen, wegen »ernst zu nehmender Hinweise auf einen Terroranschlag«, aus diesem Grund habe man das Spiel abgesagt. Martin telefonierte die ganze Zeit mit seinen Kontaktleuten im Stadion, um herauszufinden, wie groß die Gefahr tatsächlich war. Und so saßen zwölf Syrer, Martin, Carsten und ich auf dem meterlangen Sofa im Wohnzimmer und schauten den ganzen Abend Nachrichten. Es war ein Abend in einer irrealen Atmosphäre. Als ich aufbrach, gab mir Carsten Maschmeyer zu verstehen, niemand wisse von seinen Hausgästen, und das solle auch so bleiben. Erst ein paar Wochen später las ich ein Zeitungsinterview, in dem er und Veronica Ferres von den Flüchtlingen erzählten. Zu dem Zeitpunkt aber waren sie schon wieder ausgezogen, weil Carsten Maschmeyer ihnen zwei Wohnungen besorgt hatte. Heute lebt er nicht mehr in diesem Haus, er wohnt jetzt in München.

Vom Flügelschlag des Schmetterlings

Es gibt Situationen, die das Leben bereithält, die mich zum Nachdenken bringen. Dies ist eine solche Geschichte: Vor einigen Jahren fuhr ich mit einem Taxi nachts durch Würzburg. Der Taxifahrer, ein sehr freundlicher, aufgeschlossener junger Mann. Die Fahrt dauerte nur wenige Minuten. Wenn mir Menschen sympathisch sind, komme ich mit ihnen schnell ins Gespräch.

»Sie sind doch bestimmt ein Student, oder?«, fragte ich den Fahrer, der einen pfiffigen Eindruck auf mich machte.

»Ja, Sie liegen richtig. Ich studiere in Würzburg Informationstechnologie«, antwortete er. Ich hakte nach, wann er plane, mit seinem Studium fertig zu sein. Das dauere nicht mehr lange, meinte er, im nächsten April sei es so weit.

»Ich mache Ihnen ein Angebot: Mein Name ist Roßmann, schauen Sie das ruhig im Internet nach, Sie werden mein Unternehmen schnell finden. Wenn Sie Ihr Studium beendet und einen Abschluss in der Tasche haben, melden Sie sich bei mir. Sie können bei mir anfangen, Sie kriegen einen Job.«

»Wie bitte?«, fragte er ungläubig.

»Ja, ich besitze ein großes Handelsunternehmen, und wir suchen immer gute junge Mitarbeiter. Wenn sie nächstes Jahr einen Job suchen, schreiben Sie mir, schauen Sie sich meine Firma mal an.«

Die nächtliche Taxifahrt endete, ich zahlte, wir verabschiedeten uns. Und das hätte es sein können mit dieser Begegnung. Aber dann, tatsächlich, er meldete sich und fing bei uns in der IT-Abteilung an zu arbeiten. Er war engagiert, beliebt und machte seinen Job richtig gut.

So manches Mal habe ich Dinge getan und Entscheidungen getroffen, die auf den ersten Blick verrückt erschienen, weil ich spontan und intuitiv gehandelt habe. Wenn ich aus dem Bauch heraus gehandelt habe, lag ich nicht immer, aber oft richtig. Und auch bei dem Taxifahrer hatte mich mein Gefühl nicht getäuscht. Bereits nach wenigen Jahren hatte er sich ins mittlere Management hochgearbeitet, er verdiente gutes Geld, machte Karriere. Dann bekam er von einem großen Software-Unternehmen ein noch besseres Angebot, welches er annahm; er wurde abgeworben. Was ich ihm nicht verübelte, denn das Angebot war zu gut, um es auszuschlagen. Und nun geschah dies: Drei Jahre später, 2004, kam es zu dem Erdbeben im Indischen Ozean, das die verheerende Tsunami-Katastrophe auslöste, bei der 230 000 Menschen in Südostasien starben. Einer von ihnen war der junge, pfiffige Taxifahrer aus der Nacht in Würzburg, unser ehemaliger Informatiker. Er hatte mit seiner Freundin Urlaub auf der Insel Phuket gemacht, sie beide wurden Opfer der Riesenwelle. Als ich von dieser Tragödie hörte, war ich betroffen, zum einen aus Trauer über diesen sinnlosen Tod zweier junger Menschen, zum anderen ging mir der Gedanke durch den Kopf: Was wäre geschehen, wenn ich ihm damals in dieser Nacht in Würzburg nicht das Jobangebot gemacht hätte? Wäre dann alles anders gekommen, oder war dies sein Schicksal, das Schicksal von ihm und seiner Freundin? Trage ich eine Mitverantwortung? Hätte ich ihn damals nicht gefragt, in meiner Spontanität, ob er in mein Unternehmen kommen wolle, so wäre sein Lebensweg – so viel ist sicher – völlig anders verlaufen. Er hätte nicht bei Rossmann angefangen, er wäre nicht abgeworben worden, er wäre im Jahr 2004 mit großer Wahrscheinlichkeit nicht auf Phuket gewesen, weil die Weichenstellung eine andere gewesen wäre.

Ändert man den Kurs eines Schiffs nur um ein Grad – man spürt und sieht es nicht, und dennoch kommt das Schiff irgendwann an einem völlig anderen Ziel an. Die Chaostheorie beschreibt den Schmetterlingseffekt, nach dem ein Falter mit seinem Flügelschlag am anderen Ende der Erde einen Wirbelsturm auslösen kann – theoretisch zumindest. Die These stammt von Edward Lorenz, einem US-amerikanischen Meteorologen, der entsprechende Berechnungen vornahm und Erstaunliches über minimale Veränderungen von Wetterbedingungen herausfand. Ich fühlte mich zwar nicht verantwortlich für den Tod meines ehemaligen Mitarbeiters, nein, das nicht, aber zurück blieb ein mulmiges Gefühl. Und der Gedanke, ob er noch leben würde, wenn ich ihn nicht angesprochen hätte, beschäftigte mich.

Immer wieder werde ich mit Situationen konfrontiert, die mir vor Augen führen, wie nahe Leben und Tod sind. Nach der Verabschiedung von Hannes Rehm als Chef der SoFFin fuhren wir mit dem ICE von Frankfurt nach Hannover. Wir, das waren Sepp Heckmann, Martin Kind, Christian Pfeiffer und ich. Im Speisewagen suchten wir uns einen freien Tisch, um Skat zu spielen. Uns schräg gegenüber saß ein gut aussehender, groß gewachsener Mann um die zwanzig, mit dem wir ins Gespräch kamen. Dabei nahm seine feine Lebensart uns schnell für ihn ein. Ich fragte ihn, woher er komme. Aus Stuttgart, sagte er. Und da ich oft spontan bin, fragte ich ihn, ob ich ihn nicht einladen dürfe zu der nächsten Begegnung von Hannover 96 und dem VfB Stuttgart.

»Kommen Sie doch vorbei«, sagte ich, »wenn Sie mir Ihre Adresse geben, schicke ich Ihnen die Eintrittskarte.« Er reichte mir seine Visitenkarte. Darauf stand ein berühmter Name: Philo Daimler.

»Der Daimler?«, fragte ich.

Und er: »Ja, das war mein Ururgroßvater.«

Einige Wochen verstrichen. Ich schrieb einen Brief und legte die Eintrittskarte bei, um meine Einladung zu bekräftigen. Eine Woche später traf ein Schreiben aus Stuttgart ein. Der Absender war nicht der junge Mann, sondern – was mich erstaunte – seine Mutter. In dem Schreiben teilte sie mir mit, ihr Sohn sei vor zwei Wochen plötzlich und völlig überraschend verstorben. Er habe meinen Brief nicht mehr erhalten. Ihr Sohn hätte sich sicherlich sehr darüber gefreut.

In dieser fragilen, nie wirklich sicheren Welt finden viele Menschen im Gottesglauben ihren Anker und Frieden. Glück und Geborgenheit schenken mir meine Frau und meine Söhne, Alice, Daniel und Raoul. Dazu gesellt sich die Freude, mehrerer Freunde Freund zu sein.

Hilfe für Afrika

Früher galten Könige und Kaiser als Heldengestalten. Wer aber sind die Helden der heutigen Zeit, wenn ich diesen etwas abgenutzten Begriff schon verwende? Moderne Helden sind für mich Menschen, die etwas vorleben und sich einsetzen. Die viel tun für die Gemeinschaft. Jeder von uns kennt Menschen, die sich in ihren Berufen viel mehr einsetzen, als sie eigentlich müssten. Wir wissen um den Stress, den jede Mutter, die sich liebevoll um ihre Kinder kümmert, unvermeidlich hat. Oft bekommen diese Menschen in unserer Gemeinschaft zu wenig Anerkennung. Das große Miteinander, von dem wir alle ein Teil sind, würde kaum funktionieren ohne diese besonderen Menschen.

Ich weiß, dass ich immer wieder großes Glück hatte. Ich bilde mir nicht ein, aufgrund meiner Einzigartigkeit dort zu stehen, wo ich heute stehe. Sicherlich kann ich nicht alles falsch gemacht haben, aber ohne eine Portion Glück, zur richtigen Zeit am richtigen Ort gewesen zu sein, Menschen getroffen zu haben, die bereit waren, mich zu begleiten und zu unterstützen, wäre vieles nicht möglich gewesen.

Zusammen mit dem Unternehmer Erhard Schreiber habe ich 1991 die Deutsche Stiftung Weltbevölkerung gegründet. Ziel der Stiftung war und ist es, dem rasanten Wachstum der Weltbevölkerung entgegenzutreten. Zurzeit leben fast 7,6 Milliarden Menschen auf unserem Globus. Vor 10 000 Jahren – mit Beginn der Landwirtschaft – waren es nur fünf Millionen. Ein Anstieg um achtzig Millionen Menschen pro Jahr bedeutet, dass die Gesamtbevölkerung jedes Jahr um die Einwohnerzahl Deutschlands wächst. Führende Demografen erwarten für den afrikanischen Kontinent einen Anstieg der Bevölkerung von aktuell 1,2 Milliarden auf mehr als 4,5 Milliarden zum Ende dieses Jahrhunderts. Für die anderen Erdteile wird mit einer

Stagnation, für Europa sogar mit einem Rückgang gerechnet. Selbst wenn die Erde noch weitere drei Milliarden Menschen ernähren könnte, müssen wir alles versuchen, diese Entwicklung aufzuhalten. Jeder Mensch verbraucht Ressourcen. Schon heute sind die ökologischen Folgen der Bevölkerungsexplosion katastrophal und unabsehbar. Es geht auch nicht darum, Menschen nur irgendwie satt zu bekommen. Die Ausbreitung unserer Spezies ist gleichzeitig das Todesurteil für eine Vielzahl von Arten. Nicht zuletzt geht es darum, dass Menschen in einer lebensbejahenden Umwelt aufwachsen. Ohne Bildungsperspektiven, die Chance auf einen Arbeitsplatz, medizinische Versorgung, eine saubere Erde, Luft und Wasser ist das kaum vorstellbar. Als Erhard Schreiber mich auf die Idee der Stiftung ansprach, war ich unsicher.

»Herr Schreiber, wir kleine Menschenkinder sollen etwas an dem Riesenproblem der Bevölkerungsexplosion ändern können?«

Und er sagte: »Ja, denn wenn man gar nichts macht, kommt man auch nicht voran.«

»Sie haben recht«, meinte ich, »dann machen wir es.« Viele sagen immer: »Man müsste mal!« und »Man sollte mal!« Diese Drüber-Rederitis liegt mir nicht.

Uns war klar, wir brauchen einen prominenten Unterstützer für unseren Stiftungsrat, der hinter der Idee steht. Dafür wollten wir Ernst Ulrich von Weizsäcker gewinnen, einen der renommiertesten deutschen Wissenschaftler. Schreiber rief in dessen Büro an, mindestens zehnmal, immer erfolglos. Der Mann war einfach zu beschäftigt, er bekam keinen Termin. Nach sechs Wochen war die Sekretärin so von ihm genervt, dass sie einen ungewöhnlichen Vorschlag machte. Herr von Weizsäcker fahre jeden Montagmorgen um 6:10 Uhr von Bonn nach Wuppertal. Wenn Schreiber am Bahnhof stünde, könnte er mit Professor Weizsäcker fahren und ihm unser Projekt erklären.

Diesen Termin im Zug nahm Erhard Schreiber wahr, und nach nur einer Stunde hatte er von Weizsäcker überzeugt. Damit war der erste wichtige Schritt getan. Später kamen andere prominente Unterstützer hinzu, von Gerhard Schröder bis Klaus Töpfer, Margot Käßmann oder Sylvia von Metzler. Auch Alfred Biolek hat uns immer unterstützt. Als er im Jahr 2000 mit an Bord kam – im Rahmen der Aids-Prävention –, war das für uns ein weiterer Durchbruch in der medialen Wahrnehmung.

Seit Gründung der Stiftung bin ich selbst etliche Male nach Afrika gereist, um vor Ort unsere Projekte zu besuchen und die Menschen, um die es geht, zu treffen. Das Thema Weltbevölkerung ist ein Nachhaltigkeitsthema. Als wir damit anfingen, standen wir oft vor verschlossenen Türen. Auch vor dem Hintergrund der Migrationsentwicklung steht dieses brisante Thema heute auf der Agenda der Politik.

Wir sind schwerpunktmäßig in Kenia, Tansania, Uganda und Äthiopien tätig und beschäftigen 250 Mitarbeiter in Deutschland und in Afrika. Was konkret unternimmt die DSW? Das Thema Weltbevölkerungswachstum ist ein riesiges Problem. Und es gibt nicht *die* Lösung. Unser Fokus liegt auf den Jugendlichen. Einfach aus dem Grund, weil wir hier am meisten bewirken können. Denn wenn ein Mädchen »erst« mit achtzehn Jahren ein Kind bekommt statt schon mit vierzehn oder noch jünger, hat das Auswirkungen auf die Weltbevölkerung, aber auch auf ihr eigenes Leben und ihre Perspektiven. Wir wenden uns gezielt an junge Menschen, um ihnen eine bessere Chance für ihr Leben zu geben. Ein Schwerpunkt liegt in der Ausbildung von Jugendberatern, die sich in Jugendclubs – traditionell Orte, an denen man sich trifft – engagieren, indem sie über Sexualität und Verhütung aufklären. Aktuell betreiben wir rund dreihundert Jugendclubs, manche bestehen nur aus einem Container. Es wird diskutiert, getanzt, gesungen. In einer möglichst angstfreien Umgebung wollen wir Mädchen und Jungen helfen, ein stärker selbstbestimmtes Leben zu führen. Immer noch werden viel zu viele junge Mädchen ungewollt schwanger. Wir sagen den Jugendlichen: »Holt eure Eltern dazu, damit es Gespräche gibt.« Das Theater ist in diesem Zusammenhang ein starkes Mittel, um Diskussionen gerade in den ländlichen Regionen zu stimulieren. Auf spielerische Weise wird in Theateraufführungen Aufklärung betrieben: Ein junges Mädchen teilt seinem Freund mit, dass es schwanger ist. Der Freund sagt, er sei bestimmt nicht der Vater, und verschwindet. Daraufhin wendet sich das Mädchen an die Eltern. Es wird auch über eine Abtreibung diskutiert. Und über Verhütungsmöglichkeiten, um in Zukunft Schwangerschaften planbar zu machen. Mit solchen Darbietungen in den Jugendclubs werden die Jugendlichen aufgeklärt. Nicht bevormundend, sondern spielerisch, alltagsnah.

Die Aufklärungsarbeit der Stiftung hat in den vergangenen siebenundzwanzig Jahren etwa fünfzehn Millionen Mädchen und Frauen in Afrika geholfen, nicht ungewollt schwanger zu werden. Hinzu kommen etliche Millionen Frauen und Männer, die sich infolge des Gebrauchs eines Kondoms nicht mit dem HI-Virus infizierten. Die größten Hemmnisse bei der Aufklärung sind Kultur, Religion, Verhalten, Normen und staatliche Reglementierungen. Vielen Frauen fehlt es an Wertschätzung, und sie besitzen zu wenig Selbstwertgefühl, um den Wünschen des Mannes entgegenzutreten. Oder wenigstens auf ein Kondom zu bestehen. Dennoch: Immer wieder gibt es Begegnungen, die allem einen Sinn geben und die uns beflügeln weiterzumachen.

Neben der Aufklärungsarbeit versuchen wir zu helfen, dass die Menschen ein besseres Einkommen erzielen. Viele der Straßenkinder etwa in Addis Abeba, der Hauptstadt Äthiopiens, leben davon, Müll zu sammeln und zu verkaufen. Die Anführerin einer Straßengang hatten wir zu uns in den Jugendclub eingeladen, um ihr und ihren Freunden zu helfen. Sie hieß Eden Melke. Heute gehören sie und ihr Mann zu den neuen Wohlhabenden in Addis Abeba. Mit 185 Mitarbeitern und neun Lkws ist sie erfolgreich im Müllentsorgungsgeschäft tätig.

Als ich Eden Melke 2003 kennenlernte, engagierte sie sich für dreißig bis vierzig Kinder im Alter von sieben bis zwölf Jahren, die, von ihren Eltern verlassen, ohne ein Zuhause nachts auf Bürgersteigen schliefen und von Tag zu Tag ums Überleben kämpften. Eden nahm sich der Kinder an, besorgte Handkarren und vereinbarte mit den etwas wohlhabenderen Haushalten eine tägliche Müllabholung, die die Kinder erledigten. Mittags wurden Kekse gebacken, nachmittags besuchten die Kinder wieder die Haushalte, um die Kekse zu verkaufen. Mit den Einnahmen sorgte Eden für ein Dach über den Kopf, für Kleidung und Nahrung. Sie schuf eine Gemeinschaft, die den Kindern Hoffnung, emotionale Nähe und ein Zuhause gab.

2005 lud ich Eden und ihren Mann, damals noch ihr Freund, nach Deutschland ein. Ich wollte ihre Arbeit mit einem Geldbetrag unterstützen, sie aber vorher besser kennenlernen. Als ich sie traf, merkte ich, dass etwas mit ihr nicht stimmte. Sie war blass, schwach, sagte kaum ein Wort. Eden trug ein weites Kleid, so merkte ich nicht, dass sie im achten Monat schwanger war. Nachmittags bekam ich die Mitteilung, dass sie zusammengebrochen sei. Ein Mitarbeiter der Stiftung war mit ihr ins Klinikum der Medizinischen Hochschule Hannover gefahren. Der behandelnde Arzt rief mich an und teilte mir mit, dass das ungeborene Kind einen »offenen Rücken« habe und dass sofort operiert werden müsse, sonst gäbe es für das Kind und möglicherweise auch für die Mutter keine Rettung. Die OP und die Nachsorge würden 55 000 Euro kosten. Ohne eine verbindliche Kostenübernahme dürfe er nicht operieren …

Als ich einige Jahre später erneut nach Addis Abeba reiste, traf ich Eden das erste Mal wieder. Unsere neunköpfige Gruppe betrat den Hof ihres Hauses, Eden überreichte mir einen Blumenstrauß, drückte mich und fing gleich an zu weinen. Ihr Sohn Eyakem (auf deutsch Jakob) rannte auf mich zu und weinte ebenfalls. Und bei der ganzen Heulerei kamen nicht nur mir die Tränen, sondern auch den meisten aus unserer Gruppe. Wir betraten das Haus. Der aufgeweckte Eyakem zeigte mir stolz sein Zimmer. Er spricht neben seiner Muttersprache Amharisch auch fließend Englisch, ist einer der Besten in seiner Klasse und möchte einmal Wissenschaftler werden. Ich schenkte dem fußballbegeisterten Jungen ein Trikot von Hannover 96. Eden berichtete, dass sie heute Frauen unterstütze, die Probleme während der Schwangerschaft haben.

Die Ärmsten der Armen sind Frauen, die an der Fistula-Krankheit leiden. Im Jahr 1959 besuchte das australische Ärztepaar Catherine und Reginald Hamlin Addis Abeba, um in Afrika Urlaub zu machen. Die Hamlins kamen mit der grausamen Fistula-Krankheit in Berührung und waren schockiert, dass niemand den betroffenen jungen Frauen helfen wollte oder konnte. Das häufige Ritual, elf- oder zwölfjährige Mädchen zu vermählen, führte dazu, dass viele Mädchen zu früh schwanger wurden und entbanden, obwohl ihre Körper noch nicht vollständig entwickelt waren. Bei der Entbindung kam es deshalb oft zu schweren Verletzungen. Die Folge: Einrisse im Unterleib, die Bildung von Fisteln durch das schwer beschädigte Gewebe zwischen Vagina und Darm. Die damit einhergehenden chronischen Entzündungen führten zu einem unkontrollierten Austritt von Urin oder Exkrementen. Die jungen Frauen, die darunter litten, wurden häufig aus der Dorfgemeinschaft ausgestoßen. Sie waren stigmatisiert. Niemand wollte Kontakt zu ihnen.

Die Hamlins kehrten 1974 mit gespartem und gespendetem Geld nach Addis Abeba zurück, weil das Schicksal der Frauen und Mädchen sie nicht mehr losgelassen hatte. Sie errichteten ein Krankenhaus, das Addis Abeba Fistula Hospital. Und auch wenn das Geld vorne und hinten nicht ausreichte, konnte trotzdem Jahr für Jahr einer steigenden Zahl von an Fistula erkrankten Frauen geholfen werden. Der Eingriff ist nicht allzu kompliziert und hat eine 95-prozentige Erfolgsquote. Nach erfolgreicher OP können die Frauen in der Regel wieder ein ganz normales Leben führen.

Als ich 2003 das Fistula Hospital besuchte, führte uns die damals achtzigjährige und immer noch operierende Catherine

Hamlin persönlich durch das Krankenhaus. Vor dem Eingang warteten dreißig Frauen auf eine Behandlung. In einem großen Raum mit sechzig Betten für bereits operierte Patientinnen – jedes war besetzt – lagen junge Mädchen und Frauen im Alter von elf bis fünfzig Jahren.

Nach dem Besuch des Krankenhauses waren wir alle bewegt. Zwei von unserer Gruppe mussten das Gelände vorzeitig verlassen, ein Journalist fiel neben mir wie ein Stein zu Boden. Catherine Hamlin wirkte alles andere als deprimiert. Ich erlebte einen Menschen, der genau wusste, was er tat und auch wie hilfreich dieses Tun für andere ist. Seitdem unterstützt unsere Stiftung das Krankenhaus der Hamlins. Unsere Mitarbeiter gehen in die Dörfer und identifizieren betroffene Frauen, die oftmals unerkannt und versteckt leben, und bringen sie in das Krankenhaus. Die geheilten Mädchen sind die besten Promoter für Aufklärung. Sie gehen raus und erzählen von ihrem Schicksal, davon, welche Folgen Frühschwangerschaften haben können.

In Äthiopien leben rund hundert Millionen Menschen, jedes Jahr wächst die Bevölkerung um zwei Millionen. Eine Frau bringt im Schnitt 4,6 Kinder zur Welt. Äthiopien ist etwa dreimal so groß wie Deutschland. Seit der Abspaltung Eritreas 1993 – begleitet von jahrelangen blutigen Auseinandersetzungen – hat das Land keinen Zugang mehr zum Meer. Der Hafen von Dschibuti, die Hauptstadt einer kleinen gleichnamigen Republik am Indischen Ozean, ist Äthiopiens wichtigste wirtschaftliche Verbindung zur Außenwelt.

Äthiopien ist eher eine Diktatur denn eine Demokratie. Obwohl autoritäre Regierungen die NGOs (Nichtregierungsorganisationen) häufig in ihrer Arbeit behindern, haben wir ein gutes Miteinander mit den äthiopischen Behörden. Bei meinem Besuch 2015 fuhren wir am ersten Tag ins etwa fünfzig Kilometer von Addis Abeba entfernte Babogaya Resort, zwei Übernachtungen waren dort eingeplant. Unser Trainingszentrum in

Debre Zeyit, einer Stadt südöstlich von Addis Abeba, feierte sein zehnjähriges Bestehen, das war mein erster offizieller Termin. Auf dem Programm standen Vorträge, Theaterstücke und die Vorstellung der Arbeit in den Jugendclubs. In Äthiopien unterhalten wir 125 dieser Einrichtungen. Eine Vorstellung an diesem Tag ist mir noch besonders gegenwärtig: Unter freiem Himmel zeigten Laiendarsteller, unter welch grausamen Qualen ein Mädchen beschnitten wird. Das Kind – das Opfer! – war hinter einer Decke verborgen. Man hörte lautes, schmerzerfülltes Schreien, kaum auszuhalten. Anfangs dachte ich, das Schreien komme von dem Mädchen hinter der Decke. Später erfuhr ich, dass die Stimme von einem Tonband kam. Es war die Aufnahme der Schmerzensschreie eines Mädchens während einer Genitalverstümmelung …

Wir versuchen, mit solchen Aktionen die Menschen aufzuklären, damit von diesem grausamen Ritual endlich abgelassen wird.

Dies ist nur eines von vielen Schicksalen: Esuphat, siebzehn Jahre alt, aus Tansania. Sie erzählte mir ihre Geschichte: »Zusammen mit meinen jüngeren Geschwistern wuchs ich bei meiner Mutter auf. Ich war stolz auf die Traditionen und Sitten, die wir in der Gemeinschaft der Massai teilten. Als ich zehn war, musste ich zu meiner Tante ins Nachbardorf ziehen. Mir wurde gesagt, dass ich dort zur Frau gemacht würde. Meine Tante sagte mir, dass es eine Initiationszeremonie für mich und andere Mädchen geben sollte. Nachts weckte mich meine Tante und brachte mich auf den Dorfplatz. Es waren Schreie zu hören, und ich hatte Todesangst. Doch man hatte mir zu verstehen gegeben, dass die Zeremonie unsere Gemeinschaft beschützen würde, also blieb ich tapfer.

Ich musste mich ausziehen und neben andere Mädchen legen. Dann kam die Beschneiderin. Ich spürte, wie ihr Messer durch meine intimsten Körperstellen schnitt – ich dachte, ich muss sterben. Ich werde den Schmerz niemals vergessen! Es war unerträglich, aber ich überlebte es. Sie brachten mich in die Hütte meiner Tante zu zwei anderen Mädchen. Ich wusste nicht, ob sie noch lebten, denn überall an ihren Beinen war Blut. Der Geruch war fürchterlich. Zwei Wochen später kehrte ich in mein Heimatdorf zurück. Die Wunde war verheilt, aber die Narbe blieb. Ich war nun Teil der weiblichen Dorfgemeinschaft und sehr stolz, endlich bei allen Gesprächen und Ritualen dabei sein zu dürfen. Allerdings wollte meine Mutter, dass ich die Schule verlasse und in einer anderen Stadt arbeite, um unsere Familie finanziell zu unterstützen. Auf dem Weg zum Markt kam ich am Aufklärungstheater der ›Eidimay youth group‹, einem Jugendclub der DSW, vorbei. Weil ich neugierig war, blieb ich stehen und kam mit einer der Jugendberaterinnen ins Gespräch. Ich war froh, in der neuen Stadt Kontakt gefunden zu haben, und wurde schnell Teil der Gruppe. Während der ersten Schulung im Club bekam ich viele Informationen über Sexualität, Verhütung und Genitalverstümmelung. Es fiel mir schwer zu glauben, was ich dort hörte: Die Tradition, auf die ich so stolz war, hatte mich betrogen.«

Fünf Tage verbrachte ich in Äthiopien. Fünf Tage voller unbeschreiblicher Eindrücke, schöne Momente gab es und traurige. Ich hatte das Gefühl, viel intensiver zu leben, als ich es sonst von mir kenne. Zurück in Addis Abeba fuhren wir auf einer der meistbefahrenen Straßen der Stadt. Dichter Verkehr, Schritttempo, dann Stau, dann wieder ging es wenige Meter weiter. Plötzlich kamen uns zwanzig etwa zwei Meter hohe Strohballen entgegen. Beim näheren Hinschauen erkannte ich Eselsköpfe, kurze, dürre Beine und am Ende jeweils einen wackelnden Schwanz, die unter den Strohballen hervorlugten. Allerdings war weit und breit niemand zu sehen, der sich um die Tiere kümmerte. Und auch warum die Packesel ausgerechnet in den Gegenverkehr hineintrotteten, bleibt ein Geheimnis. Immer wieder erlebten wir, dass auf stark befahrenen Straßen, meistens genau in der Mitte, ein Esel oder ein Pferd wie angewurzelt stand. Bei einem Esel waren sogar einmal die Beine mit einem Strick zusammengebunden. Irgendwann hört man damit auf, sich die Frage zu stellen: Warum ist das so? In und um Addis Abeba stehen Tausende Häuser, die irgendwo im Rohbau stecken geblieben sind und als Betonkonstruktionen in den Himmel ragen, ohne ein Anzeichen, dass sie jemals vollendet würden. Das Äthiopien von 2003 unterschied sich von dem im Jahr 2015. Ich stellte fest, dass weniger Menschen auf der Straße bettelten. Nicht alle, aber viele Äthiopier trugen ein Handy mit sich. Die Autos wiederum waren weiterhin veraltet und befanden sich in einem beklagenswerten Zustand. Die Menschen waren freundlich, lachten viel. Während eines Staus im Kreisverkehr wedelte ein junger Mann – mit freiem Oberkörper zur Hälfte aus dem Fenster eines Minibusses ragend – wild gestikulierend mit seinen Armen. Offenbar in der Absicht, auf diese Weise irgendwie den Verkehr zu regeln, natürlich ohne etwas zu bewirken. Ich beobachtete ihn aus meinem Minibus heraus, und als er mich bemerkte, winkte er mir fröhlich lachend zu. Ich lachte zurück.

Dass sich manchmal Dinge zum Besseren wenden, dass sich der unermüdliche Einsatz dann doch lohnt, das sollte ich auf dieser Reise auch erleben. Denn das Hamlin Fistula Hospital, das ich zwölf Jahre zuvor besucht hatte, stand auch dieses Mal auf unserem Programm. Auf der Fahrt dorthin kamen mir die Bilder von 2003 wieder hoch. Bilder, die ich seitdem nicht hatte vergessen können. Das große Krankenzimmer, in dem wir, neugierige Besucher, an den gerade erst operierten Patientinnen vorbeigingen, fassungslos, eigentlich unerträglich. Hatten wir die Würde der Frauen verletzt? Hatte Frau Hamlin dies in Kauf genommen, um uns aufzurütteln? All diese Gedanken gingen mir durch den Kopf …

So ziemlich nichts, was ich erwartet hatte zu sehen und zu erleben, sollte jetzt, im Jahr 2015, eintreten. Vor dem Eingang standen keine wartenden Frauen mehr. Uns wurde nur ein kurzer Blick in ein Zimmer mit drei Patientinnen gewährt. Ich sah, dass die Klinik um einige Anbauten erweitert worden war, und hörte, dass es noch fünf weitere Fistula Hospitals im ganzen Land gebe. Bis zu diesem Zeitpunkt seien, informierte man uns, 43 000 Frauen und Mädchen operiert worden. Der Initiative und dem Einsatz der Hamlins war es zu verdanken, dass die schreckliche Krankheit mittlerweile im ganzen Land behandelt werden konnte.

Anfang 2018 – meine bislang letzte Reise auf den afrikanischen Kontinent. Aufregend, anstrengend, und wieder voller Eindrücke, eine der spannendsten Wochen in meinem Leben. Mit meiner Frau flog ich nach Addis Abeba, wo wir die anderen Teilnehmer unserer Reisegruppe treffen wollten. Addis Abeba, eine Riesenstadt, acht Millionen Menschen leben im Großraum. Die durchschnittliche Geburtenrate in Addis Abeba liegt bei 1,5 Kindern, was im Vergleich zu allen anderen afrikanischen Großstädten extrem niedrig ist. Es wäre überheblich zu sagen, dies sei allein die Leistung unserer Aufklärungsarbeit in den vergangenen zwanzig Jahren, aber sicherlich hat die DSW den größten Anteil an dieser Entwicklung. Wir haben erheblich dazu beigetragen, dass die Fertilitätsrate so gering ist wie in kaum einer anderen afrikanischen Metropole.

Alice und ich landeten abends in Addis Abeba und fuhren gleich zu unserem Hotel, einer großen Anlage, gesichert wie ein Hochsicherheitstrakt. Wir betraten sie durch Scanner wie bei Flughafenkontrollen. Dort trafen wir Sabine und Michael Neumann, die schon ein paar Tage zuvor angekommen waren. Michael Neumann ist ein bedeutender Kaffeehändler mit weltweiten Niederlassungen. Vor zehn Jahren gründete er die Hanns R. Neumann-Stiftung. In Uganda liegt der Schwerpunkt der Stiftungsarbeit darauf, das Einkommen der Kaffeebauern zu verbessern. Ziel unserer Reise nach Äthiopien und anschließend Uganda war, ein gemeinsames Projekt der Stiftung Weltbevölkerung zusammen mit der Neumann-Stiftung und der Siemens Stiftung in Uganda auf den Weg zu bringen. Ich hatte ein Dreivierteljahr zuvor Dr. Nathalie von Siemens von der Siemens-Stiftung und Michael Neumann im Entwicklungshilfeministerium in Berlin kennengelernt. Daraus entstand die Idee, in einem Gebiet mit 280 000 Menschen in Uganda ein Projekt zu initiieren, das die Themen sauberes Trinkwasser (Siemens), einkommensverbessernde Maßnahmen für Kaffeebauern (Neumann) und Familienplanung (Stiftung Weltbevölkerung) vereint. In einem ersten Schritt investieren wir zusammen sechs Millionen Euro, die Hälfte davon übernimmt das Entwicklungshilfeministerium. Ich habe nicht nur bei diesem Besuch, sondern auch bei anderen Begegnungen Entwicklungshilfeminister Gerd Müller als kompetent und hoch engagiert erlebt. Ich bin froh, dass der alte Entwicklungshilfeminister auch in der neuen Regierung derselbe ist. Dadurch ist die bisher geleistete Arbeit für unser Projekt nicht gefährdet, was bei einer Neubesetzung eines Ministeriums immer ein Risiko darstellt.

Unsere Tage in Addis Abeba und in Kampala, der Hauptstadt Ugandas, waren immer vollgepackt. Renate Bähr, Geschäftsführerin der Stiftung Weltbevölkerung, und Michael Opitz, Geschäftsführer der Neumann-Stiftung, gehörten mit zu unserer Gruppe. Wir hatten neben der Besichtigung der DSW-Trainingszentren auch Projekte der Neumann-Stiftung auf unserem Programm. Hinzu kamen lange, intensive Gespräche mit den Chefs der GIZ, der Deutschen Gesellschaft für Internationale Zusammenarbeit, in Kampala und Addis Abeba und ebenfalls mehrstündige Treffen mit der deutschen Botschafterin in Äthiopien und dem deutschen Botschafter in Uganda.

Durch Sabine und Michael Neumann lernten Alice und ich ein Paar kennen, das uns stark beeindruckte. Stefan Pleger und seine Lebensgefährtin Gabi Ziller, die Unglaubliches in Uganda leisten. Sie hatten, wie ich erfuhr, 2008 eine ehrenamtliche Organisation namens »Kindern eine Chance« ins Leben gerufen. Vier Monate im Jahr leben die beiden in Afrika, kümmern sich um ihre Projekte. Das restliche Jahr organisieren sie in Österreich Geld, um das Engagement zu finanzieren. Stefan Pleger wurde vor Kurzem sogar »Österreicher des Jahres« im Bereich humanitäres Engagement gekürt.

Wir besuchten ihr Projekt, die Christoph-Bettermann-School, in Zigoti. Was mich genau erwarten würde, wusste ich zu diesem Zeitpunkt noch nicht. Die Fahrt nach Zigoti über staubige Straßen dauerte einige Stunden. Auf meinen diversen Reisen auf dem afrikanischen Kontinent habe ich schon so einiges erlebt, was mich sprachlos machte, im Positiven wie im Negativen. Was ich aber an diesem Tag sehen sollte, stellte das meiste bis dahin Erfahrene in den Schatten. Unser Ziel, die Christoph-Bettermann-School, ist eine Einrichtung für geistig und körperlich behinderte Kinder und Jugendliche. Auf der großräumigen Anlage befindet sich eine Schule mit angeschlossenem Internat, sie bietet Platz für hundert Kinder, dazu kommen Ärzte und Orthopäden, die die Kinder medizinisch versorgen. Orthopädische Hilfsmittel wie Schienen oder Gehhilfen für die unterschiedlichsten Behinderungen werden in den eigenen Werkstätten gefertigt, zum Teil von den behinderten Jugendlichen selbst. Das Prinzip: sich gegenseitig helfen, wo immer es möglich ist. Die Jugendlichen versuchen zum Beispiel, anderen das Gehen zu erleichtern, sie trainieren gemeinsam.

Stefan Pleger führte uns durch die Anlage und erzählte uns von der Situation behinderter Jugendlicher in Uganda. Davon, dass behinderte Kinder oft vernachlässigt und von der eigenen Familie ausgestoßen würden, denn ein Behinderter könne nichts zum Familieneinkommen beitragen und habe keinen Wert. Dass sich Eltern dafür schämen, ein Kind mit Behinderungen zur Welt gebracht zu haben, weil der Irrglaube vorherrsche, es stecke etwas Böses in dem Kind. Die Kinder werden versteckt, wachsen auf ohne Sozialkontakt, allein in einer Lehmhütte, wo sie gerade so viel zu essen bekommen, dass sie überleben, ausgeschlossen von der Familiengemeinschaft. Was ich hörte, waren unendlich traurige Schicksale. Und diesen Kindern nahmen sich Stefan Pleger und Gabi Ziller an. Manchmal komme ein Kind mit geistiger und körperlicher Behinderung zu ihnen, sagte Pleger, und dann stelle sich nach einiger Zeit heraus, dass das Kind zwar körperlich behindert, aber geistig gesund sei. Wegen jahrelanger Vernachlässigung sei es geistig zurückgeblieben und habe Schäden davongetragen, und jetzt, in einem neuen Lebensumfeld, blühe es auf.

Als wir an einem Zimmer vorbeikamen, schaute uns ein kleines Mädchen an, das schief gewachsen war. Stefan Pleger nahm es liebevoll auf den Arm. »Wir wollen die Kinder so weit bringen, dass sie arbeiten können, zum Beispiel im Garten oder in einer der Werkstätten. Ganz nach ihren individuellen Möglichkeiten«, erklärte er.

Hier, an diesem Ort im Nirgendwo, haben er und seine Lebensgefährtin eine Gemeinschaft geschaffen, in der behinderte Menschen nicht versteckt, sondern gesehen und akzeptiert werden. Stefan und Gabi haben sich dieser Kinder angenommen, ihnen ein Heim gegeben, sie versuchen, ihnen so etwas wie Lebensgefühl und Sicherheit zu vermitteln. Wie zum Beispiel Josephine, eine junge Frau von achtzehn Jahren. Sie lebt schon seit ein paar Jahren in Zigoti und kam mit körperlichen und geistigen Behinderungen zur Welt. Irgendwann äußerte sie den Wunsch, selbst als Hilfspflegerin zu arbeiten. Diesen Job übt sie inzwischen aus, trotz ihrer Behinderung. Es sind einfache Tätigkeiten, aber sie hat dadurch an Selbstwertgefühl gewonnen. So hilft sie anderen Kindern, denen es noch schlechter geht als ihr, zum Beispiel beim Essen. Sie leistet aktiv einen Beitrag für die Gesellschaft.

Auch den achtjährigen Frank lernte ich bei meinem Besuch kennen. Er war von den Mitarbeitern des Heimes in einer Lehmhütte gefunden worden, in der er alleine lebte. Seine Mutter hatte ihn aus Scham verleugnet. Erst von Nachbarn erfuhren die Entwicklungshelfer von seiner Existenz. Als man ihn fand, war er stark unterernährt. Er leidet an einer schweren Lähmung, kann nicht selbstständig essen, ist dauerhaft auf fremde Hilfe angewiesen. Dennoch erlebte ich ihn als ein fröhliches Kind.

Was bedeutet Lebensglück? Wenn man die Kinder in Zigoti erlebt, verschieben sich die Relationen. Ich ging mehr oder weniger sprachlos durch die Schulanlage, ich konnte nichts mehr sagen. Diese Not der Kinder auf der einen, ihre Zufriedenheit und Fröhlichkeit auf der anderen Seite, dazu die Wärme und Kraft und Energie von Gabi Ziller und Stefan Pleger. Wieder einmal bestätigte sich etwas, das ich schon häufig erlebt habe: Menschen, die sich für andere einsetzen, engagieren, strahlen trotz aller Bürde, die sie zu schultern haben, eine große Lebensfreude aus.

Wir blieben etwa eine Stunde. Anschließend fuhren wir mit den Jeeps auf die Kaffeefarm der Neumanns, 150 Kilometer entfernt, drei Stunden Fahrt. Die Kaweri-Farm existiert seit zwanzig Jahren, sie ist acht Kilometer lang und drei Kilometer breit, hat keine Zäune, die sie begrenzen. Ein Drittel der Farmfläche ist mit Urwald bewachsen, hier leben wilde Tiere, wir sahen Affen in den Bäumen. Zwei Drittel des Areals bestehen aus Plantagen. Das Haupthaus der Farm – hier lebt der Verwalter – steht auf einer Anhöhe, wir Besucher, auch die Neumanns, wurden in den Nebengebäuden untergebracht. Von der Anhöhe hatten wir einen wunderbaren Ausblick in die weite Landschaft, so als schaue man bis ans Ende der Welt.

An einem Vormittag kamen auch Stefan Pleger und Gabi Ziller zum Frühstück vorbei. Wir fuhren gemeinsam an das eine Ende der Farm und standen plötzlich vor fünfundzwanzig Häusern, teilweise dreistöckig, alle im Bau befindlich. Das hier werde sein drittes Heim für behinderte Kinder, erklärte Stefan Pleger. Ich war erstaunt, was für ein Zufall, so ein riesiges Land, und genau neben der Farm der Neumanns sollte ein weiteres Heim entstehen. Bereits in drei Monaten solle alles fertiggestellt sein. Die Anlage sei für 300 Kinder angelegt. Das Land hatte Pleger von der Gemeinde zu einem geringen Pachtpreis bekommen. Ich überschlug im Kopf die Investitionen. Mindestens vier Millionen Euro, dachte ich, schon berücksichtigt, dass hier alles viel günstiger ist. Weit gefehlt, meinte Pleger, nicht mehr als 400 000 Euro würden hier investiert.

»Aber so viel kosten doch schon allein die Sanitäranlagen«, gab ich zu bedenken.

»Sanitäreinrichtung? Herr Roßmann, hier gibt es keine Kanalisation, wir befinden uns am Ende der Welt«, klärte er mich auf. Dann zeigte er mir ein Loch von sieben mal sieben Metern, das später die Latrine werden sollte. Alle vier bis fünf Jahre kämen dann zwei Arbeiter mit Gasmasken, leerten die Latrine, und ein Lkw würde alles abtransportieren. So viel zu sanitären Anlagen. Aber einen eigenen Brunnen hatte die Anlage, und ich sah Rampen an den Häusern, für die Rollstühle der zukünftigen Bewohner.

Unsere Afrikareise endete schließlich. Ich kam nach Hause voller neuer Eindrücke. Von Stefan Pleger erhielt ich einen Brief, in dem er sich für meinen Besuch bedankte. Er schrieb: »Weil bei uns alles ehrenamtlich passiert, dauern die Dinge manchmal etwas länger.« Ja, das mag sein, aber dafür sind sie umso nachhaltiger!

An dieser Stelle möchte ich noch eine Lanze brechen für die Arbeit der Neumann-Stiftung in Uganda. Etwa zehn Millionen Ugander leben ganz oder zum Teil vom Anbau von Kaffeepflanzen. Rund 1,2 Millionen kleine Kaffeefarmen gibt es im Land. Das durchschnittliche Einkommen der Kaffeebauern liegt bei zehn US-Dollar im Monat. Michael Neumann schaute sich die Strukturen auf der bäuerlichen Ebene einmal genauer an. Die kleinen Kaffeebauern werden betreut von einer Art Zwischenhändler. Der kauft für wenig Geld den Bauern die Kaffeeernte ab und bringt sie nach Kampala, wo die Bohnen für eine wesentlich höhere Summe an Importeure weiterveräußert werden. Die Farmer sind von ihrem Mittelsmann, der in einer bestimmten Region das Sagen hat, wirtschaftlich völlig abhängig. Alles ist Teil eines seit Ewigkeiten währenden Systems aus Angst, Not, Hunger. Die Armut der Kaffeebauern wird brutal ausgenutzt.

Die Neumann-Stiftung machte es sich zur Aufgabe, diesen Teufelskreis zur durchbrechen und die Situation der armen

Bauern zu verbessern. Sie half dabei, ein neues Genossenschaftssystem aufzubauen, in das mehrere Hundert Farmer integriert sind. Dreißig oder vierzig Kleinbauern tun sich zusammen und wählen einen von ihnen zu ihrem Chef. Die Mitglieder der Genossenschaft sammeln ihre Kaffeeernte, verkaufen sie selbst, ohne Mittelsmänner. Die Stiftung unterstützt sie dabei, gibt Hilfestellung, sich selbst zu organisieren. Auf diese Weise wird das alte korrupte System revolutioniert. Womit man sich nicht nur Freunde schafft, wie man sich vorstellen kann. Aber das System gewinnt an Effizienz, und allein dadurch, dass die Bauern ihren Kaffee selbst vermarkten, verdienen sie nicht mehr nur zehn US-Dollar im Monat, sondern sie kommen auf einen Verdienst von 35 US-Dollar und mehr. Und das ist Revolution: Aus ausgebeuteten Menschen werden selbstbewusste Menschen, eigenständige kleine Unternehmer, die den Kaffeeverkauf organisieren, nach Kampala transportieren und zum normalen Weltmarktpreis veräußern.

Was macht sinnvolle Entwicklungshilfe aus? Wie schafft man es, dass die Hilfe auch bei denen ankommt, die sie dringend benötigen? Inwieweit muss man mit autoritären Machthabern zusammenarbeiten, um überhaupt etwas bewirken zu können? Auf diese Fragen gibt es keine einhellige Antwort. Jeder Fall ist gesondert zu betrachten. Helmut Schmidt hat einmal zu mir gesagt, bevor man einem Land Entwicklungshilfe gibt, müsse man erst prüfen, wie hoch der Militärhaushalt des Landes sei. Und wenn dieser überproportional hoch sei, solle man sich gut überlegen, Geld in dieses Land zu bringen. Denn höchstwahrscheinlich würde es niemals dort ankommen, wo es hinsoll.

Ich traf Helmut Schmidt in den Neunzigerjahren bei einer Veranstaltung der Patriotischen Gesellschaft in Hamburg. 700 Gäste aus Politik, Wirtschaft und Gesellschaft waren geladen. Der Altkanzler hielt eine Rede auf unsere Stiftung. Zuvor saß ich eine Dreiviertelstunde mit ihm in einem Vorraum zusammen. Dann betraten wir gemeinsam den Festsaal, alle standen auf und applaudierten. Es war ein erhebendes Gefühl. Ich weiß noch, dass Helmut Schmidt mich nach einem berühmten Stadtplaner von Hannover fragte, weil er wusste, dass ich dort lebte. Mir wollte der Name – Rudolf Hillebrecht – nicht einfallen, so aufgeregt war ich.

Es gibt noch eine andere Wirklichkeit, wenn man sich die drei großen Themen unserer Zeit anschaut: Hunger, Krieg und Lebenserwartung. 1960 betrug die Lebenserwartung weltweit einundfünfzig Jahre, heute liegt sie laut WHO, der Weltgesundheitsorganisation, bei dreiundsiebzig Jahren. Wir haben einen Riesenschritt gemacht, nicht zuletzt dadurch, dass die ärztliche Versorgung besser geworden ist. 1980 waren auf der Erde rund 45 Prozent der Menschen Analphabeten. Sie konnten nicht lesen und schreiben und waren so von Bildung und Aufstiegsmöglichkeiten ausgeschlossen. Heute sind es 16 Prozent.

Ein weiteres großes Thema, der Hunger auf der Welt: 1990 haben von fünf Milliarden Menschen auf der Erde zwei Milliarden gehungert. 2017 leiden von 7,5 Milliarden noch 900 Millionen Menschen an Hunger. Die Wahrscheinlichkeit, in Kriegen zu sterben, hat sich in den letzten Jahren trotz der Konflikte zum Beispiel in Syrien und im Irak deutlich verringert. Wir leben – wenn man es historisch sieht – eher in einer Periode des Friedens. In früheren Jahrhunderten starben Millionen Menschen in Eurasien an Epidemien. Das alles sind Fakten, womit ich nicht sagen möchte, heute sei alles gut. Noch immer hungern zu viele Menschen auf dieser Welt, haben zu viele keinen Zugang zu sauberem Trinkwasser, leben unter der Armutsgrenze, erhalten keine Bildung.

Meine zehn Minuten mit dem Papst

Die Gelegenheit, eine normale Audienz beim Papst zu erhalten, gab es gelegentlich in den vergangenen Jahren, der Gedanke an ein solches Treffen war immer reizvoll. Nicht aus religiösen Gründen, aber ich wollte mit dem Papst über unsere Arbeit in Afrika sprechen. Was nur möglich ist in einem Vieraugengespräch. Ich wollte mit ihm über das Problem der Bevölkerungsexplosion und die Position der katholischen Kirche in Fragen der Verhütung diskutieren, ein Thema, mit dem sich die Kirche bekanntlich schwertut. Am 28. Februar 2018, an einem Mittwoch, sollte es endlich so weit sein. Ein Termin bei Papst Franziskus in Rom stand fest. Diesem Papst, dem ersten aus Südamerika, zu begegnen, davon versprach ich mir etwas, da er in einem gewissen Rahmen für Aufbruch in der katholischen Kirche steht und auch schon einiges bewirkt hat. Dafür zolle ich ihm Respekt. Ermöglicht wurde die Audienz durch den Journalisten Sascha Hellen, der jedes Jahr in Bochum die Verleihung des Steiger Award veranstaltet und über gute Kontakte in den Vatikan verfügt. Anfang 2018 rief er mich an und teilte mir mit, es gebe einen Termin für mich, jenen 28. Februar. Er selbst wolle mich begleiten.

Am Vorabend der Papstaudienz flog ich nach Rom. Im Restaurant meines Hotels wartete ich auf Sascha Hellen, dessen Flug Verspätung hatte. Da saß ich nun und ließ alles auf mich wirken, meine Gedanken schweifen. Ich überlegte mir, wie wohl das Gespräch mit dem Papst ablaufen würde. Wer wie ich kein Smartphone besitzt, der gehört heutzutage einer besonderen Spezies an, die nicht, wie die meisten Menschen, in jeder Sekunde, die sie allein sind, mit ihrem Handy beschäftigt sind. Ich telefoniere nicht, checke nicht E-Mails, lese keine Nachrichten auf dem Handy, chatte mit niemandem. Nein, ich sitze dort im Restaurant und warte. Keine Spur von Ungeduld beschleicht mich. Nie in meinem Leben habe ich es für möglich gehalten, ein persönliches Gespräch mit einem Papst führen zu können. Und jetzt sollte es morgen so weit sein. Und ich darf frei reden, ohne Einschränkung. Das ist mir zugesichert.

Am nächsten Tag fuhren wir zum Vatikan, zur Audienzhalle. In der Aula Paolo VI, 1971 erbaut, ist Platz für 6500 Menschen, wenn sie sitzen. 12 000 können darin stehen. Die Halle ist gigantisch, mit einer hohen gewölbten Decke, vorne eine weiße Bühne, mehrere Stufen führen zu ihr hinauf, darauf die Stühle für den Papst und die Kardinäle. Auf der Rückseite der Bühne steht eine mächtige Skulptur. Sie stellt die Auferstehung Jesu dar, der sich aus dem Krater einer Explosion heraushebt. Eine beeindruckende Kulisse. Hier findet immer mittwochs um zehn Uhr die Generalaudienz des Papstes statt, bei schönem Wetter verlagert man sie auch nach draußen auf den Petersplatz. Wer einen Platz ergattern will, muss vor neun Uhr in der Halle sein. Gegen zehn Uhr erscheint der Papst. Er spricht während der Audienz über ein ausgewähltes Thema, seine Rede wird in mehrere Sprachen übersetzt. Zum Abschluss wird gemeinsam das Vaterunser gebetet, und zur Verabschiedung spendet der Papst den apostolischen Segen.

Ich betrat die Halle und sah erst mal nur eine riesige Menschenmasse, zehntausend Gläubige aus der ganzen Welt. Das hat nichts von einem Gottesdienst, nichts Beschauliches, es herrscht eine Stimmung wie bei einem Popkonzert, kurz bevor der Star auf die Bühne kommt. Die Masse fiebert, bebt. Ich dachte nur: Na, hoffentlich klappt das auch mit meinem Vieraugengespräch. Man führte uns vorbei an den Tausenden Wartenden in einen abgesperrten Bereich, hier, nahe dem Podium, fanden fünfzehn bis zwanzig Leute Platz, abgeschirmt von den anderen. Dann kam er, der Papst, schritt in einem Gang durch die Masse der Menschen. Viele holten ihre Kameras oder Smartphones hervor und machten Fotos. Hier und da blieb der Papst stehen, gab den Menschen die Hand, verteilte Segen, viele küssten den Fischerring des Papstes. Die Begeisterung in der Halle – grenzenlos. Begleitet wurde der Papst von Erzbischof Georg Gänswein, früherer Privatsekretär von Papst Benedikt, jetzt, unter Franziskus, Präfekt des Päpstlichen Haushalts. Franziskus ging die Stufen zum Podium hinauf und nahm seinen Platz ein. Rechts neben ihm saß Gänswein, links ein Würdenträger, den ich nicht kannte. Weiter rechts befanden sich die zwölf Kardinäle, das Ganze eingerahmt von zwei Schweizergardisten. Die zwölf Kardinäle erhoben sich der Reihe nach und sprachen ein paar Sätze in ihrer Landessprache, als Erstes kam ein deutscher Kardinal an die Reihe. Dann hielt der Papst eine Ansprache, das ganze Programm dauerte etwa eine Stunde. Ich erlebte alles hautnah, stand ganz vorne. Anschließend verließ der Papst die Bühne und nahm ein weiteres Bad in der Menge. Und dann endlich war es so weit, und er kam in den Bereich, wo wir warteten. Eigentlich war ich davon ausgegangen, dass ich dem Heiligen Vater in einem separaten, ruhigen Raum gegenübersitzen würde und nicht mit anderen in einer Reihe neben mir. Egal, dachte ich, mach das Beste draus. Gemächlich schritt Franziskus unsere Reihe ab, blieb bei jedem kurz stehen, bis er endlich bei mir angekommen war. Er ergriff meine Hand und beugte sich zu mir. Ich stellte mich vor und fing einfach an zu reden, auf Deutsch, denn der Papst spricht unsere Sprache gut. Dabei hielt er mich die ganze Zeit am Arm, drückte mich, war mit mir in einem körperlichen Kontakt.

»Heiliger Vater«, sagte ich, »kein Papst vor Ihnen hat die richtigen Worte gefunden und ausgesprochen. Jeder Papst nach Ihnen wird zu spät kommen, auch wenn er die richtigen Worte findet. Erlauben Sie Empfängnisverhütung. Helfen Sie Frauen und Männern, sich ohne Angst zu lieben, ohne Gewissensbisse und ohne Schuldgefühle. Auch schützen Kondome vor Aids. Im 21. Jahrhundert sollte jede Kirche wissen, dass Sexualität ein Teil der Liebe sein darf, die erwachsene Menschen miteinander verbindet. Im Jahr 1800 lebte eine Milliarde Menschen auf der Erde. Heute kommt alle zwölf Jahre eine Milliarde dazu. Wir alle kennen die ernsten Folgen dieser Entwicklung. Glaube und Mut gehören zusammen. Ich vertraue Ihnen.«

Der Papst hörte meinen Worten zu. Schaute mich freundlich an. Seine Hände ruhten weiterhin auf meinen Armen. Es gab aber keinerlei verbale Reaktion. Vielleicht war es naiv von mir, zu glauben, eine Antwort zu bekommen. Innerhalb des Führungskreises im Vatikan gibt es immer noch eine radikalkonservative Fraktion. Franziskus wird den Zeitpunkt kennen, der am besten geeignet ist, eine weitere Liberalisierung der katholischen Kirche in Fragen der Sexualität anzugehen. Ich schenkte ihm noch mein vor zwei Jahren geschriebenes, unveröffentlichtes Buch über eine Äthiopienreise 2015. Franziskus dankte, ließ mich los und ging weiter. Nachdem der Papst weggegangen war, sprach mich Erzbischof Gänswein an. Ich verlieh dem von mir bereits Gesagten Nachdruck, indem ich von Kindern ohne medizinische Versorgung, von Jugendlichen ohne Arbeitsplatz und von Lebensbedingungen sprach, die ein Leben in Würde unmöglich machen. Ich appellierte an die Verantwortung der katholischen Kirche, dass sie mit einem anderen, offeneren Umgang mit der Empfängnisverhütung vieles zum Positiven verändern könnte. Ich trat vehement auf, blieb dabei aber höflich.

Auch Gänswein hörte sich alles an, was ich zu sagen hatte. Und sagte dann: »Niemand, lieber Herr Roßmann« – er wusste, wer ich bin –, »niemand tut so viel für die Menschheit wie die katholische Kirche.« Das war alles. Mehr nicht. Dieser eine Satz. Es ist selten, dass mir die Worte fehlen, aber in dem Moment war ich sprachlos. Der Erzbischof verabschiedete sich und verschwand in der Menge. Die Audienz war offiziell beendet.

Hatte ich zu viel erwartet? War es unrealistisch zu glauben, der Papst würde mit mir über Kondome sprechen? Früher hätte mir das Händeschütteln mit dem Heiligen Vater geschmeichelt. Aber jetzt ging es mir wirklich um die Sache. Für mich ist der Papst ein Mann wie du und ich. Ich habe Achtung vor Franziskus, weil er wichtige Impulse gegeben hat, aber ich wünschte mir mehr. Als der Papst nach einer Afrikareise im Jahr 2015 gefragt wurde, ob man – auch zum Schutz der Bevölkerung vor HIV – das Kondomverbot der Kirche lockern solle, antwortete er nur sehr schwammig. Man solle sich zunächst mit den anderen Problemen des Kontinents beschäftigen, meinte er. Eine Aussage, die den Gläubigen in Afrika in ihrem Konflikt zwischen einem selbstbestimmten Sexualleben und den Vorgaben der katholischen Kirche kaum weiterhelfen wird.

Ich denke, wenn Menschen die Möglichkeit oder die Macht haben, anderen Menschen zu helfen, dann ist es auch ihre Pflicht. Ein weniger verkrampfter Umgang der katholischen Kirche mit diesem Thema ist dringend geboten.

Zauberei verbindet Menschen

Wenn man etwas gut machen möchte, sollte man sein Kind-Ich zulassen. Mache alles mit einer gewissen Leichtigkeit, ist mein Motto. Denn wer gierig und verbissen ist, der hat schon verloren. Mein Kind-Ich habe ich mir bis heute erhalten. Dass ich derweilen ein albernes Spielkalb bin, dem der Ernst des Lebens richtig auf den Geist geht, dürfte mittlerweile bekannt sein. Ich spiele gern, bin ein Spieler, aber auch die Zauberei ist etwas, wo mein Kind-Ich sich zeigt. Zauberei ist eine Sprache, die jeder versteht. Egal ob alt oder jung. Schon als kleiner Junge zauberte ich, und Zauberer faszinieren mich bis heute. Als mich kürzlich zwei neunjährige Mädchen für das Kids-Magazin *Dein Spiegel* interviewten, führte ich ihnen aus Spaß ein paar Zaubertricks vor, und sofort hatten wir eine gemeinsame Wellenlänge. Magie verbindet die Menschen. Das erlebte ich auch an einem Abend in Uganda, als wir beim Lagerfeuer zusammensaßen, die ganze Gruppe, einige Einheimische. Ich spreche nicht so perfekt Englisch, aber ich habe gezaubert, und plötzlich spielten Sprachbarrieren keine Rolle mehr.

Durch die Zauberei ist auch eine sehr herzliche Freundschaft zu zwei jungen Männern aus dem ostwestfälischen Bünde entstanden, den Ehrlich Brothers, Andreas und sein vier Jahre jüngerer Bruder Chris. Heute füllen sie mit ihren Zaubershows die größten Veranstaltungshallen, ihre TV-Sendungen sind Quotenhits. Sie stehen sogar im *Guinness-Buch der Rekorde* mit der bislang weltgrößten Zaubershow, zu der 40 000 Zuschauer ins Frankfurter Waldstadion strömten.

Als ich Andreas und Chris vor mehr als zehn Jahren kennenlernte, waren sie nur einer kleinen Fangemeinde bekannt. Die zwei Brüder leben die Magie, sie leben *für* die Magie. Unsere ersten Begegnungen fanden auf Firmenfeiern statt, für die wir die beiden gebucht hatten. Viel Kraft und Einsatz hat es gebraucht, dahin zu kommen, wo sie heute stehen. Als es noch nicht so gut lief, habe ich ihnen gesagt:»Ihr seid jung, jetzt schwimmt ihr noch gegen den Strom, aber irgendwann dreht sich alles, wenn ihr durchhaltet, und dann wird alles einfacher.«

Viele Menschen rudern und rudern und rudern und haben das Gefühl, sie kommen überhaupt nicht voran. Aber wenn man sich wirklich anstrengt und weitermacht, nicht aufgibt und weiterrudert, dann spürt man irgendwann: Ja, ich muss mich gar nicht mehr anstrengen, ich schwimme mit dem Strom. Die Wasserscheide liegt hinter mir. Es geht voran, alle Mühe hat sich ausgezahlt. Viele geben zu schnell und zu früh auf. Geduld zahlt sich aus, das weiß ich. Andreas und Chris faszinieren mich, weil sie diese besondere Energie verströmen. Wir leben in einer Gesellschaft, in der vielleicht zu viele phlegmatisch und mutlos zu schnell aufgeben.

»Manchmal müssen wir innehalten und können selbst kaum glauben, wo wir heute stehen«, sagte Andreas mir bei meinem letzten Besuch in Bünde, wo sie mit einem großen Team in einer riesigen Halle ihre Shows planen und proben.

»Wir haben schwere Zeiten erlebt. Jetzt können wir zum ersten Mal nach vorne schauen, fangen ganz langsam an, unseren Traum wirklich zu leben und zu genießen.«

Wenn ich solche Worte höre, muss ich an meinen eigenen Weg denken, an meine Träume und Vorsätze, die ich habe wahr machen können.

Anfang 2006, nachdem sie auf unserer Weihnachtsfeier aufgetreten waren, kamen Chris und Andreas mit einem Showkonzept zu mir. Jede freie Minute hatten sie in der Werkstatt verbracht, rumgetüftelt, jetzt träumten sie von der ganz großen Show. Ich blätterte das Konzeptpapier durch und fragte, was der Spaß kosten solle. Drei Millionen, war die Antwort. Betretenes Schweigen. Das war auch für mich ein ganz schöner Batzen Geld, bei aller Liebe zur Zauberei …

»Darüber muss ich ein bisschen nachdenken, Jungs«, antwortete ich.

Dann sagte ich ab. Ich wollte mich nicht verzetteln. Sie verstanden das. Unser Kontakt brach deswegen nicht ab. Weiterhin buchte ich sie für unsere Firmenveranstaltungen. 2011 zersägten sie mich auf der Bühne vor meinen Mitarbeitern. Anschließend schossen sie mich mit einer Rakete ans andere Ende des Saals, einmal quer durchs Maritim Airport Hotel in Hannover,»... wo Dirk sich wieder materialisierte und wie von Zauberhand auf einem der Tische stand«, so Chris.»Als die Säge ihn in zwei Hälften riss, waren alle schon am Applaudieren, und als er an einem Stück plötzlich wieder auftauchte, war der Jubel noch größer.«

Ich hatte meinen Part bei dieser Illusion einstudieren müssen. Nun bin ich Mitwisser. Bleibt natürlich topsecret. Ich will die Geheimnisse hinter den Tricks auch gar nicht wissen, ich lasse mich ja gern verzaubern. Die Welt ist ohnehin schon so nüchtern.

Vor ein paar Jahren wagten die Ehrlich Brothers dann den Sprung ins kalte Wasser. Sie wollten eine Riesenshow in der TUI-Arena in Hannover produzieren, 12 000 Zuschauer finden hier Platz. Die Show sollte der Auftakt – der Startschuss – für eine deutschlandweite Tour sein. Eine Show, so Chris und Andreas, über die die ganze Republik spricht. Nicht mehr und nicht weniger.

»Als wir zum ersten Mal in der leeren TUI-Arena standen und die Tausenden von leeren Sitzplätzen sahen, dachten wir: Schaffen wir das?«, zweifelte Chris. Die Kosten waren gewaltig. Bühnendekoration, Hallenmieten, Logistik, Trucks fürs Equipment, Personal und nicht zuletzt die Bauten für die Illusionen. Das Geld hatten sie zusammengekratzt und geliehen. Bei dieser Tournee durfte einfach nichts schiefgehen. Alles andere hätte bedeutet: Pleite! Aus! Das war's! Und der Vorverkauf, der lief schleppend an ... In dieser Situation kam ich ins Spiel und sagte den beiden:

»Jetzt helfe ich euch. Ich mache euch die Häuser voll. Wenn ihr vor ausverkauften Häusern auftretet, dann spricht sich das herum.«

Auf die Kassenbons meiner Drogerien ließ ich die Tourneedaten drucken, und wer über uns ein Ticket kaufte, bekam es zu einem günstigeren Preis. Und die Tickets, die übrig blieben, schenkte ich meinen Mitarbeitern. »Nehmt Freunde und Verwandte, Nachbarn und Bekannte mit, ladet alle ein«, habe ich gesagt. Die TUI-Arena war dann bis auf den letzten Platz besetzt, ein Megaerfolg. Und so ging es weiter, von Stadt zu Stadt ausverkaufte Häuser. Die Zeitungen berichteten vom Durchbruch der Ehrlich Brothers.

Erfolg zieht bekanntlich weiteren Erfolg nach sich. Jetzt wollten immer mehr Menschen die neuen Magierstars aus Deutschland live sehen. Bei der Generalprobe in der TUI-Arena hatte es noch einen dramatischen Unfall gegeben. Chris hing an einer Stahlkette, zwei Meter hoch. Die Kette riss, und Chris fiel auf den Rücken, und mit seinem Ellenbogen knallte er so in den Oberkörper, dass er sich eine Rippe brach. Der Notarzt musste gerufen werden. Schlimmeres hätte passieren können, doch Chris hatte Glück im Unglück. Der Schock war dennoch groß, bei ihm und beim gesamten Team. Nun konnte er schlecht sagen: »Leute, ich bin leider unpässlich, ihr müsst heute ohne mich auskommen.« Bei 12 000 Zuschauern, die warten: keine gute Idee. »Ich war kurz davor, den Abend abzusagen. Aber oft ist es so im Leben, wenn irgendwas wirklich nicht läuft, wird es am Ende doppelt gut.« Auch das kenne ich! Fast 35 000 Zuschauer sahen am Ende die Tour, fast die Hälfte kam über Rossmann. Gemeinsam erhielten wir später in der Frankfurter Jahrhunderthalle den »Live Entertainment Award« für die beste Kooperation.

Mittlerweile sind die Ehrlich Brothers zu einer Marke geworden. Traurig nur ist, dass ihr Vater, der die beiden von klein auf unterstützt hat, den großen Erfolg seiner Söhne, ihren Durchbruch, nicht mehr erlebt hat. »Er hat nur die zwanzig

Jahre Maloche mitbekommen«, sagt Andreas, und dann sei er vor ein paar Jahren an Krebs gestorben.

Ich habe auch mal eine Show der beiden erlebt – 2009 im Stadttheater Gütersloh –, die gnadenlos nach hinten losging. Nichts funktionierte, der Funke sprang nicht über. Ich saß im Publikum, und Andreas und Chris taten mir leid. Hinterher waren sie am Boden zerstört. Ich sagte ihnen: »Das Leben geht weiter, es ist nur eine Show, die schlecht gelaufen ist. Ich kenne das auch, wenn nichts klappen will, macht man am besten nur das: darüber lachen. Wenn mir alles zu blöd wird, fange ich an zu lachen.« Andreas hat daraufhin etwas sehr Schönes gesagt: Ich sei für die beiden eine Inspiration.

»Warum?«, fragte ich.

»Du hast uns verraten, was deine Philosophie ist. Auf die Frage, warum du keinen Computer besitzt, hast du geantwortet: ›Ich lasse mir nichts diktieren, ich sitze hier und denke.‹ Daran müssen wir wiederum oft denken. Sich frei zu machen von unnötigen Zwängen, sich nicht zum Sklaven zu machen. Das kann nicht jeder. Dazu muss man die richtige Einstellung haben.«

Ich vergleiche mich gerne mit einer Katze, na ja, sagen wir, mit einem Kater. Er kann unglaublich schnell laufen, sehr aktiv und agil sein, sprungbereit, blitzschnell, aber er kann auch eine Stunde oder zwei Stunden lang faul herumliegen. Im Leben ist beides wichtig. Das Reflektierende, das Wahrnehmende, das sich Zurücknehmende, aber manchmal muss man auch angreifen, zupacken, schnell sein, dann gilt es zu sagen: »So weit und nicht weiter. Nicht mit mir.« Man muss Grenzen setzen können, muss lernen, auch mal Nein zu sagen.

Ich mag Menschen, die Träume haben

Dass ich Menschen mag, die Träume haben und sie umsetzen, auch wenn sie noch so verrückt klingen mögen, habe ich, denke ich, schon deutlich gemacht. Auch mein Freund Uwe Schulz-Ebschbach ist ein Mann mit Träumen, ich würde sogar sagen, mit Visionen. Er hat sich eine eigene kleine Welt gebaut: Iserhatsche, ein Landschaftspark in der Lüneburger Heide. Und wer den noch nicht gesehen hat, hat etwas versäumt. Was, um Himmels willen, ist bloß Iserhatsche, werden sich viele fragen.»Neuschwanstein, nur verrückter« schrieb eine Zeitung. Besser und kürzer hätte ich es auch nicht formulieren können.

Hier die Geschichte eines Traums: Das Gelände der Iserhatsche hat eine Größe von dreiundzwanzig Hektar. Im Zentrum steht eine Jagdvilla im schwedischen Stil, die 1913/1914 für den königlich-preußischen Kommerzienrat Ernst Noelle errichtet wurde. Noelle taufte das Anwesen»Iserhatsche«. Iserhatsche war der Kosename, den ihm seine Mutter gegeben hatte. Er stammt aus dem Plattdeutschen und bedeutet so viel wie *Eisenherzchen*. Damit wäre auch die Namensfrage geklärt. Noelle hatte auf der Weltausstellung 1910 in Brüssel eine Villa gesehen, die von der Wolgaster Häuserbaugesellschaft gefertigt und dort ausgestellt war. Er kaufte sie für seinen Jagdsitz, sie war damit sozusagen das erste Fertighaus in der Lüneburger Heide. Nach dem Tod Noelles 1916 hatte das Anwesen mehrere Besitzer. Ende der Zwanzigerjahre wurde es von der Familie Reemtsma erworben, die aus ihm ein Erholungsheim für Mitarbeiter machte. Während des Zweiten Weltkriegs nutzte die deutsche Wehrmacht die Villa als Lazarett, und nach Kriegsende war sie ein Ausweichkrankenhaus der Eppendorfer Kliniken in Hamburg. 1962 wandelten die Reemtsmas das Haus in ein Landschulheim für Kinder um. 1986 trat Uwe Schulz-Ebschbach auf den Plan und kaufte das Anwesen. Er selbst kam 1957 – mit sechzehn Jahren – von Ost- nach Westberlin, besaß gerade einmal 50 Pfennig, eine Hose und ein Fahrrad. Im Westen erlernte er das Malerhandwerk. Schon seit seiner Jugend faszinierten ihn Schlösser, Burgen und Gärten. Als er noch berufstätig war, restaurierte er zum Beispiel die Fassade des Schlosses Sanssouci in Potsdam, und zwar für einen Taler. »Weil der Staat so viel für mich macht«, argumentierte er, »muss ich auch mal was für ihn tun.«

Bald schon nach dem Kauf begann er mit dem Um- und Ausbau der Iserhatsche und unterwarf das Anwesen seiner Vorstellungskraft. Im Lauf der Jahre schuf Schulz-Ebschbach ein Biedermeier- und das Diana-Sanssouci-Zimmer sowie einen künstlichen Berg namens Montagnetto. Darin befinden sich ein kunstvoller Saal, ein offizielles Standesamt, eine Brotbackgrotte und weit über hundert Sammlungen mit den absurdesten Guinness-Weltrekorden. Es ist eine Fantasiewelt, die er für sich und die Menschen erschaffen hat. Ich lernte den Hausherrn vor mehr als zwanzig Jahren kennen. Von der Existenz der Iserhatsche hatte ich durch einen Bekannten erfahren, war neugierig geworden und fuhr mit meiner Frau hin. Wir mochten diesen Tausendsassa auf Anhieb. Seitdem sind wir oftmals dort gewesen.

Ich hatte schon immer ein Faible für Freizeitparks. Im Sauerland wollten mein Sohn Daniel und ich einmal einen Park besuchen, mitten im Winter, da war der natürlich geschlossen. Wir fanden eine Lücke im Zaun und sind rein, haben einen nicht ganz legalen Besuch gemacht. Zwei Dobermänner bewachten das Gelände und haben uns schnell wieder vom Hof gejagt. Das war kein Einbruch, nein. Grenzen austesten, nenne ich das. Am Wildpark Lüneburger Heide war ich mal beteiligt, verkaufte aber meine Anteile nach einiger Zeit wieder, leider zu früh, wie ich feststellen musste. Denn dann kam das Fernsehen und entdeckte den Wildpark und seine Tiere als Drehort für eine nie enden wollende Fernsehserie. Dadurch wurde der Park zum Hit. Aber meine Familie hat immerhin lebenslang kostenlosen Eintritt.

Zurück zum Hausherrn der Iserhatsche: An den ersten Tagen des Jahres 2000 besuchten Alice und ich Helga und Uwe Schulz-Ebschbach in der Iserhatsche. Als wir zusammensaßen, brach es aus ihm heraus: »Ich muss es Ihnen sagen: Die ganze Welt spricht von mir, auf allen Fernsehsendern weltweit, von Australien bis Kanada, bin ich zu sehen, überall. Mit meinem Freund Horst Wrobel aus Gifhorn, wir beide, überall.« Ich dachte, ist er nun übergeschnappt? Dann klärte er mich auf. Mit einem festlichen Trauermarsch hatten am letzten Tag des Vorjahres die Gifhorner – in Trauerkleidung – die D-Mark symbolisch beerdigt. Man hatte sie in einem Sarg aufgebahrt und mit einem historischen Leichenwagen durch die Stadt kutschiert, eine Kapelle spielte Trauermärsche. Beerdigt wurde die D-Mark unter einer alten Eiche in der Nähe des Mühlenmuseums von Horst Wrobel. »Zu Grabe tragen wir die Mark, sie war uns so lieb, sie war so stark. Doch wollen wir nicht weinen, der Euro wird uns endlich einen«, sagte ein Trauerredner. Begleitet wurde das Spektakel von Fernsehkameras. Diese Fernsehbilder wurden hinausgetragen in alle Welt – sie zeigten, wie eine kleine Gemeinde die D-Mark zu Grabe trägt. Und vorneweg im Trauerzug Schulz-Ebschbach. Getreu seinem Motto: »Alles ist möglich.«

Bildnachweis

Abbildung 1
© 2005 Arne Weychardt / Agentur Focus (DATE: 20041000)

Abbildung 2
© privat; Foto: Franke & Kärcher

Abbildung 3
© privat; Foto: H. Deike

Abbildung 4 bis Abbildung 11
© privat

Abbildung 12
© privat; Foto: Zeroon Bild- und Tonträgerproduktion GmbH Hannover
T.Giov / E. Bingemer / Giov Musikverlag

Abbildung 13
© Wolfgang Borrs

Abbildung 14 und 15
© privat

Abbildung 16
© Sabine Brauer/www.brauerphotos.de

Abbildung 17
© Christian Burkert/laif

Abbildung 18
© Dirk Rossmann GmbH

Abbildung 19
© Deutsche Stiftung Weltbevölkerung

Abbildung 20
© Udo Weger

Abbildung 21
© Dirk Rossmann GmbH

Abbildung 22
©Servizio Fotografico - Vatican Media / Vatican Press Office/

Abbildung 23
© Deutsche Stiftung Weltbevölkerung

Abbildung 24
© Dirk Rossmann GmbH